2020 年度青岛市社会科学规划项目

"习近平关于劳动教育重要论述在驻青高校的实践研究"（批

新时代高校

劳动教育的理论与实践

周如东　孙金香　侯　超　编著

中国海洋大学出版社

·青岛·

图书在版编目（CIP）数据

新时代高校劳动教育的理论与实践／周如东，孙金香，侯超编著．—青岛：中国海洋大学出版社，2023.9
ISBN 978-7-5670-3477-8

Ⅰ．①新⋯ Ⅱ．①周⋯ ②孙⋯ ③侯⋯ Ⅲ．①劳动教育—教学研究—高等学校 Ⅳ．① G40-015

中国国家版本馆 CIP 数据核字（2023）第 065077 号

XINSHIDAI GAOXIAO LAODONG JIAOYU DE LILUN YU SHIJIAN
新时代高校劳动教育的理论与实践

出版发行	中国海洋大学出版社
社　　址	青岛市香港东路23号　　　邮政编码　266071
网　　址	http://pub.ouc.edu.cn
出 版 人	刘文菁
责任编辑	董　超
印　　制	青岛国彩印刷股份有限公司
版　　次	2023 年 9 月第 1 版
印　　次	2023 年 9 月第 1 次印刷
成品尺寸	170 mm × 240 mm
印　　张	14.75
字　　数	256千
印　　数	1～1000
定　　价	58.00元
订购电话	0532-82032573（传真）

发现印装质量问题，请致电0532-58700166，由印刷厂负责调换。

目　录

第一章
新时代高校劳动教育概述

第一节　劳动

劳动是随着人类社会的发展而发展的。在人类社会发展的早期，劳动主要是体力劳动，因为社会生产力落后，早期人类以畜牧业和农业劳作为主，劳动形式简单，以维持和满足自身生存为主要目标。随着手工业的出现和商品经济的不断发展，生产者与消费者之间的产品交换，商品关系的建立、政治制度的发展让脑力劳动从体力劳动中分离出来，劳动为积累更多的财富服务。随着科技和信息社会的发展，简化劳动、节约劳动力、提高劳动效率成为发展目标，劳动的种类也越来越多样化、专业化，劳动的内涵与外延被赋予了更丰富的内容。

一、劳动的内涵

在马克思之前，人们对劳动的认识都只停留在现象层面，都是基于"社会生活内部分裂"而做出的判断。马克思明确指出，单纯地以农业、工业、商业活动等某种生产形式理解劳动，其实是生产方式滞后带来的人类思想的狭义性，对于劳动的概念要从劳动本身、劳动对象和劳动资料三个方面来把握。

马克思将劳动定义为"劳动力的使用"，他指出，劳动力的使用就是劳动本身，"劳动首先是人和自然之间的过程，是人以自身的活动为中介，调整和控制人和自然之间的物质变换的过程。人自身作为一种自然力与自然物质相对立。为了在对自身生活有用的形式上占有自然物质，人就使他身上的自然力——臂和腿、头和手运动起来"①。劳动要素的不同结合形成不同的劳动形式，这些劳动形式都是体力作用于自然物的方式，商品之所以有价值，正是因为它们凝结着劳动，这也使得劳动是人之为人的内在本质凸显，也是人区别于动物的内在本质属性。

马克思对劳动内涵的理解，已经超越劳动的工具功能，而将其融入人类自我发展和社会历史发展的过程中。正如马克思所说的："尽管缝和织是不同质的生产活动，但二者都是人的脑、肌肉、神经、手等等的生产耗费，从这个意义上说，二者都是人类劳动。"②马克思认为，人类起源于社会劳动，劳动是人类基本的实践活动和存在方式，劳动不仅是谋生的手段，更是通向客观世界与主观世界的媒介，也是实现人性至善至美、彻底自由的必由之路。劳动是自然人转化为社会人的基础，一切劳动都是在一定的社会关系下进行的，任何孤立于社会之外的生产劳动是不存在的。

因此，劳动作为人类社会最普遍、最基本的活动，从大众普适性角度一般被定义为：人们有意识、有目的地付出一定劳动力进行的创造物质财富和精神财富的社会活动，它是人类生存和发展的基本条件，也是人类特有的实践活动。

二、劳动的分类

（一）简单劳动与复杂劳动

简单劳动是指不需要有任何专长的普通人就能胜任的劳动。复杂劳动是指需要经过专门技术训练、具有一定的文化知识和技能的劳动者才能从事的劳动。简单劳动所生产的产品的剩余价值较低，而复杂劳动所生产的产品的剩余价值相对要高。例如，种植生产土豆每斤只有几块钱，而科学发明却价格不菲，两者创造的价值也不可比。当今社会科学技术高速发展，更需要将复杂劳动投入生产中，所谓"劳"，不只是一线劳动者的体力劳动，还有技术、知识、管理、数据的劳动，这些要素要参与收入分配制度中，让复杂劳动的报酬得到体现。

---

① 马克思，恩格斯. 马克思恩格斯全集：第44卷［M］. 北京：人民出版社，2001：207-208.

② 马克思，恩格斯. 马克思恩格斯全集：第23卷［M］. 北京：人民出版社，1972：57.

（二）体力劳动与脑力劳动

体力劳动是指劳动者以运动系统为主要运动器官的劳动。它以消耗人身体机能对劳动对象进行改造为主要特征，是一种最基本、最原始、最直接、最一般、最本能的劳动形式。体力劳动是对劳动对象的直接改造，在人类社会早期、体力劳动是最重要、最普遍的劳动形式，无论是采集果实、渔猎动物，都是通过身体机能的消耗达到劳作目标，体力劳动在人类发展很长的一个阶段发挥着决定性的作用。即使是在经济科技高速发展的近代和现代社会，也离不开体力劳动。工业文明中出现的机器大生产，只是"延长了人的手臂"，同时也紧张了人的神经，但并没有消除人的体力劳动，即体力劳动的比重和负担一定程度上减少了，但体力劳动是永远不可取代的基本的劳动形式。

脑力劳动是劳动者以大脑神经系统为主要运动器官、以其他生理系统的运动为辅的主体运动，如思考、记忆。脑力劳动以脑力消耗为主要特征，是一种更高级、更复杂、更抽象的劳动形式。劳动是以人为中介与自然界进行物质交换的过程，劳动的目的性本身就包含着脑力因素，这就意味着，人的劳动总离不开脑力的耗费。随着经济发展，社会对劳动能力的要求会越来越高，脑力劳动在劳动中所处的地位、所起的作用、所占的比例将日益提升。

实际上，任何劳动都包含体力消耗和脑力消耗两个方面，因此我们不能将体力劳动和脑力劳动完全割裂开来谈劳动。恩格斯在论及劳动在人类进化过程中的作用时指出，手不仅是劳动的器官，更是劳动的产物。但是手并不是单独存在的，它只是整个具有极其复杂结构的集体的一个肢体器官。凡是有益于手的，也有益于手所服务的整个身体，而且这是以二重的方式发生的。人是整个身体机能的统一，是身体与大脑、意识与行为的有机统一，每一种劳动都会消耗体力和脑力，只是程度不同而已，体力是脑力劳动的基础，脑力劳动通过支配体力劳动使劳动能力更加优化，产生劳动价值，从而产生更加优化的融合状态。

（三）具体劳动与抽象劳动

马克思的劳动二重性学说将劳动分为具体劳动和抽象劳动，前者生产了商品的使用价值，而后者则是商品价值形成的源泉。具体劳动是指一种具体的、实体的劳动形式，是在具体形式下进行的劳动，是看得见的有形的劳动。具体劳动主要创造商品的使用价值，反映的是劳动的自然属性。例如，人们为了生产粮食，就需要进行耕种、施肥；制作衣服就要进行剪裁、缝制。这些在具体形式上进行的劳动就是具体劳动。

抽象劳动是指撇开劳动的不同形式，隐藏在具体劳动背后的无差别的人类劳动力的耗费。比如，尽管耕种和裁剪是不同质的生产活动，但二者都是人的脑、肌肉、神经、手等的生产耗费。从这个意义上说，二者都是人类的一般劳动，即抽象劳动。劳动价值所体现的，就是这种一般性人类劳动的凝结。抽象劳动反映的是社会生产关系，是劳动的社会属性，它是商品经济下特有的历史范畴。

（四）常规劳动与创新劳动

常规劳动是指以常规的方式，利用多数人已掌握的知识、经验和办法对劳动对象进行加工或改造的劳动。创新劳动是指以创新的方式，通过新方法、新知识、新技术对劳动对象进行加工或改造的劳动形式。

常规劳动和创新劳动的区别并不是简单劳动与复杂劳动之分，也不是体力劳动与脑力劳动之分。常规劳动是指在原有已掌握的知识技术或已具备的劳动条件下进行的体力或脑力劳动，常规劳动也可能是复杂劳动。创新劳动是颠覆和改进了原来的生产方式进行的劳动，是社会经济和科技发展的必然要求和产物，使用更短的时间、更高的效率创造更优质、更能增值的社会价值。

社会的进步需要创新劳动，创新劳动又激发了新的劳动形态的产生。这主要表现在：一是互联网产业劳动形态应运而生且增长迅猛，传统行业领域特别是以简单化体力劳动为主的劳动形态正在慢慢消失。二是服务性劳动在社会劳动中所占的比重越来越高，服务性劳动已成为社会普遍的劳动形态。三是劳动与生活的边界变得模糊起来，生活劳动已经成为劳动的重要内容，劳动日益向其他领域延伸。四是劳动受空间和条件限制越来越小，劳动的包容性和开放性越来越广。

在这些变化趋势的影响下，科学技术日益融入劳动过程之中，劳动越来越需要新兴技术的支撑，自动化的生产劳动、服务性的非生产劳动作为新的劳动形态占据劳动形式的主流。劳动形态的变化和劳动领域的扩展在不同程度上影响着个体的择业和人生，其对个体提出了相应的知识和技术要求，也必将影响学校教育的变革与发展，使之与劳动形态的飞速发展变化相适应。

三、劳动的属性

（一）劳动的积极属性

劳动是一种积极的社会行为。作为人类特有的实践活动，劳动是人的意识与行为的统一，它既为人类的意志所支配，同时又将反作用于人类的发展，从心理发展的角度看，劳动是人存在的本质，对健康、积极的人格塑造起到了至关重要的作用。

首先，劳动作为一种社会性的人类行为，创造了人类社会，使得人与自然、人与人、人与社会产生了深刻的联系，这种联系给个体带来了根本的心理归属和情感依赖。而劳动分工与社会阶层的划分让个体有了固定的生活圈层和生存模式，其对个体发展的认知也更为全面和积极。

其次，人类的高明之处就在于人是积极地介入劳动，而非消极地承受劳动带来的损耗。人类可以通过劳动获得物质财富和精神财富，有差别的人类劳动可以给人们带来不一样的劳动结果，人们不仅能预见劳动的结果，并能通过有目的的意志控制提高自身的劳动能力和劳动价值，从而通过努力劳动获得更好、更多的物质财富和精神财富，这些财富同时又会给人们带来更好的社会体验和自我认同，从而更加激发了劳动的热情和动力，锤炼了劳动意志，形成良好的心理体验、积极的良性循环。

劳动作为积极活动，表现为劳动者不仅通过自己的体力和智力改变自然物的形式，而且同时改变着自己的身心自然。热爱劳动、参加劳动才能实现个人的健康成长，不愿劳动、不爱劳动则会阻碍个人的全面发展。劳动创造美好生活的信念已深入人心，劳动对社会和人类发展的积极作用获得了前所未有的社会性认可。

（二）劳动的创造属性

与前现代社会关于劳动价值的认同不同，马克思主义劳动价值观的一个突出特征就是突出劳动的创造性。换言之，劳动的创造性是马克思主义劳动理论对劳动价值最深刻的洞察和认识。劳动的创造性意指劳动具有创造性的价值。劳动作为人作用于自然界的行为，其目的是要改变劳动对象的表现形式，这种改变的过程同时也是个体主观意图对象化或外化的过程。无论是生产劳动还是非生产劳动，其中都包含着创造性的因素。即使在那些简单的不断重复的劳动中，劳动的创造性也随处可见。

劳动的创造性不仅表现在劳动创造了人类社会，创造了人的生命本质，还表现在为实现劳动目的而必须通过劳动所付出的意志力、克服的障碍和习得的科学技能上。从第一次、第二次工业革命到第三次科技革命，人类为之努力的劳动给社会发展创造的红利是超乎想象的，也是永无止境的。因此我们常说，科技改变生活，而劳动创造了生活。

（三）劳动的教育属性

劳动实践是人类认知的基础和源泉，其教育价值是不言而喻的，人类发展的真理和哲理都蕴含在劳动中。劳动具有树德、增智、强体、育美的综合育人价值。无论时代条件如何变化，我们始终都要崇尚劳动、尊重劳动者，始终重视发挥工人阶级和广大劳动群众的主力军作用。要教育学生从小热爱劳动、热爱创造，通过劳动和创造播种希望、收获果实，也通过劳动和创造磨炼意志、提高自己。

首先，人们在劳动中习得了劳动技能，提升了劳动能力，并通过劳动实践提升认知，实现不断的创新和发展。其次，劳动中蕴含的劳动情感、品德与态度具有重要的教育价值。劳动能培养个体积极向上的人生态度，正如苏霍姆林斯基所提到的，"劳动以外的教育和没有劳动的教育是不存在也不可能存在的"[①]。劳动的乐趣是无可比拟的，这种乐趣与其他方面的乐趣不同。因为一个人在劳动时总是尽力去做他应该做的事情，而不是去做随心所欲的事。于是他就会因替别人做了好事，感受到乐趣，就会希望去做为公众谋利所需要的事情。一个人以乐观的态度对待世界，从而获得了最高的乐趣，进行创造的乐趣。劳动的道德意义就在于此。再次，劳动中形成的劳动意志品质具有重要的教育价值。在劳动过程中表现出来的遇到困难时克服困难、解决问题、坚忍不拔的精神是劳动意志的核心精神，养成良好的劳动习惯、培养坚定的意志品质，正是当代青少年发展所需要的重要品质。

因此，加强劳动教育是构建德智体美劳全面培养教育体系、形成更高水平的人才培养体系的必然要求。只有通过劳动教育才能让学生更深刻地理解劳动与立德树人、与增长才智、与强健体魄、与美的创造之间的关系，促进学生全面和谐发展。

---

① 王天一. 苏霍姆林斯基教育理论体系 [M]. 北京：人民教育出版社，1992：7.

第二节　劳动教育

劳动教育是中国特色社会主义教育制度的基本规定和根本要求。劳动教育直接决定着劳动者的技能水平和劳动的精神风貌，对劳动者树立正确的世界观、人生观、价值观具有重要的导向作用和实践意义，具有十分丰富的内涵。

一、劳动教育的内涵

劳动的教育属性决定了劳动有重要的教育价值。我国对劳动教育的重视和推崇自古延续至今，《论语》中曾有相关记载：子路问政。子曰："先之，劳之。"请益，曰："无倦。"这句话是讲子路问为政之道。孔子说："自己先要身体力行带好头，然后让老百姓辛勤劳作。"子路请求多讲一些，孔子说："不要倦怠。"这其中便孕育了身体力行，以身示范，引导和教化老百姓进行辛勤劳作的思想。著名教育学家陶行知强调"教学做合一"的生活教育理论。"教学做合一"是生活现象之说明，即教育现象之说明，在生活里，对事说是做，对己之长进说是学，对人之影响说是教，教、学、做只是一种生活之三方面，是一件事，不是三件事。我们要在"做上教，在做上学"。他以种田为例，指出种田这件事，要在田里做的，便须在田里学，在田里教。在陶行知看来，"教学做合一"是生活法，也是教育法，它的含义是教的方法根据学的方法，学的方法要根据做的方法，"事怎样做便怎样学，怎样学便怎样教。教而不做，不能算是教；学而不做，不能算是学。教与学都以做为中心"。由此他特别强调要在"做"的活动中获得知识。

《辞海》中对劳动教育的定义是，劳动教育是德育的内容之一，是对学生进行热爱劳动和劳动人民、珍惜劳动成果、树立正确的劳动观点和劳动态度，通过日常生活培养劳动习惯和技能的教育活动。这是从劳动教育的德育功能视角对劳动教育概念的界定。

《教师百科词典》中对劳动教育的定义是劳动教育就是向受教育者传播现代生产的基本知识和技能，培养他们具有正确的劳动观点、劳动习惯和热爱劳动人民、劳动成果的感情。劳动教育十分重视劳动过程中的智力因素，把平凡的劳动同创造性劳动结合起来，把简单劳动与富有知识的劳动结合起来。这是从知识传授、劳动技能培育等视角对劳动教育概念的界定。

《教育大词典》中指出，劳动教育的主要任务：一是培养学生正确的劳动观点，使学生懂得劳动、热爱劳动，尊重劳动人民，摒弃轻视体力劳动的思想，懂得体力劳动必须与脑力劳动相结合。二是培养学生正确的劳动态度，使学生认识到劳动是建设社会主义、共产主义的必要条件，是公民的神圣权利和光荣义务。三是培养学生具有良好的劳动习惯、艰苦奋斗的作风，遵守劳动纪律，珍惜劳动果实，抵制不劳而获、奢侈浪费等不良思想倾向。四是使学生获得工农业生产基本知识和技能。这是从劳动教育的任务视角对劳动教育概念的界定。

中共中央、国务院《关于全面加强新时代大中小学劳动教育的意见》（以下简称《意见》）中指出，劳动教育是中国特色社会主义教育制度的重要内容，直接决定社会主义建设者和接班人的劳动精神面貌、劳动价值取向和劳动技能水平。劳动教育是学生成长的必要途径，具有树德、增智、强体、育美的综合育人价值。这是从地位价值视角对劳动教育的概念界定。

劳动教育概念有广义和狭义之分。狭义的劳动教育专指以思想政治品德教育为目的的劳动教育，是德育的内容之一。广义的劳动教育包含"三重含义"：一是作为德育内容的劳动教育；二是作为"五育"之一的劳动技术教育（综合技术教育）；三是作为实现育人目标重要途径的劳动活动。[①]我们认为这一概念的界定，比较符合劳动教育的本质，是系统、全面的对劳动教育的概念界定。

二、劳动教育的特点

劳动教育具有自身独特的特点。

（一）鲜明的思想性

新时代中国特色社会主义劳动教育将马克思主义劳动观贯穿始终，具有马克思主义的根本属性。这决定了我们必须始终以马克思主义劳动价值观、劳动教育观为指导开展和实施劳动教育，充分发挥劳动教育的德育和智育功能，进一步强化劳动的重要地位，引导广大青少年在劳动教育中树立正确的世界观、

---

① 孙振东，康晓卿. 论"劳动教育"的三重含义［J］. 社会科学战线，2021（1）：230－238.

人生观、价值观，牢固树立马克思主义理想信念，成为德智体美劳全面发展的人才。

（二）突出的社会性

劳动教育具有突出的社会性，必须加强学校教育与社会生活、生产实践的直接联系，发挥劳动在个体与个体、个体与社会之间的纽带作用，引导学生认识社会，增强社会责任感；同时，注重让学生学会分工合作，体会社会主义平等、和谐的新型劳动关系。

（三）显著的实践性

劳动教育具有显著的实践性，强调"知行合一"，在做中学，在学中做，将所学应用于实践，引导学生以动手实践为主要方式，面向真实的生活世界和职业世界，在认识世界的基础上，获得有积极意义的价值体验，同时学会建设世界、塑造自己。

三、劳动教育的原则

《意见》明确指出，劳动教育要遵循五个基本原则。

（一）把握育人导向

坚持党的领导，围绕培养担当民族复兴大任的时代新人，着力提升学生综合素质，促进学生全面发展、健康成长。把准劳动教育价值取向，引导学生树立正确的劳动观，崇尚劳动、尊重劳动，增强对劳动人民的感情，报效国家，奉献社会。

（二）遵循教育规律

符合学生年龄特点，以体力劳动为主，注意手脑并用、安全适度，强化实践体验，让学生亲历劳动过程，提升育人实效性。

（三）体现时代特征

适应科技发展和产业变革，针对劳动新形态，注重新兴技术支撑和社会服务新变化。深化产教融合，改进劳动教育方式。强化诚实合法劳动意识，培养科学精神，提高创造性劳动能力。

（四）强化综合实施

加强政府统筹，拓宽劳动教育途径，整合家庭、学校、社会各方面力量。家庭劳动教育要日常化，学校劳动教育要规范化，社会劳动教育要多样化，形成协同育人格局。

（五）坚持因地制宜

根据各地区和学校实际，结合当地在自然、经济、文化等方面的条件，充分挖掘行业企业、职业院校等可利用资源，宜工则工、宜农则农，采取多种方式开展劳动教育，避免"一刀切"。

四、劳动教育的途径

在教育发展的过程中，我们一直强调家庭教育、学校教育和社会教育的三位一体作用。同样，劳动教育也需要三方面教育的配合，仅靠一方的努力，很难实现和达到最终教育目的。

（一）家庭劳动教育

父母是孩子的第一任老师，家庭是孩子的第一个学校。家庭教育是基础教育中的基础，是人发展的根基。在过去的多子女家庭中，由于子女太多，家长忙不过来，很多孩子在很小的时候就开始帮助父母劳作，减轻家庭负担，这不仅培养了孩子的动手能力，也培养了他们坚忍不拔的意志品质，让他们从小树立了通过自身努力劳动实现梦想、开创美好生活的坚定信心。但现代家庭中，这种机会在天然地减少。子女成了家里的"小公主""小皇帝"，家长唯恐子女受到任何委屈和伤害，同时对孩子的期望值也大大提高了，除了学习，什么都不让孩子做，所有的事情由父母包办，导致孩子"衣来伸手，饭来张口""四体不勤，五谷不分"。

家长给予孩子正确的劳动教育，能促进孩子的成长。承担家务劳动的孩子比起不承担家务劳动的孩子成绩好了很多。家庭是劳动教育的鲜活课堂，正如范成大《夏日田园杂兴》中的诗句："童孙未解供耕织，也傍桑阴学种瓜。"家长的劳动观念、劳动态度，以及家庭的环境等潜移默化地影响着子女的劳动观。因此，要充分发挥家庭教育的作用，家长的言传身教可以在孩子心中种下"劳动光荣"的种子，让他们从小养成爱劳动的好习惯。

（二）学校劳动教育

学校教育在人的身心发展过程中起着引领作用和主导作用。在劳动教育中，学校同样也要发挥其主导作用，承担实施劳动教育的主体责任。通过劳动教育，学校可以拓宽育人渠道，使学生养成正确的劳动观念、劳动习惯、劳动情感、劳动精神。

1. 开设专门的劳动教育课程

《意见》明确提出，构建劳动教育课程体系，大中小学设立必修课程和劳动周。通过课程传授劳动知识、劳动技能，培育劳动价值观，这是劳动教育的重要载体。

2. 与思想政治教育相结合

劳动教育与思想政治教育的目标、内容等具有关联性。要充分提高学生对劳动教育的关注和重视程度，将劳动教育与思想政治教育有机结合，通过思想政治教育进一步强化劳动教育目标的道德引领和精神塑造，培养学生的劳动价值观、劳动情感和态度，让学生对劳动有一个正确的认识，形成良好的劳动品德，养成良好的劳动习惯。

3. 与专业课程教学相结合

将劳动教育融入课程教学是"课程思政"的重要实现途径之一。长期以来，学校劳动教育一直被窄化，人们总是片面地将学生的劳动教育理解为学生去参加义务劳动、到食堂帮厨、打扫清洁区，这势必将劳动教育与课堂教育无形地割裂开来，违背了劳动教育的初衷。实际上，学生的学习过程本身也是劳动，属于脑力劳动。高校在发挥课堂育人主渠道作用的过程中，应该有机纳入劳动教育，通过增加劳动实践的学分，加大、加强劳动教育课程的学习和参与程度。也可以根据专业的不同，将其与专业教学紧密结合，让学生学好专业知识、掌握专业技术参与专业实践，运用所学知识解决实践中的问题。

4. 开展劳动实践活动

劳动教育是真正的生活教育。若没有充分的劳动实践，劳动教育便不能算成功的劳动教育。然而，在日常的教学环节中，教师多把精力放在如何让学生学会专业知识技能方面，很少把劳动观念、劳动态度等内容融入专业教学。针对这种情况，学校可以开展劳动实践活动，比如定期举办劳动技能比赛，组织大学生利用寒暑假开展系列社会实践活动，让学生进行以"劳动"为主题的社会调查活动，让学生在实践中体验劳动、认识劳动、正视劳动，进而树立起正确的劳动价值观。此外，学校要充分调动各类资源，建设校内校外学生实践基地，为劳动教育创造充分的现实保障。让学生通过劳动实践活动，学会在做中思、做中学，增进对专业知识的理解与认识，激发对学习的积极性与主动性，提高创新意识与创新能力。

5. 融入创新创业教育

随着创业型经济的发展，社会对人才的要求有了更高的标准，更看重人才的创新能力和实践能力。将科技与生产实际相结合，创造更高的生产力，是整个社会发展的必然趋势和需求，加强劳动教育、强化实践锻炼变得十分重要。在学校教育中，创业精神与创业能力已成为当代大学生创业教育的核心内容。高校要做好大学生创新创业工作，全面提升创新创业人才培养质量，为国家培育创新创业的强大生力军，推动我国经济的发展与经济结构的调整。

在高校的创新创业教育中融入劳动教育，弘扬劳动精神、劳模精神、工匠精神，有助于提高大学生对劳动的认知水平，帮助大学生培养良好的劳动习惯。新时代的劳动者不仅要有力量还要有智慧、有技术，能发明、会创新。大学生不仅要学习和掌握扎实的科学理论知识，还要有创新思维和创业精神，积极投身于社会主义现代化建设事业的伟大实践，在创业中成就事业，在创业中成长成才。

（三）社会劳动教育

劳动教育是一项系统性工程，进行劳动教育需要全社会的努力。首先，要营造良好的舆论氛围，让热爱劳动成为全社会的共识。社会环境影响着人的发展方向，社会对劳动的态度和重视程度影响着人们劳动价值观的形成。长期以来，社会上存在着"重脑力劳动、轻体力劳动"的现象。比如大学生在择业时，有的学生把"好工作"定义为"钱多、事少"的工作，似乎更倾向于从事劳动较少、相对清闲的工作。社会媒体对一些歌星、影星、"网红"等"一夜成名"后高收入的宣传，使很多年轻人迷失了方向，他们不愿学习，不愿付出，更不愿劳动，他们也渴望着有一天成为"网红"，期盼自己能一夜暴富，不用付出就可以过上富足的日子。这些对劳动的错误认知和不良的社会风气将严重影响年轻人对劳动的认识，对学生劳动价值观的形成产生不良影响。加强劳动教育，必须从认知层面入手，加强劳动教育的宣传，共同营造一个热爱劳动、尊重劳动的舆论环境，进一步提高劳动的地位、突出劳动的作用。其次，要给学生提供更多的劳动实践机会，让他们更多地接触社会、接触实际生产，在劳动实践中得到锻炼和成长。《意见》中明确提出："充分利用社会各方面资源，为劳动教育提供必要保障。各级政府部门要积极协调和引导企业公司、工厂农场等组织履行社会责任，开放实践场所，支持学校组织学生参加力所能及的生产劳动、参与新型服务性劳动，使学生与普通劳动者一起经历劳动过程。鼓励高新企业为学生体验现代科技条件下劳动实践新形态、新方式提供支持。工会、共青团、妇联等群团组织以及各类公益基金会、社会福利组织要组织动员相关力量、搭建活动平台，共同支持学生深入城乡社区、福利院和公共场所等参加志愿服务，开展公益劳动，参与社区治理。"[①]通过全社会的共同努力，实现全社会协同育人的良好局面。

第三节　弘扬劳动精神、劳模精神、工匠精神

劳动精神、工匠精神、劳模精神都是劳动创造的产物，同时又都对劳动具有积极的推动作用，是中国精神的重要组成部分，是以爱国主义为核心的民族精神和以改革创新为核心的时代精神的生动体现。

在劳动的精神中，劳动精神突出对劳动的强化和延伸，其主体是广大的普通劳动者群体；劳模精神突出对劳动的示范和引领，其主体是为社会做出突出贡献的劳动模范群体；工匠精神突出对劳动的创新和改进，其主体是拥有专业特长和一定技术技能的产业工人。

从劳动精神、劳模精神、工匠精神的相互关系来看，劳动精神通过工匠精神、劳模精神的具体实践来体现。劳动精神是使人成为普通人的精神，工匠精神是使人成为更加卓越的人的精神，劳模精神是使人成为影响别人的人的精神。[②]

一、劳动精神、劳模精神、工匠精神

（一）劳动精神

伟大事业孕育伟大精神，伟大精神成就伟大事业。劳动精神是劳动实践精神层次的产物，也是劳动教育中德育教育的核心内容。它体现着劳动者在劳动过程中的积极心理和状态，是民族精神和时代精神的高度凝练，也是实现中华

民族伟大复兴的不竭动力。弘扬劳动精神不仅是时代的呼唤，更是中国特色社会主义发展的必然要求。

1.劳动精神概述

劳动精神是劳动的本质属性，是劳动教育的价值取向和价值目标。劳动精神是劳动者在劳动中展现出的精神状态、精神面貌、精神品质，主要指人们对劳动的热爱态度以及劳动者在劳动过程中体现出来的积极的人格气质，是热爱劳动的态度在劳动主体身上的体现，包括劳动者身上所具有的对劳动的积极评价、敬业态度、积极性、创造性等。[①]对于新时代劳动精神的内涵，学者们进行了深入的探究。有学者认为劳动精神包括"辛勤劳动、诚实劳动、创造性劳动"，有学者认为劳动精神的内涵是"崇尚劳动、热爱劳动、辛勤劳动、诚实劳动"。《意见》在明确劳动教育的总体目标要求的同时，提出了培养勤俭、奋斗、创新、奉献的劳动精神的奋斗目标。勤俭、奋斗、创新、奉献既是中华优势的劳动传统，也是新时代劳动精神内涵的深刻凝练。

2.劳动精神的内涵

（1）勤俭

在中国人的传统价值观念中，"勤"与"俭"作为重要的道德品质始终被紧紧联系在一起。"俭，德之共也；奢，恶之大也。"勤俭节约凝结着中华民族的智慧，是中华民族的优秀传统美德。"勤以立志、俭以养德""克勤于邦、克俭于家""田家少闲月，五月人倍忙""勤耕不辍、富而不奢""谁知盘中餐，粒粒皆辛苦"……这些至理箴言和诗句都在强调勤俭品德的培养。勤俭作为中华民族的传统美德，在几千年的历史发展中形成了丰富的道德内涵。早在商周时期，人们就已总结勤俭在持家治国中的重要作用，那时就有了"克勤于邦，克俭于家"的主张。"勤"即勤劳、勤奋、勤恳、不惰。"勤"，是对待劳动的良好态度，是对所从事的事业尽心竭心、孜孜不倦的态度和行为；而"俭"则是指俭约、节约、节制、不奢，要求人们尊重劳动，珍惜劳动果实，合理消费物质财富，是对人的欲望的一种约束。"勤"的本质在于勤劳刻苦、尽己之力；

---

① 檀传宝.劳动教育的概念理解——如何认识劳动教育概念的基本内涵与基本特征［J］.中国教育学刊，2019（2）：82-84.

"俭"的本质在于对劳动者的尊重，对劳动成果和资源的珍惜。①

（2）奋斗

奋斗是指人们在改造客观世界的劳动实践中，为达到目标而不畏艰难、锐意进取的精神状态和思想品质，也是人们在改变现状和开拓未来的过程中坚忍不拔、顽强拼搏、奋发向上的精神风貌。②实干、奋斗是劳动最核心的底蕴，中国特色社会主义革命和建设历程就是一部光辉的浴血奋斗史，勇敢自强、乐于奋斗、敢于斗争，是中国共产党具有的与生俱来的意志品质和光荣传统。

幸福都是奋斗出来的，但奋斗的过程极为艰辛。事实一再证明，把蓝图变为现实，将改革进行到底，无不呼唤奋斗的精神，无不需要脚踏实地干好工作。在2018年春节团拜会上习近平总书记又强调："奋斗本身就是一种幸福。只有奋斗的人生才称得上幸福的人生。"③这道出了奋斗之于幸福的深刻内涵。

（3）创新

创新是人类特有的活动。马克思指出，人"通过实践创造对象世界，改造无机界，证明了人是有意识的类存在物"④。创新的目的就是实现人的自由而全面的发展，推动社会进步。进入信息时代，创新逐步成为衡量大多数人劳动能力的标准，也成了衡量青年大学生是否成才的标准。"一个人是否成才，关键要看他是否运用所掌握的知识或技能为社会做出了创造性的贡献，创造性是人才的本质内涵。"⑤只有具有创新精神的人才会有创造性劳动的动机和动力。创新是引领发展的第一动力。创新劳动就是创造性的劳动，即通过脑力劳动萌发出技术、知识、思维的革新，从而高效提升劳动效率、产生出超价值的社会财富或成果的劳动。⑥

———————

① 袁哲. 中国传统勤俭思想与现代节约型社会建设刍议［J］. 长江大学学报（社会科学版），2012（9）：118-119.

② 丁晓昌，顾建军. 新时代大学生劳动教育［M］. 上海：上海交通大学出版社，2021：65.

③ 习近平. 在2018年春节团拜会上的讲话［N］. 光明日报，2018-02-15（02）.

④ 马克思. 1844年经济学哲学手稿［M］. 北京：人民出版社，2018：53.

⑤ 万美容. 青年学概论［M］. 北京：中国人民大学出版社，2016：79.

⑥ 丁晓昌，顾建军. 新时代大学生劳动教育［M］. 上海：上海交通大学出版社，2021：67.

（4）奉献

劳动教育的主要目标是塑造个体健康、积极、向上的世界观、人生观、价值观。奉献精神是保证劳动者树立高尚的人格追求、塑造高尚道德情操的前提和基础，社会主义制度下劳动的本真精神是奉献。奉献是指主动把党、国家与民族的未来扛在肩上，利用自身优势无私、积极劳动，不计较个人得失甚至不畏牺牲的本色行为。奉献就是不计报酬的给予、不求回报的付出，就是一心为他人、为人民、为社会、为国家、为民族做贡献。奉献是社会主义职业道德的最高境界。奉献精神表现为一种人生价值，他人和社会的需要从个人劳动中越是得到满足，就越有可能更多地获得自我价值实现的社会认同。为他人和社会奉献得越多，自己的精神世界就越充实，个性也就越完善。正如马克思所言，"历史把那些为共同目标工作因而自己变得高尚的人称为最伟大的人物；经验赞美那些为大多数人带来幸福的人是最幸福的人"①。

（二）劳模精神

劳模精神是劳动精神的外在显现。劳动模范是民族的精英、人民的楷模。"爱岗敬业、争创一流，艰苦奋斗、勇于创新，淡泊名利、甘于奉献"的劳模精神蕴含着中华优秀传统文化，引领着时代进步的潮流。劳模精神是党、国家和人民极其宝贵的精神财富，是伟大的中华民族精神的重要体现，是推动时代前进的强大精神力量。

1. 爱岗敬业、争创一流

爱岗敬业是当代中国劳模精神的基础，争创一流是当代中国劳模精神的灵魂，爱岗敬业、争创一流是劳模精神的本质特征。

爱岗敬业就是指劳动者无论从事什么职业、身处何种岗位，都要干一行、爱一行，热爱自己的本职工作和工作岗位。对自己的工作要有敬畏心，以正确、恭敬、严肃的态度对待自己的职业劳动，努力培养工作幸福感和荣誉感。敬业就是"专心致志以事其业"，即用一种恭敬严肃的态度对待工作，认真负责，任劳任怨，精益求精。"敬业"之所以重要，不仅在于它决定着人们对本职工作的态度，还在于它能开掘人们在劳动中的潜能。爱岗敬业是中华传统美德，《礼记·学记》有云，"一年视离经辨志，三年视敬业乐群"，告诫人们对自己的事业要尽职，与他人相处要和睦。《礼记·中庸》还提到，"君子素其位而

---

① 马克思，恩格斯.马克思恩格斯全集：第1卷［M］.北京，人民出版社：1995：459.

行，不愿乎其外"，要求人们要忠于职守，努力做好自己职责内的事情。梁启超在《敬业与乐业》中讲，"百行业为先，万恶懒为首"，他还说："一个人对于自己职业不敬，从学理方面说，便是亵渎职业之神圣；从事实方面说，一定把事情做糟了，结果自己害自己。所谓敬业主义，于人生最为必要，又于人生最为有利。"[①]爱岗敬业作为中华优秀传统道德，是当代中国社会主义职业道德规范的源头活水，是当代中国劳模精神的本源，是职业道德的基石，是社会主义职业道德所倡导的首要规范，是社会主义核心价值观的重要内容。

古人云："欲成事必先自信，欲胜人必先胜己。"创先争优是一种内生动力、思维方式、行动目标、方法手段，是激励劳动者奋勇向前、拼搏进取的保证，是劳模对标"高、精、尖"，实现追求一流功绩的灯塔；也是对在中国特色社会主义建设各项事业中表现突出、工作业绩突出的劳动者的肯定和鼓励。争创一流是新形势下中国共产党一以贯之的精神风貌。党的十八大以来，习近平强调各级领导干部要树立对标一流、争创一流的意识，提升工作标准，创造一流业绩。围绕保持党的先进性和纯洁性，我们党先后开展了党的群众路线教育实践活动、"三严三实"专题教育、"两学一做"学习教育和党史学习教育等。在综合国力建设方面，党的十九大以来，我们着力"四个一流"：一是在国防军事上，要"把人民军队建设成为世界一流军队"；二是在经济建设上，要培育一批"具有全球竞争力的世界一流企业"；三是在文化教育上，要"加快一流大学和一流学科建设"，即常说的高校"双一流"建设。将争创一流、建功立业的意识融入新时代中国综合国力发展的各个方面。

爱岗敬业是对做好工作的基本要求，争创一流是对先进性的不懈追求。爱岗敬业、争创一流体现的是热爱工作岗位、对工作负责、敬重自己所从事职业的道德操守，追求更高劳动效率、劳动质量的精神风貌。

2. 艰苦奋斗、勇于创新

艰苦奋斗是当代中国劳模精神的本色，勇于创新是当代中国劳模精神的核心，艰苦奋斗、勇于创新是劳动精神的核心内涵。艰苦奋斗是中华民族的传统美德和精神财富，中华民族五千年的历史就是一部艰苦卓绝的奋斗史，艰苦奋斗的美德激励着中国人民崇尚勤劳、厉行节约、刻苦努力、生生不息，铸就了悠久且未曾中断的闪耀世界、傲立东方的中华文明。艰苦奋斗是中国共产党的

① 梁启超.饮冰室合集：第5册［M］.北京：中华书局，1989：39.

传家宝和政治本色，中华民族从站起来、富起来到强起来，都是中国人民奋斗出来的。

创新是一个国家兴旺发达的不竭源泉，也是中华民族最深沉的民族禀赋。勇于创新是对简单模仿、一味重复的常规性劳动批判性、革命性的否定。劳动模范是辛勤劳动、创新劳动的实践者，他们解放思想、奋发图强、敢为人先，把自己先进的工作理念和技术技能传授给普通群众，带动广大群众拓展新视野、掌握新知识、增强新本领，为实现中国梦凝聚力量。当代中国劳模在生产劳动实践中，自愿地付出自己的体力和智力，而且毫无保留，无论何时何地都保持着奋斗的激情和毅力。从"两弹一星"元勋到"世界杂交水稻之父"，劳模正是凭借艰苦奋斗的价值追求，锐意进取、奋发有为，攻破了一个又一个阻碍实现中国特色社会主义现代化建设的难题，取得了一个又一个惊叹世界的成就。新时代劳模在继承老一代劳模爱岗敬业的基础上，与时俱进，开拓创新，成长为知识型、技能型和创新型劳模，他们正积极推动"中国制造"向"中国创造"转型，创新创造已成为中国一张亮丽的名片。敢于创新、善于创新的担当使命，是劳模精神的核心。

3. 淡泊名利、甘于奉献

淡泊名利是当代中国劳模精神的境界，甘于奉献是当代中国劳模精神的底色，淡泊名利、甘于奉献是劳模精神的价值引领。

淡泊名利是中国传统名利观的集中体现，"谦逊、付出"是刻在中华民族骨子里的为人处世态度。"穷则独善其身，达则兼济天下"体现了谦下不争、以守为攻的入世出世原则。道家有云："天之道，利而不害；人之道，为而弗争。"意思是说，天的规律是利万物而不害万物，做人的规律是为而不争。"为而不争"恰恰体现出了当代中国劳模的一种精神境界。脚踏实地地去做，是劳模群体对待劳动和工作的根本遵循，让人在物欲横流的当下免于浮躁，修身养性。中国共产党人的核心价值取向是全心全意为人民服务。以马克思主义为指导思想的中国特色社会主义制度下的名利观，提倡个人的追求应该与维护人民群众的根本利益相统一，应该与实现中华民族伟大复兴的中国梦融为一体。我们谋求的"利"首先应该是国家之利、集体之利、人民福利。可以说，淡泊名利是当代中国劳模精神的境界。

甘于奉献是中华民族传统美德与中华文明绵延发展的根基。刘少奇曾说："为了国家和人民的利益不怕自己吃亏的人，才是高尚的、有道德的、脱离了低级趣味的人，才是真有理想，能够站得住脚、能够得到人民信任的人。"①奉献社会是马克思主义职业价值观的最高追求目标，甘于奉献是共产主义道德原则和规范，也是集体主义原则的集中体现。人只有为同时代人的幸福而工作，才能不断完善自我。只有在各自的事业中兢兢业业、无私奉献，将自己对幸福的追求融入人民和国家的幸福之中，劳模精神才能焕发光彩和生机，才能凝聚鼓舞人前进的磅礴力量。

（三）工匠精神

"工匠"是指有某种工艺专长的匠人，《辞海》中解释道："工，匠也。凡执艺事成器物以利用者，皆谓之工。"专注于某一领域、针对这一领域的产品研发或加工过程全身心投入，精益求精、一丝不苟地完成整个工序的每一个环节的人，可称其为工匠。

"工匠精神"是工匠劳作背后所蕴含的一种追求卓越的职业精神，是一种超越技艺层面的精神认知，它是职业道德、职业能力、职业品质的体现，是从业者的一种职业价值取向和行为表现。柳宗元在《梓人传》中讲述："梓人不执斧斤刀锯之技，专以寻引、规矩、绳墨度群木之材，视栋宇之制，相高深、圆方、短长之宜，指麾众工，各趋其事。"意思是一般工匠皆善执斧斤刀锯之技，然而执斧之技仅是专业技能者成为工匠的基础条件，还需善度材、用众工，这便是工匠技艺上升至工匠精神的关键。"工匠精神"不仅具有职业技术的内涵，更具有深刻的精神内涵，包括执着专注、精益求精、一丝不苟、追求卓越等方面的内容。

1. 执着专注

执着专注是指对所从事事业在时间上的坚持、精神上的聚焦，是一种忘我的执着态度。《诗经》有言："如切如磋，如琢如磨。"古往今来，精于工、匠于心、品于行，正是一代代大国工匠潜心追梦的动人之处，事业的成功无不是厚积薄发、千锤百炼的结晶。执着专注的工匠精神就是在平凡的岗位上兢兢业业、恪尽职守、刻苦钻研、深入研究，努力提升自己的技艺，使自己成为行业中的行家里手。同时，要具有面对困难不退缩，不达目的不罢休的勇气，用尽全力做好本职工作，扎扎实实朝着既定的目标迈进，不断突破自己的成长空间，以专注之心成就一番事业。

---

① 刘少奇.刘少奇选集：下卷［M］.北京：人民出版社，1985：293.

2. 精益求精

精益求精是质量上要求完美、技术上要求极致的品质追求。精益求精，包含了专注、追求卓越。这也是科学技术不断推陈出新、社会不断进步的一个重要原因。"业精于勤，荒于嬉。"古有贾岛月下推敲、欧阳修快马追字的故事，今有韩利萍毫厘精神托起航天梦、顾秋亮丝级组装精密度助力载人潜水器等典范，这些无不彰显了中国匠人精益求精的品质。中国工匠们在工作过程中加强对细节的关注，在追求数量的基础上提升质量，他们依靠精益求精的制造精神安身立命，生动体现了"干一行爱一行"的职业精神，以及"爱一行专一行"的职业态度。新时代，"精业"已成为工匠身上不可缺少的职业准则。劳动者们要在自身领域做出一番成绩，就必须坚持精心学习、认真打磨、仔细研究、提升质量，才能在激烈的竞争中取胜，成为中国制造业的优质"名片"。

3. 一丝不苟

一丝不苟是一种对自我的要求，是细节上的坚守、态度上的严谨。"天下大事，必作于细。"敬业担当、严谨细致、求真务实是一丝不苟的工匠精神的体现。"物勒工名，以考其诚。"中国匠人素以严谨、细致、注重细节著称，他们对自己所从事的工作及岗位兢兢业业、认真负责。孔子主张"事思敬，执事敬，修己以敬"，教导我们做事要严肃认真、恭敬谦逊；韩非子的"慎易以避难，敬细以远大"，告诉我们不能投机取巧，要耐心坚守。开启全面建设社会主义现代化国家新征程，必须培厚工匠精神的土壤，推动更多工匠竞相涌现，并号召工匠们以"失之毫厘，谬以千里"的严谨态度，不放过任何一个细节，不忽视任何一个细微之处，一丝不苟、倾注匠心，创造出巧夺天工的精品，为经济社会发展注入充沛动力。

4. 追求卓越

追求卓越是一种理想信念，是理想上的远大、目标上的高远。卓越，代表了工匠对产品品质的卓越追求，更代表了对劳动者技艺的不断磨炼及对完美的不懈追求。追求极致，彰显的是一种永不满足、不断超越的职业文明和创新精神，是工匠通过学习专业知识，不断提高工作技能，将细节做到完美，并不断在原有基础上进行突破、实现创新。"因循守旧""拘泥一格"不是工匠精神，"永不懈怠""求巧求新"才是"匠心独运"。中国工匠应把追求卓越的工匠精神融入生产制造的每一个环节，把在技术上不断突破作为职业目标，将自身工作置于整个行业的发展中，将本职业务与事业、行业、产业的发展结合起来，融为一体，乘风破浪，奋勇前进，带动整个行业追求高水平、高品质的产品与服务，带动中国行业向更高端水平发展。

二、弘扬"三种精神"，争做时代楷模

劳动精神、劳模精神、工匠精神这"三种精神"，是党和国家宝贵的精神财富和力量，是动员广大人民投入中国特色社会主义现代化强国建设中去的强大精神力量。

新时代的大学生要成大才、担大任，就必须弘扬"三种精神"，在中华民族伟大复兴的青春赛道上以劳动精神、劳模精神、工匠精神引领自己，践行使命担当。

（一）学习马克思主义劳动理论，培养正确的劳动价值观

弘扬"三种精神"，加强劳动精神、劳模精神、工匠精神教育，重中之重是要青年学生掌握马克思主义劳动观这一强大理论武器，深刻理解劳动对自由全面发展的重要作用。在此基础上引导青年学生形成正确的劳动价值观，在为什么要崇尚劳动、尊重劳动的问题上端正立场，在什么样的人是光荣、崇高、伟大、美丽的等问题上明断是非。

一要利用好思政课堂的主渠道进行劳动价值观教育。要在思想政治理论课课堂上，帮助学生理解认同劳动精神、劳模精神、工匠精神是社会主义文化建设的有机组成部分。讲清劳动及劳动者与经济结构、社会关系间的能动关系，理解劳动推动历史进步的作用；讲清踏实劳动对时代发展、民族复兴的重要意义，使大学生坚定成为社会主义劳动者的理想信念。要通过"劳动"概念在不同知识结构体系中的作用，贯通唯物史观这一整体性的世界观理论，而不是割裂拆分讲解马克思主义哲学、政治经济学和中国特色社会主义理论体系中的劳动概念。同时，还应结合中华优秀传统文化的丰厚遗产，依托鲜活生动的劳模、工匠事例，将革命文化、社会主义先进文化传承下去并发扬光大，在有效理性教化与唤起情感共鸣的基础上培育青年学生深厚的劳动情怀和强烈的担当意识。

二要通过各种载体进行劳动价值观教育。纵观当前高校青年学生劳动现状及劳动价值观表现，相当一部分群体存在"好逸恶劳"、不尊重劳动者、羡慕资产阶级腐朽享乐生活方式的思想倾向，荣辱观不清晰；做职业规划时眼高手低、"精致利己"，鄙夷踏实劳动，缺乏奉献精神和家国担当的使命感；在实

际生活中常识匮乏、"四体不勤，五谷不分"，体质羸弱而"肩不能挑、手不能提"，缺乏创新精神和创造能力；在人格培养上意志薄弱、精神空虚、依赖性强、承受能力差，动辄因环境不适应、情感压力、学业压力或就业压力、生活压力而抑郁、自杀，缺乏脚踏实地的韧性和耐力。因此，在青年学生群体中弘扬"三种精神"、进行"三种精神"教育，既需要解决理论认识问题、理想信念问题，补足精神之钙，使其树立正确的劳动价值观念，坚定理论自信和文化自信，又要通过劳动实践的熔炉，在增强劳动体力和劳动能力的同时，进一步加强对新时代社会主义劳动价值观的认同。

此外，在劳动教育的环境因素上，新中国成立以来所形成的崇尚劳动、尊重劳动的价值观念容易受到多样社会思潮的影响。一方面，历史虚无主义的思潮通过歪曲和否定革命史观中的基本判断与英模事迹，动摇"劳动创造历史、劳动人民创造历史"的基本原理；另一方面，消费主义、个人主义的思潮也通过对个人与集体、劳动与消费合理关系的颠覆来影响青年，使其在潜移默化中滋生轻视劳动、贬低劳动人民的错误观念。面对这些现实问题，我们要在学生劳动教育中果敢"亮剑"，发挥和运用好各种教育载体。一要充分利用多种媒介和网络平台开展劳动价值观教育，加大对"三种精神"的宣传力度，营造良好的宣传氛围，引导青年学生明辨荣辱，树立积极的劳动价值观；二要坚守好意识形态阵地，与恶意诋毁和歪曲中国人民劳动精神、歪曲贬低劳动人民奋斗史的不良思想做坚决斗争，坚决抵制好逸恶劳、贪图享受思想的侵蚀。

（二）把握"幸福是奋斗出来的"深刻内涵，培育吃苦的奋斗精神

领会好"幸福是奋斗出来的"的内涵，应把握"劳动创造幸福"和"奋斗本身就是幸福"两层要义。

第一，劳动创造幸福。个体幸福与社会幸福都是统一于劳动的。劳动实现了个体幸福与社会幸福的统一，同时劳动又是实现幸福的根本途径。习近平总书记在2013年4月28日同全国劳动模范代表座谈时强调："劳动是财富的源泉，也是幸福的源泉。"[①]2015年6月1日，他在会见中国少年先锋队第七次全国代表大会代表时寄语全国少年儿童："幸福不是毛毛雨，幸福不是免费的午餐，幸福不会从天而降。人世间的一切成就、一切幸福都源于劳动和创造。"[②]

---

① 习近平.习近平谈治国理政［M］.北京：外文出版社，2014：46.

② 美好的生活属于你们 美丽的中国梦属于你们［N］.光明日报，2015-06-02（01）.

第二，奋斗本身就是幸福。习近平总书记指出："有梦想，有机会，有奋斗，一切美好的东西都能够创造出来。"①"奋斗者是精神最为富足的人，也是最懂得幸福、最享受幸福的人。"②这充分指出了奋斗是幸福之母，幸福的真谛在于奋斗的思想卓见，奋斗成就幸福，奋斗创造美好生活。

幸福都是奋斗出来的，既有历史的逻辑，也是现实的必然。奋斗是通往幸福生活的阶梯，但奋斗的过程极为艰辛。奋斗是青春的底色，奋斗的青春最美丽，大学生们应该时刻牢记习近平总书记的殷切期望，树立高远志向，历练敢于担当、不懈奋斗的精神，做一个"有理想、敢担当、能吃苦、肯奋斗"的新时代好青年，脚踏实地投身到中国特色社会主义伟大实践中去，在实现中国梦的生动实践中放飞青春梦想，在为人民利益而不懈奋斗中书写青春华章。

（三）继承勤俭节约、敬业奉献的优良传统，培育崇德的优良品质

"历览前贤国与家，成由勤俭败由奢。"习近平总书记强调："过去我们党靠艰苦奋斗、勤俭节约不断成就伟业，现在我们仍然要用这样的思想来指导工作。"③2013年1月，他在对新华社《网民呼吁遏制餐饮环节"舌尖上的浪费"》的批示中指出："要加大宣传引导力度，大力弘扬中华民族勤俭节约的优秀传统，大力宣传节约光荣、浪费可耻的思想观念，努力使厉行节约、反对浪费在全社会蔚然成风。"④这些重要论述，对新时代大学生弘扬"三种精神"提供了理论的指引和方法的指南。

新时代大学生要做勤俭节约的模范，新时代的劳动教育，就是要督促大学生在劳动中培养勤俭美德，摒弃挥霍浪费、享受奢靡的恶习，提升勤俭节约的人格修为。以自身的行为引导新的生活方式，把遵循环保理念、倡导低碳生活、提倡简约生活作为践行绿色发展理念、杜绝奢侈浪费和不合理消费的直接行动；新时代的大学生要做敬业奉献的模范，大力弘扬"三种精神"，树立爱岗敬业、精益求精、协作共进、追求卓越的精神品质。随着社会的发展，在追求人类整体利益和自我价值实现的过程中，奉献精神逐渐被作为自我发展、自我完善的一部分。新时代大学生应该把自己的人生追求同国家进步、人民伟大

---

① 习近平.习近平谈治国理政［M］.北京：外文出版社，2014：46.

② 习近平.在春节团拜会上的讲话［N］.光明日报，2018-02-15（02）.

③ 保持加强生态文明建设的战略定力 守好祖国北疆这道亮丽风景线［N］.光明日报，2019-03-06（01）.

④ 习近平.习近平谈治国理政［M］.北京：外文出版社，2014：40.

实践紧密结合起来，刻苦学习，脚踏实地，锐意进取，在创新创业中展示才华，服务社会。只有进行了激情奋斗的青春，只有进行了顽强拼搏的青春，只有为人民做出了奉献的青春，才会留下充实、温暖、持久、无悔的青春回忆。

（四）弘扬开拓创新、砥砺奋进的时代精神，培育勇毅的进取品格

创新能力是提高劳动能力的最主要因素，只有坚持科技创新与生产实践相结合，才能创造出更具突破性和创新性的科研成果。"穷理以致其知，反躬以践其实。"正如2016年5月30日习近平总书记在全国科技创新大会、中国科学院第十八次院士大会和中国工程院第十三次院士大会、中国科学技术协会第九次全国代表大会上所要求的："广大科技工作者要把论文写在祖国的大地上，把科技成果应用在实现现代化的伟大事业中。"①学校应对标国际先进水平、借鉴优秀的创新培养体制机制，在劳动实践中充分发挥青年学生想象力丰富、洞察力强、好奇好问、信息敏锐等特点，引导他们学习前辈经验、增强动手能力，鼓励敢于质疑、大胆挑战的创新思维，引领他们将创新、创造、创意集中到国家发展急需的领域和行业，以创新劳动推动科技革命、发展方式转变和产业升级，更好地贯彻新发展理念。

奋进就是不满足现状，奋力进取的精神状态。新时代是奋斗者的时代，以奋发进取为鲜明特征。习近平总书记希望广大青年"要坚持艰苦奋斗，不贪图安逸，不惧怕困难，不怨天尤人，依靠勤劳和汗水开辟人生和事业前程"②，"以咬定青山不放松的执着，在实现中华民族伟大复兴的时代洪流中踔厉奋发、勇毅前进"。③

青年大学生应该弘扬开拓创新、砥砺奋进的时代精神。首先，要增强做中国人的志气、骨气、底气，弘扬伟大的建党精神。习近平总书记在庆祝中国共产党成立100周年大会上指出："新时代的中国青年要以实现中华民族伟大复兴为己任，增强做中国人的志气、骨气、底气，不负时代，不负韶华，不负党和人民的殷切期望！"④以中国共产党人为杰出代表的中国人的志气、骨气、底气

① 习近平.为建设世界科技强国而奋斗［M］.北京：人民出版社，2016：10.

② 中共中央文献研究室.习近平关于青少年和共青团工作论述摘编［M］.北京：中央文献出版社，2017：37.

③ 习近平.论党的青年工作［M］.北京：中央文献出版社，2022：243.

④ 习近平.在庆祝中国共产党成立100周年大会上的讲话［M］.北京：人民出版社，2021：21.

中就包含着自强不息，开拓创新，为了目标砥砺奋进的精神品质。伟大的建党精神是中国共产党精神谱系的源泉，其深刻的内涵同样是中国共产党百年来为了中华民族伟大复兴中国梦不懈奋斗，勇于创新的真实写照。这是青年大学生时刻保持开拓创新和砥砺奋进的精神动力。其次，要参加创新创业实践活动，促进全面发展的内生动力。要充分发挥青年的创造精神，勇于开拓实践，勇于探索真理，把视线投向国家发展的航程，把汗水洒在创新创业的舞台，读万卷书，行万里路，挖掘创新潜能，提高创新能力，在继承前人的基础上不断超越，在创新创业中展示才华，踔厉奋发，勇毅前进。

第二章
新时代高校劳动教育的价值与使命

第一节　劳动的价值

马克思认为，劳动是人类的本质活动。劳动是人生存的本性，是社会发展的根源。劳动是"一切历史的基本条件"。社会中的人们所从事的任何活动，必须进行生产劳动或者是以生产劳动为前提。马克思深刻揭示了劳动的本质属性和内在特征，以及劳动在推动人的发展与人类社会发展进程中的重要作用。

一、劳动的社会价值

劳动对人类而言既是一种生存的本能，又是一种具有主观意识的、带有目的性的活动。劳动本身通过人的实践活动来实现，劳动的价值是人类赋予的，这使得人类劳动与动物本能的劳动形式有了本质的区别。劳动不仅使自然物发生形式变化，同时人还在自然物中实现自己的目的，而且在行为过程中，人作为中介还需不断调节个人与自然的关系，并付诸必要的注意力和意志力来完成任务目标，这显然已经摆脱了最初本能形式的状态，让劳动更具有深刻的社会价值。

（一）劳动是社会存在和发展的基础

人类社会要存在和发展，首先必须有物质基础，即要有饭吃，有衣穿，有房住，有交通工具帮助我们出行，在现代信息技术迅速发展的时期还需要满足人类的精神需求。马克思、恩格斯提出："整个所谓世界历史不外是人通过人的劳动而诞生的过程。"①生产劳动作为人类制造和使用劳动工具进行的有目的、有计划的劳动，是获取物质生产资料的唯一稳定的方式。威廉·配第说"劳动是财富之父"，人类想要得到这些物质财富中所蕴含的价值，满足自身生存的需要，唯有通过劳动才能实现，因为只有劳动才能够创造价值。

1. 获取物质资料是人类社会存在和发展的基础

人类始终向往享受美好的物质生活、文化生活以及适度休闲娱乐。但是社会存在和发展的最为根本的基础是物质资料。物质资料的获取，是保障人类自身生存和发展的必要条件。劳动作为人与自然之间的物质活动过程，就是为获取物质资料而对自然物进行占有并制造使用价值的有目的的活动，因而，获取物质资料是劳动的最终价值。伴随着现代化进程的不断加快，人民生活水平显著提高，对美好生活需要的向往愈加强烈，人民群众的需要呈现多样化、多层次性、多方面的特点。除此之外，国家科学研究、文化创造、维护国家安全同样对物质资料有着很大的需求。

正如马克思、恩格斯在《德意志意识形态》中指出的那样："人们为了能够'创造历史'，必须能够生活。但是为了生活，首先就需要吃喝住穿以及其他一些东西。因此第一个历史活动就是生产满足这些需要的资料，即生产物质生活本身。"②物质是世界的本原，物质生活的生产方式制约着整个社会生活、政治生活和精神生活的过程。因此，物质生产是社会生活的前提，物质资料生产方式是人类社会存在和发展的基础。获取物质资料是人类社会的基本活动，无论人类社会进步和发展的步伐有多快，物质资料的获取都是人类社会存在和发展过程中一个永恒的主题。

2. 劳动是人们获取物质资料的唯一稳定途径

物质资料是人类社会生存和发展的基础，那物质资料到底应该如何获取呢？它又是从哪里来的呢？是直接获取还是间接获取呢？最初，物质资料是指自然界蕴藏的各种丰富的物质资源，如水资源、土地资源、矿产资源、海洋资源、大气资源。一方面，上述自然资源是自然界给予人类最原始的物质资料，如果要成为可被人类利用的物质资料，需要经过加工、制造，即只能通过劳动的方式将其转化成可利用物质；另一方面，这些原始的物质资料中部分资源的

---

① 马克思，恩格斯. 马克思恩格斯全集：第3卷［M］. 北京：人民出版社，2002：310.

② 马克思，恩格斯. 马克思恩格斯选集：第1卷［M］. 北京：人民出版社，2012：158.

供给是有限的且不可循环利用的，同时这些物质资料的供给状态是不稳定的，会受到诸如地理环境、气候等自然条件的直接或间接影响。随着人们生活需求层次的不断提高，人们不再满足于低层次的生活需求，而是追求美好生活的物质享受。例如，对衣服材质、外观美感的追求；对房屋的高大、宽敞等舒适度的追求；对交通运输工具更加快捷、舒适的追求。面对这些更高层次的物质需求，自然界提供的物质资料亦是无法直接满足和实现的，人类只能利用智慧并且通过劳动的方式去生产和制造。

劳动价值论是马克思研究重心从哲学转移到政治经济学的重要标志，是马克思劳动观念走向成熟的助推剂。该理论强调劳动是商品价值的唯一源泉，认为劳动不仅创造出新的价值，还把劳动对象等生产资料的价值转移到商品中去。劳动者通过具体的劳动生产过程把劳动的潜能发挥出来，结合人类自身的智慧，赋予产品某种特定的使用价值，满足人们各式各样的物质需求，把劳动的潜能转变为价值。由此可以看出，无论是满足人类最简单直接的生存需求，还是多样化、多层次的生存需求，人类只有对自然界施以劳动，才能将劳动的潜能转变为价值附加在自然界的资源之上。因此，只有劳动才是能够让我们源源不断地获取物质资料的唯一稳定途径，否则我们就只能拥有自然界赠予我们的物质资料最原始的使用价值。

（二）劳动创造了人类历史

劳动是人类最基本的实践活动，同时又有最宽泛、最丰富的表现形式。劳动贯穿人类社会发展的始终，没有劳动就没有人类文明的发展和进步。马克思在《1844年经济学哲学手稿》中指出："整个所谓世界历史不外是人通过人的劳动而诞生的过程。"[①] "任何一个民族，如果停止劳动，不用说一年，就是几个星期，也要灭亡。"[②] 根据马克思的论述，劳动过程是人类"有目的的制造使用价值的活动，是为了人类的发展需要而对自然物的占有，是人与自然之间的一般条件，是人类生存的永恒的自然条件"。

劳动是建立历史唯物主义的基石，劳动是解开人类历史发展的密钥。也正是通过劳动，人类和外部世界的关系才发生了根本性的变化，原先自在意义的自然世界逐渐成为自为意义的人类世界。在这一世界中，关键性的问题不再是

---

① 马克思.1844年经济学哲学手稿［M］.北京：人民出版社，2018：89.

② 马克思，恩格斯.马克思恩格斯选集：第4卷［M］.北京：人民出版社，2012：473.

通过劳动来解释，而在于改变或改造世界。作为人类最基本的实践活动形式的劳动，也不再只是单纯地依靠人的感性活动，而是将感性活动转变为人的现实社会活动。由此，马克思正式揭示了劳动的社会规定性，并从人与人的社会关系层面来理解和把握劳动，从而实现了历史唯物主义对之前一切旧唯物主义的根本性超越。

劳动作为人类特有的社会活动，在与自然界不断地进行物质交换的过程中，首先创造了人类赖以发展的物质资料，以满足衣食住行各个方面日常生活的物质需求，维持社会的正常循环与发展。从人类诞生之日至今，尽管人类的物质生活条件已获得了巨大的提高和改善，但人类对更高层次的物质生活的需求从未止步。这一需求的满足无不需要通过人类劳动来实现和创造，而正因如此，劳动成为人类社会发展的不竭动力。在建设社会主义现代化强国的征程中，劳动依然有其独特的价值地位。从国家长远发展的最终目标来看，"全面建成小康社会，进而建成富强民主文明和谐的社会主义现代化强国，根本上靠劳动、靠劳动者创造"[①]。

与此同时，劳动在创造丰厚物质资料的过程中，随之也产生和创造了特定的劳动关系或生产关系，生产关系的发展必然带来社会文化和更高层次的政治、制度的更迭。经济基础决定上层建筑，劳动科学技术的不断进步促进经济的不断发展，为人类文明创造了源源不竭的精神财富和文明成果。

二、劳动的个体价值

在人类漫长的进化过程中，劳动不仅促进了人与动物的分化，创造了人本身，而且劳动还是人发展的重要前提。在一定意义上来说，劳动本身离不开人的发展，而实现人的自我发展更要依靠劳动。劳动也发展了人本身。

（一）劳动是人的发展条件

1. 劳动创造了人本身

"劳动创造了人本身"这句话源于《劳动在从猿到人转变过程中的作用》一文。"劳动是整个人类生活的第一个基本条件，而且达到这样的程度，以致我

① 习近平. 在庆祝"五一"国际劳动节暨表彰全国劳动模范和先进工作者大会上的讲话［N］.人民日报，2015-04-29（01）.

们在某种意义上不得不说：劳动创造了人本身。"①劳动不单是一种自然力，它还具有社会性，正是这种社会性劳动创造了人本身。

首先，人类是由古猿经过千百万年逐步演变和进化而来的。古猿最初成群地生活在原始丛林中，开始时前后肢没有分工，为了能够生存，占有对自身生活有用的自然物质，只能通过使用自身作为生物体的自然力量，使得臂和腿、头和手都运动起来。为了获得更多的资源，后来发展到用前肢采集食物，用后肢支撑身体和直立行走。劳动活动促使古猿手、脚功能区分开，手从走路的功能中解放出来，从而获得了掌握新技能的自由。

其次，在获取食物的过程中，古猿不仅可以借助石块或木棒等天然工具，而且还通过劳动创造工具并使用工具，这种劳动促使手和大脑得到进一步发展。通过劳动工具的发明和使用，人类延伸了身体某些器官的功能，加强了在自然界中谋生和发展的能力，学会使用并制造工具，从而与动物有了根本性的区别。

再次，劳动促进了语言的产生。语言是从劳动中产生出来的，"首先是劳动，然后是语言和劳动一起，成了两个最主要的推动力，在它们的影响下，猿脑就逐渐地过渡到人脑"②。在劳动过程中，为了相互协调、相互合作、交流信息，必须通过一定的方式来传递和表达自己的需要。语言是意识的表现，也是人与动物区分的重要标志。

最后，劳动促进了意识的产生和发展。一方面，劳动为意识的产生和发展提供了客观需要和可能；另一方面，在人们的劳动和交往中形成的语言促进了意识的发展。劳动是人类最基本、最重要的存在方式，是完整的知识建构必不可少的统合要件，是个体发展智力、增长才干、形成健全人格、养成良好品德的根基，其本身就具有巨大的教育价值。

总之，人类作为个体存在，需要通过劳动谋生。从钻木取火到使用劳动工具进行真正意义上的生产劳动，人类通过劳动实现了不断自我进化与发展。马克思认为生产劳动对个人具有决定性的意义，"个人怎样表现自己的生命，他们自己就是怎样。因此，他们是什么样的，这同他们的生产劳动是一致的——既

---

① 马克思，恩格斯.马克思恩格斯选集：第3卷［M］.北京：人民出版社，2012：988.

② 马克思，恩格斯.马克思恩格斯选集：第3卷［M］.北京：人民出版社，2012：992.

和他们生产什么一致，又和他们怎样生产一致"①。人类社会的关系建构也是内化于人的生产劳动过程之中，生产劳动是社会关系建构的主要载体。人正是通过生产劳动才形成了现实的社会关系。作为整个人类社会，要想生活得美好富足，就需要每个人参加各种各样的劳动，创造更多的物质和精神财富。

2. 劳动发展了人本身

在《1844年经济学哲学手稿》中，马克思把自由视为劳动的本然属性，认为人的本质就是劳动，是自由自觉的活动。认为人只有在劳动中才能真正实现自己的潜能和本性，人只有在劳动活动中才能自由地展现个性、肯定自我、发展自身，感受到幸福和快乐。劳动的价值不仅仅局限于生存的需要，而是"人的自由而全面发展"基础上的"自由自觉的活动"。劳动作为个体自身发展的重要前提和必要条件，必然可以促使个体在劳动中更好地实现人生价值。

首先，参与劳动有利于丰富知识储备。我们生活在一个教育普及的社会，一个没有知识的人，或者知识贫乏的人，是无法适应现代生活的，而知识不仅可以在教育中获取，同样也可以在劳动中获取。正如陶铸所言："劳动是一切知识的源泉。"探究这句话的本质，其实就是在论证劳动实践与认识之间的辩证关系，强调劳动实践是认识的来源，在认识活动中起着决定性的作用。通过劳动，我们可以学到大量的书本上无法学到的实用知识，而且也只有在劳动中才能深刻地理解知识、运用知识。正所谓"实践出真知"，要想获得真正有用的知识，发展做事的能力，就要勇于投身到劳动实践中，学会在劳动中获取知识。

其次，参与劳动有利于发展实践能力。劳动的独特价值就在于劳动过程中对手脑协调、身心融合的磨炼，使得个体能力在参与实践学习和实际操作的过程中逐渐培养起来，并能够将掌握的理论知识与技能运用到实际中并解决实际问题。我国著名教育家陶行知先生说：人有两个宝，双手和大脑，双手会做工，大脑会思考，用手又用脑，才能有创造。他要求每位学生都拥有"科学的头脑，健壮的双手，农夫的身体，艺术的情趣，改造社会的精神"。任务的完成、新事物的创造，需要在思考的同时付诸行动。人正是在从事各种物质生产实践活动中，在参与劳动的过程中，才学会了打猎、捕鱼、采集、种地、做工等各种本领，掌握了各种劳动技能，从而提高自身的能力，获得发展。其在根

---

① 马克思，恩格斯. 马克思恩格斯文集：第1卷［M］. 北京：人民出版社，2009：520.

本上所强调的是通过动手动脑的劳动形式来实现实践能力的培养，然后才是强调最终的培养结果。因此，强调运用劳动来锻炼和发展个人的实践能力，对于突破只会运用脑力来解决问题的局面具有一定的理论指导意义，对培育手脑并用的综合型人才目标的实现也具有重要的现实意义。

再次，参与劳动有利于磨砺坚强意志。意志是人自觉地确定目的，根据目的调节并支配自身的行动，克服困难，去实现预定目标的心理倾向。意志是人的心理素质中非常重要的组成部分。人们能否完成某事，在很大程度上取决于意志作用的发挥。而劳动是锻炼意志非常重要、有效的一种途径。劳动过程本身是艰苦的，艰苦的过程更容易磨砺个体的意志。通过亲历艰苦的劳动实践，体验劳动过程中的挫折与挑战，从而对劳动拥有全新的更为深刻的体验与认识，可以使个人意志不断得到锤炼和提升。同时，劳动是一种以获得成果为目标的活动，只有不断地在鲜活、实际的劳动中去体会劳动的必要性，体会收获劳动成功的喜悦，才能不断激发奋斗和努力的动力，不断实现自我意志的突破，获得满足感和成就感，从而提升人们的意志水平。

最后，参与劳动有利于促进身体健康。身体是生命的物质载体，是灵活多变和自由自在的生命有机体。人类进行任何形式的劳动，都会在一定程度上作用于劳动者的身体，通过劳动来开发人的身体潜能，达到强身健体的目标。从改善身体健康状态的角度来看，人类所进行的体力劳动和脑力劳动，二者之间并不是对立的，而是将两者结合起来，在很大程度上去锻炼和发展人的身体潜能。在消耗脑力和体力的同时，也会发展人的大脑智慧和身体素质。从这个意义上来讲，劳动对人的身体健康的可持续发展起到了重要的促进作用。

根据马斯洛的需要层次理论，人有不断满足自身需求以及自我发展的本能，有生理需要（Physiological needs）、安全需要（Safety needs）、爱和归属感（Love and belonging）的需要、尊重（Esteem）的需要和自我实现（Self-actualization）的需要五个层次。五种需要中，生理需要、安全需要和情感需要都属于低一级的需要，这些需要通过外部条件就可以满足；而尊重的需要和自我实现的需要是高级需要，它们是通过内部因素才能满足的。五种需要中，低一层次需要一旦被满足，就会产生更高一层次的需要。自我实现的满足是人类追求的终极目标，而且一个人对自我实现的需求是永无止境的。在这一语境下，人们在劳动中已不能单纯地局限于劳动带来简单的物质财富的满足，而是通过劳动来实现自己因付出而具有的精神上的荣耀感。在劳动中感悟、在劳动中所得、在劳动中创造所带来的社会价值和认可更具有鼓舞力和吸引力。需求的层次越高，在实现过程中需要付出的努力就越多，社会越是发展，物质资料越是丰富，人类文明程度越高，人们愿意付出更多劳动发展自我的动力就越强，更愿意也更有手段发展更为多样化、多方式、创新性的劳动形式，为自身和社会发展服务。

第二节　高校劳动教育的价值

党的十八大以来，习近平总书记立足于新时代中国特色社会主义的时代背景，针对劳动者和劳动发表了一系列重要论述，为马克思主义劳动观注入了新的时代内涵。劳动观的新发展为高校开展劳动教育提供了重要理论遵循和理论指导，高等教育作为培养高素质人才的重要途径，必须围绕着培养什么人、怎样培养人、为谁培养人的根本问题展开。劳动教育作为"五育"的重要组成部分，是培养大学生劳动价值观、促进大学生的全面发展、实现中国梦的重要依托。

一、劳动教育培育大学生的劳动价值观

在马克思的劳动理论中，劳动是一切财富的源泉，不仅如此，劳动还创造了人本身，将劳动的地位从最低级提升到了最高级，在人类所有活动中最受尊重。每个时代都有每个时代的精神，每个时代都有每个时代的价值观念。

劳动教育作为全面教育体系的重要组成部分，以其鲜明的实践导向性为实现时代新人的培育提供功能支撑。劳动教育是培育大学生劳动价值观的有效路径。苏霍姆林斯基指出，"劳动是道德之源"，劳动教育不仅有利于促进学生养成良好的劳动素养，形成良好的行为习惯，而且是培育有理想、有本领、有担当的时代新人的马克思主义劳动价值观的教育实践活动。

（一）劳动教育有利于大学生树立新时代劳动价值观

重视和发挥劳动的育人功能，是习近平劳动教育观的基本观点。习近平多次强调"劳动最光荣，劳动最崇高，劳动最伟大，劳动最美丽""让诚实劳动、勤勉工作蔚然成风"。党的十九大报告中指出，要建设知识型、技能型和创新型的劳动者大军。习近平每每谈到上述问题，都不忘寄语大学生，重点关心大

学生的劳动精神面貌、劳动价值取向和劳动技能水平。其原因就在于党和国家事业的发展需要德智体美劳全面发展的社会主义建设者和接班人，就在于劳动教育是大学生学以成人进而成长为全面发展的人的必要途径，就在于大学时期的劳动教育将对人一生的劳动精神面貌、劳动价值取向和劳动技能水平产生积极影响。

劳动教育的目标，归根结底就是通过劳动教育，让大学生能够拥有勤于劳动、善于创造的劳动品行，牢固树立"劳动最光荣，劳动最崇高，劳动最伟大，劳动最美丽"的劳动价值观，以及具备满足体面生存和全面发展需要的劳动技能。我们实施劳动教育，重点就是要有目的、有计划地组织大学生参加日常生活劳动、生产劳动和服务性劳动，让大学生在掌握劳动理论知识的基础上，在劳动实践中培养正确的劳动价值观和良好的劳动品质。一方面，通过理论学习引导大学生进一步明晰自身肩负的历史使命，以及完成使命所应具备的知识储备和精神品质。通过思想教育引导大学生尊重劳动、崇尚劳动、热爱劳动，为社会营造以劳动为荣的良好风气。另一方面，通过劳动实践帮助大学生掌握劳动技能、增长劳动才干、塑造劳动精神，具备新时代劳动者的素质要求。新时代劳动教育要坚持与实践相结合，在实践中将正确的劳动价值观灌输到广大青年大学生的头脑中去，使之在实践中感悟劳动对情感、能力的提升作用，将劳动情感、劳动态度与劳动技能结合起来，形成完整的过程体系，帮助其树立正确的劳动教育观。

（二）劳动教育有利于培养大学生新时代劳动价值观

高校劳动教育坚持以习近平新时代中国特色社会主义思想为指导，坚持培育和践行社会主义核心价值观，将劳动教育纳入人才培养的全过程，这对促进大学生形成正确的世界观、人生观、价值观、劳动价值观，引导大学生崇尚劳动、尊重劳动，培养大学生对待劳动积极的态度和行为，从而形成科学的劳动价值取向都具有重要意义。

新时代赋予教育培养担当民族复兴大任的时代新人的新使命，劳动教育是培养人、塑造人的重要手段。加强劳动教育可以培养大学生的奋斗精神，塑造大学生的诚信品质，提高大学生的创造能力。劳动教育直接影响新一代大学生的劳动能力和素养，塑造大学生的劳动价值观，为大学生投身国家建设和社会发展奠定基础。通过劳动教育培育大学生的劳动价值观，培养其为民服务、奋发有为、艰苦奋斗的坚定意志，发扬革命精神、劳动精神、劳模精神和工匠精神，更好地担当起使命责任，贡献青春力量。

总之，大学生的劳动教育就是要用马克思的劳动价值观和新时代劳动价值观，引导大学生践行社会主义核心价值观，以热爱祖国、辛勤劳动、艰苦奋斗为荣，成长为担当民族复兴大任的时代新人，全面成长成才。

二、劳动教育促进人的全面发展

马克思指出："未来教育对所有已满一定年龄的儿童来说，就是生产劳动同智育和体育相结合，它不仅是提高社会生产的一种方法，而且是造就全面发展的人的唯一方法。"①当今世界处于大发展、大变革时期，国际竞争的核心即人才的竞争。要在激烈的国际竞争中掌握主动权，就要提高人才培养质量，实现人的全面发展。

习近平总书记在全国教育大会上指出："这次，党中央经过慎重研究，决定把劳动教育纳入社会主义建设者和接班人的要求之中，提出'德智体美劳'的总体要求。"②在新教育方针的表述中，最突出的特点就是将长期以来坚持的"德智体美全面发展"发展为"德智体美劳全面发展"，这个表述反映了中国特色社会主义建设的新要求。

（一）劳动教育是培养德智体美劳全面发展的社会主义建设者和接班人的重要组成部分

人的全面发展是马克思主义的基本原理之一，也是中国教育方针的理论基石。人的能力和需要是多种多样的。人有发达的大脑、强健的四肢以及丰富多样的感官。人有维持生存的基本需要，有获得各种审美享受的需求，也有实现自己作为人的本质的需求。从根本上来说，人的丰富的本质应该在各个方面都得到展现，人应该是全面发展的人，人的各种能力和需要都应该得到充分的自由发展和实现。马克思提到的"个人全面发展"指的是个人劳动能力（包括体力的和智力的）的充分自由发展，是人的才能和品质的多方面发展，是人的社会关系的丰富和发展以及个人与社会的协调发展。德智体美劳全面发展，既是社会对人的素质的基本要求，也是个人自身整体发展的内在需要。它规定了教育目的的总的规格要求，德智体美劳是人的素质构成的主体。从教育功能层面

① 马克思，恩格斯.马克思恩格斯选集：第2卷［M］.北京：人民出版社，2012：230.
② 习近平.论党的宣传思想工作［M］.北京：中央文献出版社，2020：350.

看，高校要培养的是社会主义建设者和接班人，这就决定了所培养的人才必须具备一定的身体素质，具有一定的知识、情感和道德意志水平，实现德智体美劳等方面的全面发展，即首先完成对人的基本素质的全面塑造。劳动教育就是德育、智育、体育、美育的直接目的，德育、智育、体育、美育为实现劳动教育奠定了基础。在这个过程中，劳动教育的实现也会使德育、智育、体育、美育的效果得到强化，即劳动教育是其他"四育"的手段；从教育内容层面看，德育、智育、体育、美育四种素养是人的基本素养，个体在"四育"的塑造下获得基本素质的培养。然而这并不代表排斥劳动教育，劳动教育是人走向真正意义的社会劳动的中间环节。

高校加强对学生的劳动教育，将德育、智育、体育、美育与生产劳动相结合，最终过渡到现实的劳动过程中去。高校的教学活动中，系统化的理论知识学习可以培养学生深厚的理论功底，但是智育的培养最终还是要在劳动教育中得到发挥，而德育、体育和美育的培养不仅要在知识的学习中加强，更要在充实的劳动教育中得以发展和提升。所以，在高校重视劳动教育是立足德智体美劳全面发展，促进学生个体进步和实现学生全面发展的最佳途径。

（二）劳动教育是以提升学生劳动素养的方式促进学生全面发展的教育活动

"素养"是指人的日常修养，主要指后天养成的人格品质，是"以促进学生核心素养的全面提升为目标，以深入传承和弘扬劳动精神为内核，具体包括三个不可或缺、互相联系的关键成分，即劳动观念、劳动能力、劳动习惯和品格，以全面反映和体现在劳动学习与实践过程中逐步形成的精神与价值观、必备品格和关键能力的发展状况"[①]。在这一素养结构中，劳动观念是劳动素养在认知、情感、价值观层面的体现；劳动能力是个体的劳动知识技能、思维行动方式、劳动创新创造等在劳动实践活动中的综合表现；劳动习惯与品质不仅是衡量学生劳动素养发展水平的关键指标，也是保障学生能够坚持不懈地参与劳动实践活动的重要条件。劳动素养是衡量劳动者能否完成某对应性工作的最根本、最直接的工作能力指标。一个有良好劳动素养的人，首先是对劳动价值有正确认识及积极态度的人，清晰地认识到劳动的价值和伟大，认识到劳动最

---

① 王泉泉，刘霞，陈子循，等.核心素养视域下劳动素养的内涵与结构［J］.北京师范大学学报（社会科学版），2021（2）：37-41.

光荣；其次是娴熟地了解和掌握劳动的理论知识与实践策略的人，有良好的劳动习惯。因此，劳动教育的重要目标在于培养和提升学生的精神风貌、价值观念、技能与品格等劳动素养。经过劳动教育之后，具备良好劳动素养的学生，即具备一定劳动知识与技能，并且养成正确认知和态度的人才。劳动教育不等于一般性的实践活动的原因在于通过劳动，可以提升学生的劳动素养，从而培养全面发展的人格。

三、劳动教育承载中国梦

党的十八大以来，以习近平同志为核心的党中央以伟大的历史精神、巨大的政治勇气、强烈的责任担当，统筹国内国外两个大局，贯彻党的基本理论、基本路线、基本方略，统揽伟大斗争、伟大工程、伟大事业、伟大梦想，坚持稳中求进工作总基调，提出了一系列新理念新思想新战略，推动党和国家事业取得了全方位的、开创性的历史性成就，发生了深层次的、根本性的历史性变革。进入新时代，我们面临着前所未有的机遇和挑战，我国实现了第一个百年奋斗目标，全面建成了小康社会，但这只是我们迈向中华民族伟大复兴的关键一步。当前我们已经进入了全面建设社会主义现代化国家、向第二个百年奋斗目标进军的新征程，更要继续谦虚谨慎、戒骄戒躁，继续艰苦奋斗、锐意进取，为实现第二个百年奋斗目标、实现中华民族伟大复兴而奋力拼搏。中国梦是中华民族伟大复兴的形象表达，习近平指出："中国梦的本质是国家富强、民族振兴、人民幸福。"[1]实现中国梦，意味着中国经济实力和综合国力、国际地位和国际影响力大大提升，意味着中华民族以更加昂扬向上、文明开放的姿态屹立于世界民族之林，意味着中国人民过上更加幸福安康的生活。中国梦凝聚了几代中国人的夙愿，是在未来很长一段时间内我们所要实现的目标。

面对百年来的重大历史成就，我们也应当清醒地认识到，幸福不是从天而降的，中国梦也不会自我实现，中华民族伟大复兴绝不是轻轻松松、敲锣打鼓就能实现的，前进道路上仍然存在可以预料和难以预料的各种风险挑战。正如习近平总书记指出的："我们所处的时代是催人奋进的伟大时代，我们进行的事业是前无古人的伟大事业，我们正在从事的中国特色社会主义事业是全体人民的共同事业。全面建成小康社会，进而建成富强民主文明和谐的社会主义现代

---

① 习近平. 习近平谈治国理政：第1卷［M］. 北京：外文出版社，2018：56.

化国家，根本上靠劳动、靠劳动者创造。"①新时代取得的伟大成就是一代又一代中国人民劳动的结晶，是一代又一代中国人民前赴后继的成果。而实现中华民族伟大复兴的中国梦是中华民族近代以来最伟大的梦想，同样也是最艰巨的梦想，实现国家富强、民族振兴和人民幸福不是空口漫谈就能做到的，"空谈误国，实干兴邦"，这更加需要人民的辛勤劳动。

"劳动托起中国梦"是习近平总书记关于劳动和中国梦关系的经典凝练，也为厘清高校劳动教育和中国梦的关系提供了方向指引。当前我国正处于"两个一百年"奋斗目标的历史交汇期，在这个阶段我们比历史上任何时期都更接近中华民族伟大复兴的目标，比历史上任何时期都更有信心、有能力实现这个目标。"中国梦是国家的梦、民族的梦，也是包括广大青年在内的每个中国人的梦。"②人民是中国梦的主体，是中国梦的创造者和享有者。青年学生作为社会主义的建设者和接班人，更是实现中国梦的主力军，理应承担起应尽的责任和使命，中华民族伟大复兴终将在广大青年的接力奋斗中变为现实。因此，在高校劳动教育中，要秉承这个目标和发展方向，稳步推进劳动教育，让劳动教育贯穿高校人才培养的全过程，用劳动教育承载起中国梦。

高校劳动教育就是要引导大学生将自己的理想信念和社会的发展需要紧密结合，投身于中国梦的实践之中。理想信念的实现总是离不开劳动的奋斗。青年是整个社会力量中最积极、最有生气的力量，他们充满着对未来的憧憬和幻想，有着对自己人生的规划并渴望自我价值的实现。习近平总书记指出："希望广大青年学生把自己的人生追求同国家发展进步、人民伟大实践紧密结合起来，刻苦学习，脚踏实地，锐意进取，在创新创业中展示才华、服务社会。"③伟大理想的实现都是靠脚踏实地的劳动奋斗出来的，只有立足本职、埋头苦干，从自身做起、从点滴做起，不怕困难、攻坚克难，勇于到条件艰苦的基层、国家建设的一线、项目攻关的前沿，方能用勤劳的双手、一流的业绩成就属于自己的精彩人生。

---

① 习近平. 在庆祝"五一"国际劳动节暨表彰全国劳动模范和先进工作者大会上的讲话［N］. 人民日报，2015-04-29（02）.

② 中共中央文献研究室. 习近平关于青少年和共青团工作论述摘编［M］. 北京：中央文献出版社，2017：13.

③ 中共中央文献研究室. 习近平关于青少年和共青团工作论述摘编［M］. 北京：中央文献出版社，2017：49.

高校劳动教育就是要关注劳动教育的时代价值，与时俱进地实施教育实践活动。要通过劳动教育培养大学生的公共服务意识，培养学生在国家面对自然灾害或者进行伟大斗争时，能够挺身而出、不怕牺牲，敢于在劳动实践中为党和国家的事业奉献自己；要通过劳动教育培养大学生的主人翁意识，自觉承担起实现中国梦的重任。当今世界的综合国力竞争，说到底是人才竞争，人才越来越成为推动经济社会发展的战略性资源。人才素质能力的高低对社会发展的影响至关重要。劳动教育是提高人才能力素质的重要途径。因此，高校要高度重视劳动教育的社会发展功能。要通过劳动教育培养一批创新型、实践型人才，用自己扎实的理论基础和实操能力为中国梦贡献力量，培养学生树立正确的劳动观，激发内在潜力，做到创造性劳动，在劳动中实现自身价值；要通过劳动教育促进大学生的全面素质的提升，为广大青年学生播种梦想、点燃梦想，让更多大学生敢于有梦、勇于追梦、勤于圆梦，让每个大学生都为实现中国梦增添强大的青春能量。

习近平总书记指出："未来属于青年，希望寄予青年。……新时代的中国青年要以实现中华民族伟大复兴为己任，增强做中国人的志气、骨气、底气，不负时代，不负韶华，不负党和人民的殷切期望！"①青年学生个人的理想与中华民族伟大复兴是息息相关的，青年是国家的未来、民族的希望，青年以青春之我创建青春之国家、青春之民族，通过劳动实现个人理想信念，并为国家的各项建设服务，为中国梦积蓄力量。

第三节　新时代高校劳动教育的使命

《意见》指出，劳动教育是国民教育体系的重要内容，是学生成长的必要途径，具有树德、增智、强体、育美的综合育人价值。新时代高校劳动教育，需肩负起综合育人的使命，为履行立德树人的根本任务提供坚强的支撑。

---

① 习近平. 在庆祝中国共产党成立100周年大会上的讲话［M］. 北京：人民出版社，2021：21.

一、劳动教育肩负综合育人的使命

教育必须以德育为先。毋庸置疑，当代大学生在道德认知、道德实践中还存在不少问题。《中国大学生思想政治教育发展报告（2018—2019）》中的数据显示，太自我、玻璃心、缺乏组织纪律性等问题在大学生群体中愈发普遍；而面对无所不在的"互联网+"，盲目消费、信息焦虑、人际关系虚拟化等问题也令人担忧；此外，大学生在价值观的认同和践行上存在一定程度的脱节。例如，尽管93.6%的大学生赞同雷锋精神，但仅有62.6%的大学生明确向往成为道德模范。可见，不少大学生在社会公德、职业道德等方面存在道德认知偏差与谬误。同时，部分大学生未能正确使用网络，沉迷网络、缺乏网络自律等问题亟待解决。[①]纠正大学生的偏差行为，关键是改善大学生的道德认知，劳动教育是一个有效的途径，是解决大学生道德认知的行之有效的方法。要通过劳动教育让学生加深对劳动精神、劳动观念的理解，坚持科学的劳动教育价值取向，树立正确的劳动价值观，崇尚劳动、尊重劳动，切实认识到劳动创造美好人生、劳动创造美好生活的道理，在认知层面上树立起"劳动是道德之源"的理念。

劳动立德，劳动教育必须善于运用丰富的劳动教育资源，充分利用榜样的力量感召教育大学生。在我们党团结带领人民为中华民族伟大复兴不懈奋斗的历程中，培育形成了劳动精神、劳模精神和工匠精神，也培育了一大批劳动模范。从新民主主义革命时期的"边区工人一面旗帜"赵占魁、"兵工事业开拓者"吴运铎，到社会主义革命和建设时期的"铁人"王进喜、"知识分子的杰出代表"蒋筑英、"宁肯一人脏、换来万人净"的时传祥，再到改革开放和社会主义现代化建设新时期的"蓝领专家"孔祥瑞、"金牌工人"窦铁成、"新时期铁人"王启民……正是这一个个平凡却闪光的名字，这一个个埋头苦干、忘我奉献的背影，以他们坚毅可贵的劳模精神和劳动精神建设起今日中国社会主义的雄伟大厦。这些都是劳动教育的宝贵资源，是我们践履劳动立德使命的第一手教育资源。

高校劳动教育还应挖掘学生参与劳动实践的最大潜力，实现劳动立德的神圣使命。高校要充分利用寒暑假时间，组织大学生支教团、社会实践团队深入

---

① 沈壮海. 中国大学生思想政治教育发展报告（2018—2019）［M］. 北京：北京师范大学出版社，2021.

农村、深入基层，通过走进农田、工厂、社区，为农民服务、为企业服务、为社区服务，培养吃苦耐劳、勤俭朴素的优良作风，养成良好的劳动习惯；通过开展科普宣讲、普通话推广、"四史"教育宣讲等志愿服务活动，为乡村振兴强基塑魂，在奉献中焕发当代学子的绚丽光彩。在新冠病毒肆虐的日子，不少大学生作为志愿者，奋战在防控一线，寒风中搬运物资、烈日下身着厚重的防护服组织核酸检测，他们用挥洒的汗水和辛勤的劳动传递着当代大学生的道德品质和社会价值。通过这种无私奉献的劳动，当代大学生不断绽放自己的青春风采，在劳动中相互扶持、相互帮助、相互影响，在自我价值和社会价值的相互交融中，进一步提高道德认知水平。

（一）劳动明智

苏霍姆林斯基提出，"学生只有通过劳动，才能充分发挥个人的智力和才干"[①]，劳动教育的目的是让普通人通过劳动体验掌握基本的生活技能，获得某一领域的专业技能，进而享有物质福利回报。

劳动和智慧二者不可分割，相辅相成。正如实践是认识的来源，是认识发展的动力，智慧在劳动中产生，也在劳动中提升。人类通过劳动实践探索自然和社会发展规律，通过劳动了解和改造客观世界，劳动的形式和水平决定人类认识世界的水平，影响人类智力发展水平。人类通过体力劳动和脑力劳动的结合协作，智慧得到提升，思维更加活跃，劳动者不仅可以提升素质，适应新的生产力发展水平，而且能促进新一轮的技术革命，如通过三次产业革命，劳动形态实现了从手工劳动到机器劳动再到智力劳动的转变。

进入21世纪以来，全球科技创新进入空前密集活跃的时期，新一轮科技革命和产业变革正在重构全球创新版图、重塑全球经济结构，信息、生命、制造、能源、空间、海洋等方面研究的原创性突破为前沿技术、颠覆性技术提供了更多创新源泉。[②]如何通过劳动教育充分发挥智力劳动对国家前途命运和人民生活福祉的积极推进作用，这对新时代高校人才培养和当代大学生成长成才提出了新的时代命题。

高校开展劳动教育，不仅可以推动大学生深化科学文化知识学习、提高基

---

① 胡君进，檀传宝.劳动、劳动集体与劳动教育——重思马卡连柯、苏霍姆林斯基劳动教育思想的内容与特点［J］.国家教育行政学院学报，2018（12）：41.

② 本书编写组.习近平总书记教育重要论述讲义［M］.北京：高等教育出版社，2020：3.

本生存生活技能，而且可以提高大学生的智识修养、充实丰富精神世界。[①]在劳动中，大学生通过观察劳动对象的特点和劳动环境的变化，思考劳动手段的优化方法和劳动资料的革新手段，学习劳动技术的科学原理；通过劳动进行现实思考，在具体的劳动实践中进行知识学习与反思，发现知识盲点和新现象，从而推动科学文化知识的完善发展；通过劳动实践感知和掌握基本的生活常识，系统锻炼和发展基本生活能力；通过劳动实践孕育和发展科学精神及人文精神，在劳动过程中主动尊重科学、遵循科学规律以培养科学精神，在劳动中与他人团结合作以涵养人文关怀，进而拥有用心灵认识周围世界的能力。

（二）劳动强体

习近平总书记在陕西安康市平利县老县镇中心小学视察时提及现在学生普遍眼镜化，由于体育锻炼少，身体的健康程度有所下降。习近平总书记特别强调要"文明其精神，野蛮其体魄"。这里所说的"野蛮其体魄"就是强身健体。强健体魄的养成可以诉诸多种途径，如体育锻炼活动，尤其是竞技类的体育训练及军事模拟类户外竞技运动等体育游戏、军事训练。

原始社会人类通过跑、跳、攀、爬等运动形式以获取赖以生存的物质资料，通过劳动实现手足分离、直立行走。这些身体活动伴随着社会变迁逐渐发展成为强身健体的运动。现如今，多种体育锻炼活动依旧保留了原始劳动的痕迹，如标枪、跨栏。因此，劳动所具有的独特属性对于强健体魄的养成有其天然的优势作用。

劳动是健身强体的主要方式之一，与体育活动相互促进、相辅相成。强身健体最基本的前提条件之一就是"动起来"。然而，大学生繁重的学业压力和工作任务、网络成瘾和亚健康的人际交往状态，让这个简单的前提条件都变得难以实现。有针对性的体育活动、军事训练需要单独的时间、特定的空间，或者相应的金钱成本，这些都成为大学生强身健体的诸多限制条件。而劳动打破了特定的时间与空间的限制，在劳动过程中即可活动，是一种成本极低的身体锻炼。劳动能够帮助青年大学生锻炼身体、增强体质，经常劳动可以锻炼肌肉、筋骨，从而使肌肉结实、关节灵活。医学研究表明，劳动有利于增强心肺功能，改善血液循环效率，促进肌肉、骨骼的发育。适当的劳动锻炼，能提

---

① 刘建军，王婷婷. 论劳动育人功能的四个维度［J］. 贵州师范大学学报（社会科学版），2022（3）：1-10.

高青年大学生身体各器官的功能和相互间的协调性，强健其体魄，增强其体能。①

大学阶段正是青年大学生强健身体、长知识的关键时期。劳动教育能够引导他们树立健康生活的观念。学习要劳逸结合，长时间的学习会使大脑紧张，导致效率低下，而在紧张的学习之余适当参加劳动实践，能使大脑得到放松，进而提高学习效率。同时，在参加劳动实践中，青年大学生能够逐渐养成良好的生活习惯，自觉选择有益于健康的生活方式，从而达到预防疾病、促进健康、提高生活质量的目的。

（三）劳动植美

植美，从人才培养的角度看，旨在培育人的审美素养，帮助人们发现美、欣赏美、创造美。劳动在美育中有着不可或缺的甚至是决定性的作用，劳动不仅蕴藏美，而且可以让人感知美、创造美。党的十八大以来，美育的普遍性作用和意义得到高度重视，美育逐渐回归全民性本质，即美育应当"融入中国特色社会主义文化美、制度美、人性美"②。

劳动实践本身就是美。体力劳动有力量之美，脑力劳动有智慧之美。劳动创造美好的人生和生活，劳动提供了美的来源。侧重于四肢机能发挥的劳动，可以充分展现身体四肢机能协调配合的美感；侧重于精神性生产的劳动，可以充分显现出逻辑的美感、思维的美感。

劳动可以感知美、发现美。人类在劳动过程中，消除了与自然的物理隔阂，得以零距离地、沉浸式地观察自然，直观地感受着自然之美。"采菊东篱下，悠然见南山""江南可采莲，莲叶何田田"，这都是在劳动中发现自然之美、欣赏自然之美的真实写照。劳动作为一种多人参与、分工协作的社会实践，也消除了人与人、人与社会之间的距离。良好的劳动离不开人们的精诚合作、共同付出。在这一过程中，人与人之间结成了紧密联系，逐渐产生了亲密情感，收获了团结、忠诚、友爱、奉献等人性之中的美好情感。青年大学生要在劳动中培养发现美、鉴赏美的能力，提升人文素养。在劳动中发现美、欣赏

---

① 丁晓昌，顾建军.新时代大学生劳动教育［M］.上海：上海交通大学出版社，2021：38.

② 丁晓昌，顾建军.新时代大学生劳动教育［M］.上海：上海交通大学出版社，2021：38.

美，有利于青年大学生提高审美能力，净化心灵。大学生的审美经验丰富了，人文素养提高了，就会成为一个懂得生活情趣的人、有高尚道德情操的人。

劳动可以创造美。人是社会的主体，不仅能够发现美、鉴赏美，而且希望表现美和创造美。社会中的一切美好事物，都离不开人类的体力劳动和脑力劳动。金字塔、巴比伦空中花园、秦始皇兵马俑、长城等是劳动人民铸就的人间奇迹；《古诗十九首》等是凝聚着劳动人民智慧结晶的文化瑰宝；《平凡的世界》等是聚焦劳动人民、深入生产生活所创作出的优秀经典……这些都直接诠释了劳动推动着人们直接创造"美"。进一步而言，基于劳动创造的"美"是更真实动人的。青年大学生要在劳动实践中发现美、鉴赏美的同时，通过自己的思考与想象，把自己所领悟到的美用双手创造出来，在创造美的过程中，青年大学生的情感得到释放，心智受到启迪。

在劳动中创造美、体现美，能够有效提高青年大学生的综合素质与社会实践能力，促进他们全面、健康地发展，让学生通过对劳动美的感知、体验与追求，接受美的熏陶，成为具有一定审美能力的人。培养健康的审美态度、加强审美的正能量影响、宣传正确的审美取向、加强美育是当今素质教育的重要任务，是培育和践行社会主义核心价值观的有效途径。要通过劳动教育强化美育，以劳植美、以美育人，让青年大学生在劳动中感受美的各种形式，明白劳动不仅创造美，而且劳动本身就是美。

（四）劳动赋能

马克思认为："劳动首先是人和自然之间的过程，是人以自身的活动来中介、调整和控制人和自然之间的物质变换的过程。"[①]马克思在对劳动的界定中，不仅指出了人与自然互动性，而且强调人自身的活动的重要性。马克思阐释了劳动者本身在劳动过程中的能动性和创造性，即"劳动是积极的、创造性的活动"[②]。创造性劳动是人类解放的关键一步，社会发展的推动依靠个体才干的发挥。创造性劳动能力根植于创造性劳动之中，它通过实践形成，并在实践中呈现。劳动者在创造性劳动中可以获得自由的劳动能力、相互协作的劳动

---

① 马克思，恩格斯.马克思恩格斯全集（第44卷）[M].北京：人民出版社，2001：207-208.

② 马克思，恩格斯.马克思恩格斯文集：第8卷 [M].北京：人民出版社，2009：177.

能力和感知意义的劳动能力①，这构成了创造性劳动能力的主要特征。劳动者从创造性劳动中，可以获得三个方面的劳动能力：第一，创造性劳动能力具有自由劳动的特性，劳动者通过创造性劳动可以不断获取丰富的对于自然规律的认知，掌握前沿的改造自然世界的手段。第二，创造性劳动能力具有相互协作的特性，具有更强的社会属性，更强调人与人之间的协作，劳动者通过创造性劳动培养相互帮助、团结协作的劳动品德，形成更加美好和谐的社会关系。第三，创造性劳动能力具有感知意义的特性，通过创造性劳动，劳动者以创新的活力和打破思维定式的勇气避免劳动过程中的机械重复，使劳动者体会到劳动的乐趣，增强对劳动活动的热情。

习近平总书记在庆祝中国共产主义青年团成立100周年大会上指出："青年是社会中最有生气、最有闯劲、最少保守思想的群体，蕴含着改造客观世界、推动社会进步的无穷力量。"②大学生群体奋发有为、不拘一格、敢为人先的进取精神与创造性劳动的内在品质要求高度契合，要通过对大学生创造性劳动能力的培养，不断发掘其创造特质、激活其主动创造活力。在劳动的过程中，大学生要认真钻研、反复练习，在学习和实践中探索有效的途径，锻造精益求精的劳动技能，在劳动创造的持续实践中，为实现中华民族伟大复兴的中国梦贡献青春力量。

二、劳动教育肩负立德树人使命

《意见》指出，新时代加强劳动教育必须以习近平新时代中国特色社会主义思想为指导，落实立德树人根本任务，把劳动教育纳入人才培养全过程③，这一论述指明了立德树人与劳动教育二者之间的内在逻辑：立德树人是我国教育的根本任务，劳动教育是我国教育制度的重要内容。因此，立德树人是劳动教育的价值指引和实践要求，劳动教育是立德树人的德育承载和育人实践。

① 万婕，朱惠蓉.试析大学生创造性劳动能力的培养［J］.学校党建与思想教育，2022（15）：57-59.
② 习近平.在庆祝中国共产主义青年团成立100周年大会上的讲话［M］.北京：人民出版社，2022：9.
③ 中共中央 国务院关于全面加强新时代大中小学劳动教育的意见［EB/OL］.（2020-03-20）［2022-08-09］.http://www.gov.cn/zhengce/2020-03/26/content_5495977.htm

（一）劳动教育是落实立德树人根本任务的应有之义

1. 劳动教育与立德树人根本任务的价值契合

党的十八大正式"把立德树人作为教育的根本任务"，这实际上突出强调了德育的重要作用，为我们的教育"培养什么人、怎样培养人"赋予了新的时代内涵，提供了基本遵循。

"立德"，主要突出对大学生道德品质的培养，即通过思想引导，让大学生形成符合社会主流价值观的思想道德观念；通过德育工作，引导大学生形成对马克思主义道德观、中华优秀传统美德以及社会主义核心价值观的高度认同。"树人"，就意味着要培养担当民族复兴大任的时代新人。①具体而言，"立德树人"就是要培养学生"明大德""守公德""严私德"，引导学生拥护社会主义政治立场，形成正确的价值观；遵守社会公共道德准则，树立为人民服务的宗旨意识；将勤劳、勇敢、进取的优秀品质内化于心，规范自己的一言一行，对拜金主义、享乐主义等错误思想保持清醒的认识，实现自我约束、自我发展。

劳动教育具有树德、增智、强体、育美的综合育人价值，这与"落实立德树人根本任务"的教育内涵具有天然的价值契合。这种价值契合主要表现在以下方面：一是价值取向一致。劳动教育所蕴含的价值理念和道德规范与立德树人的价值取向是相一致的，都以马克思主义为指导，坚持社会主义办学方向，以培养德智体美劳全面发展的社会主义建设者和接班人为基本"育人"方向。二是目标任务一致。两者都坚守德育为先的教育理念，以培养德智体美劳全面发展的社会主义建设者和接班人为目标任务，实现这一目标也离不开劳动教育。三是内容途径一致。两者都坚持以马克思主义中国化的最新成果作为教育内容，将理想信念教育、爱国主义教育和专业技能培养融合到一起，融入人才培养教育体系中，引导学生正确认识时代责任和历史使命，树立远大理想抱负和正确的信念，用中国梦激扬青春梦。

2. 劳动教育在落实立德树人根本任务中的优势

加强劳动教育、落实立德树人根本任务，是中国特色社会主义高等教育保持马克思主义属性的重要保证。在"落实立德树人根本任务"的教育实践中，劳动教育所蕴含德育功能被充分重视和挖掘，劳动教育在落实立德树人根本任

---

① 袁子桐. 新时代立德树人的科学内涵与培养路径［J］. 人民论坛，2021（10）：107-108.

务中的优势也进一步凸显，主要表现在三个维度：一是劳动教育能拓展价值观培育维度。劳动教育通过理念教育和劳动精神教育，能有效强化大学生的劳动意识，端正价值追求，修正好高骛远、轻视劳动、贪图享受、萎靡不振、不思进取等不良价值取向。二是劳动教育能拓展实践育人的逻辑维度。劳动是连接知识、能力和素养的纽带与桥梁，参与社会劳动和生产实践不仅可以让学生印证所学知识，更可以让他们通过亲身实践把书本知识转化为自己的能力，进而提高自身的认知水平和思想的理性程度，促进个体自我实现目标的达成。三是劳动教育能拓展落实立德树人任务途径载体维度。劳动教育是立德树人的基本要求，落实立德树人根本任务要以教育为载体，"德智体美劳"中"劳"育目标的实现自然应落实在劳动教育中。因此，要加大立德树人在教育中的渗透程度，劳动教育作为重要载体将发挥显著作用。

因此，新时代中国特色社会主义高等教育务必要充分发挥劳动教育的优势，突出劳动教育落实立德树人根本任务的重要载体作用，将劳动教育融入人才培养的全过程和各环节，培养"以德为先，德才兼备"的高素质人才。

（二）劳动教育落实立德树人根本任务面临的挑战

目前劳动教育落实立德树人根本任务方面还存在着较多阻碍，如对劳动教育的认识不够深刻，践行路径不够多元，评价机制不够完善等。

1. 对劳动教育落实立德树人根本任务的理解认识不够深刻

对劳动教育落实立德树人根本任务的狭隘性理解，极大限制了劳动教育的育人功能。一方面，受刻板思维的影响，通常会将劳动教育简单地理解为通过体力劳作的形式接受教育，进而从内心排斥体力劳动、抗拒劳动教育；另一方面，受生产力快速发展的影响，"市场经济自发性和逐利性缺陷以及享乐主义、消费主义等不良社会思潮的多重冲击"[①]，逐步滋生了贪图享乐、好吃懒做等错误思想，助长了不愿意进行体力劳动的不良风气。青少年受成长环境的影响，不免产生歧视体力劳动的错误认知，使得劳动教育难以落实立德树人根本任务。

2. 劳动教育落实立德树人根本任务的合力尚未形成

劳动教育需要家庭教育、学校教育、社会教育三位一体发挥育人合力。然

---

① 吴玉剑，王习胜. 新时代高校劳动教育的困境与出路 [J]. 广西社会科学. 2021（9）：184.

而学校劳动教育的开展浮于表面、有形无神，家庭和社会进行劳动教育的途径存在同质化的问题。从学校教育来说，学校教育是立德树人的主阵地，而学校劳动教育的开展大多采取劳动实践与劳动教育理论知识学习相结合的形式，实践活动基本在校内展开，较少体现年级和专业的差异，形式不够多样，灵活性不足。就家庭教育来说，"在家庭尤其是城市家庭中，部分家长包办孩子的一切家务劳动，将学习与劳动对立起来，体力劳动被'污名化'"①，劳动教育难以落实。就社会教育来说，除少部分校企合作企业和部分单位可以提供实践岗位外，基本没有实践岗位，对劳动教育的全方位铺开形成阻力。

3. 劳动教育落实立德树人根本任务的评价机制尚未健全

劳动教育落实立德树人根本任务像智育评价考核一样，需要有完善的评判标准和考核路径，而目前对劳动教育的考核主观性、随意性较大。"例如，有些学校纵然开展了'学工''学农'等劳动实践教育，但是学生只是把劳动当作新奇的体验，如锄地、施肥、养殖等。教育者未能及时给予指导，也未能深入挖掘劳动活动的教育性，学生只是机械地完成各项动作即可结束。"②考核没有标准或考核标准不够科学，考核方式流于形式，缺失了考核效果，缺失了考核应有的功能。

（三）劳动教育落实立德树人根本任务的着力点

1. 将劳动教育落实立德树人的理念融入人才培养全过程

思想是一切行动的指南，加强劳动教育首先要从思想上高度重视。在教育改革大背景下，加强劳动教育需要国家、学校、家庭乃至整个社会统一思想、协同分工、共同努力。从国家层面来看，《意见》已经从加强劳动教育的总体要求、体系构建、实践活动开展、保障组织实施等方面提出了总体要求，各级政府应将劳动教育摆上重要议事日程，出台相关配套政策措施，做好督促落实与宣传引导，推动建立全面实施劳动教育的长效机制。从学校层面来看，应当提高高校各级领导与教职工的政治站位和思想认识，用劳动教育实现立德树人根本任务的战略高度通盘布局，深刻领会劳动教育的重要意义，不仅在思想上

---

① 吴玉剑，王习胜. 新时代高校劳动教育的困境与出路［J］. 广西社会科学. 2021（9）：184-185.

② 王红，谢诗思. 本体论和工具论：新时代劳动教育价值诉求的辨析［J］. 中国教师. 2020（3）：20-24.

对劳动教育给予高度关注，还要明确自身的教育责任和教育使命，在劳动教育过程中发挥相关理论传授和实践操作的优势，以饱满的工作热情投入劳动教育课程的建设探索和劳动实践中。从家庭层面来看，家庭要发挥在劳动教育中的基础作用。家长要重视劳动教育在学生身心成长过程中的重要作用，引导学生积极参与劳动实践、家庭劳动，并通过日常生活的言传身教、潜移默化，让孩子养成从小爱劳动的好习惯，树立崇尚劳动的良好家风。从社会层面来看，政府、高校要和社会协同合作，充分整合各类教育资源，从学校"小课堂"走向社会"大课堂"，将劳动教育与社区、乡村发展结合起来，让大学生参与社区服务，参与乡村振兴发展，真切感受用劳动创造美好生活；让大学生与基层群众共同生产和服务，在"传、帮、带"的过程中传承劳动精神。同时加强宣传引导，树立崇尚劳动、热爱劳动、尊重劳动的社会价值观，在全社会营造人人热爱劳动实践、人人重视劳动教育的良好氛围。

2. 加强顶层设计，将立德树人理念融入劳动教育课程体系建设

学校是劳动教育的主体，劳动教育要更有价值地服务立德树人，必须在课程体系改革方面下功夫。要将劳动教育纳入学校人才培养方案，形成具有综合性、实践性、开放性、针对性的劳动教育课程体系。

首先，在课程目标设置上，要紧紧围绕立德树人总目标开展教育教学活动。教学内容要覆盖劳动思想、劳动伦理、劳动相关法律、劳动与生涯规划等劳动科学知识，引导学生理解和形成马克思主义劳动观。除劳动教育必修课程外，其他课程要结合学科、专业特点，有机融入劳动教育内容，将劳动教育植入"课程思政"系统建设工程之中，强化劳动教育的课程渗透功能和价值引领功能，引导学生深刻理解新时代劳动教育精神实质，培育学生正确的劳动价值取向和积极的劳动精神。

其次，学校要切实承担劳动教育主体责任。应明确实施机构和人员，加强劳动教育师资培训，成立劳动教育课程教研组（室），统一编写劳动课程教材、劳动实践指导手册。明确教学目标、活动设计、工具使用、考核评价、安全保护等。定期组织教研组（室）教师统一备课，进行教学评估，保证劳动教育课程的授课质量。

再次，要健全劳动素养评价制度。将劳动素养纳入学生综合素质评价体系，制定评价标准，建立激励机制，组织开展劳动技能和劳动成果展示、劳动竞赛等活动，全面客观地记录课内外劳动过程和结果，加强实际劳动技能和价

值体认情况的考核。把劳动素养评价结果作为衡量学生全面发展情况的重要内容，作为评优评先的重要参考和毕业依据，充分调动学生接受劳动教育、参加劳动实践的积极性。[①]

3. 创新方式方法，拓宽劳动教育落实立德树人根本任务的实践渠道

在劳动教育实践中践行立德树人是劳动实践的任务与使命，劳动实践一方面能强身健体、磨炼意志，另一方面能加深劳动者对积极劳动观、价值观的认同。为此，学校应不断创新形式，搭建劳动实践平台，建构分类别、多形式、整合性的劳动教育实践体系，劳动教育需以丰富多彩的实践活动作为载体，把立德树人的理念、目标体系、实践要求寓于各类教育教学和劳动实践之中，在丰富的教学实践和劳动实践中践行立德树人。

在具体的劳动实践教育中，学校除设置基本的校内劳动教育实践课外，还要充分整合校外资源，主动与专业对口企业进行对接，深化校企合作，推动建设校外实习实训基地，多渠道、全方位拓展学生进行劳动实践的场所，为学生参加劳动实践提供更多的机会，推进、鼓励学生将自身专业所学与企业生产实际相结合，进一步深化学生对劳动的意义、对劳动创造生产力的理解。同时，学校还要深入开展志愿服务实践。依托团中央、团省委等平台，创新开展社会实践等服务性劳动，让学生参与暑期"三下乡"、社区服务、支教志愿服务活动。强化实践体验，让学生亲历劳动过程，引导学生在参与帮扶革命老区、边疆地区、贫困地区、周边社区发展的过程，领悟知识与创新劳动的重要意义，领悟奉献与付出中蕴含的人生价值，逐渐将自身人生理想与国家和地区的经济、社会发展需求结合在一起。此外，为保证劳动实践的教育效果，学校还要推动建立劳动实践认证和激励机制，增加劳动实践课学分设置，每学年进行一次劳动实践先进班级和个人评比、每学年组织一次劳动实践教育专题讨论，切实树立起人人参与劳动、劳动快乐光荣的信念，保证劳动教育的实际效果。

总之，新时代我国教育事业的根本任务是立德树人，劳动教育是立德之魂，劳动教育既体现着立德的重要内容也体现着立德的途径。走中国特色社会主义教育发展道路必须加强劳动教育，通过劳动教育培养造就全面发展的人才，通过劳动教育树立崇尚劳动之德。

[①] 范祯樱. 立德树人背景下高校学生劳动教育的实践路径［J］. 教育观察. 2021（18）：71.

第三章

党的百年劳动教育的历史回顾与启示

人民创造历史，劳动成就梦想。劳动是推动人类社会进步的根本力量，是丰富和发展人自身的主要途径。中国共产党自诞生之日起，就与人民群众紧密联系在一起，劳动贯穿于党的百年奋斗历程之中，劳动教育在不同历史发展阶段起到了从筑梦到圆梦的重要作用。通过对党的百年劳动教育的历史回顾，有助于我们挖掘劳动教育的时代价值，构筑新时代劳动教育育人体系。

第一节　党的百年劳动教育的历史回顾

回顾百年劳动教育发展历程，中国共产党始终将马克思主义教育与生产劳动相结合的理论作为劳动教育的根本遵循，"教劳结合"思想始终是贯穿劳动教育发展的一条红线。劳动教育历经新民主主义革命时期、社会主义革命和建设时期、改革开放和社会主义现代化建设时期、中国特色社会主义新时代的发展，相继呈现出其工具属性、追求人本价值等特点。

一、从中国共产党成立到夺取新民主主义革命胜利时期的劳动教育

从1921年党的成立到1949年中华人民共和国成立，党带领人民历经28年艰苦卓绝的革命斗争，取得了民族独立和人民解放的伟大胜利。中国共产党作为中国人民革命事业的主心骨和引路人，始终将劳动教育与革命斗争联系在一起。苏区、抗日民主根据地和解放区的一项基本任务是开展新民主主义革命，

消灭封建剥削制度，使劳动人民获得政治、经济和文化教育上的解放。因此，彻底改变建立在封建生产关系之上、以脱离农村生产生活实际为特征、以培养精神贵族为目的的文化教育，就成为当时教育工作的基本任务。①新民主主义革命初期，劳动实践作为教育的基本手段，凝聚革命共识；土地革命时期，通过劳动教育壮大革命力量；抗日战争时期，通过劳动教育开展生产运动，支援革命；解放战争时期，培养劳动习惯、强化劳动观念，将劳动教育普及到广大人民群众中。可以说是劳动教育夯牢了党的革命基石，为党的伟大事业奠定了坚实基础。

（一）劳动教育唤醒革命意识，凝聚革命共识

中国共产党高擎起马克思主义的伟大旗帜，将实现社会主义和共产主义作为自己的奋斗目标，始终把教育和劳动紧密结合在一起，以培养党员和人民群众的革命斗争意识。

新民主主义革命初期，工人阶级作为新兴的革命领导阶级亟须壮大革命队伍，争取更多的人民群众加入革命队伍中来。李大钊在《庶民的胜利》中明确表示，世间从事劳工的人占有多数，今后的世界也必将是劳工的世界，人人具备劳工的能力，能够从事劳工的工作，而凡是不肯做工吃干饭的人，都是强盗。为此，他还呼吁民众积极做工，投入劳动，在劳动实践中接受教育。1919年12月，李大钊在《晨报》上发文，提倡在劳动中补习，边学习文化知识边增长劳动技能，并鼓励青年学生到劳动中帮助劳动者学习文化，提高觉悟，同时向劳动者学习，学会使用生产工具，并掌握生产技能。在五四运动期间，大量进步的爱国青年受工读思潮的影响，参加了赴法勤工俭学运动，通过劳动的方式，认清了当时环境下我们国家与其他国家间的差距，从而改变了旧式教育影响下认为体力劳动低贱的劳动观念。

（二）劳动教育增强斗争本领，壮大革命力量

1921年7月，中国共产党第一次全国代表大会召开，大会审议并通过的《中国共产党第一个决议》明确要求，"各种产业部门都应建立工人学校，提高工人的觉悟，还应成立工会，教育工人，使他们在实践中实现共产党的思想"②，

① 孙培青.中国教育史［M］.上海：华东师范大学出版社，2009：509.

② 人民网.中国共产党第一个决议［EB/OL］.（2012-08-08）［2022-03-20］.http://news.cntv.cn/china/20120808/116335.shtml.

这为党开展工人运动，将劳动与教育相结合提供了实践指引。1921年8月，领导工人运动的总机关——中国劳动组合书记部正式成立，意味着工人运动的广泛开展有了强有力的组织领导。在中国劳动组合书记部的领导下，反对资本家压榨的罢工运动、争取工人阶级合法权益的罢工运动在全国范围内开展起来。此外，还通过创办"工人半日学校""工人补习学校"、办期刊报纸等方式，帮助工人边从事生产劳动，边学习理论知识，在劳动的基础上加深了解社情和国情，积极向工人宣传党的思想和主张，唤醒工人阶级的革命斗争意识，增强革命斗争本领，吸纳更多的工人加入党的组织，壮大革命力量。党在开展工人运动的同时深入农村，通过实地调研和考察，将马克思主义的理论与实际相结合，注重开展劳动教育，提振农民投身革命的信心，使共产党领导下的革命的工农教育逐渐发展起来，为工农革命根据地的建立奠定基础。

1927年土地革命兴起，农村革命根据地在全国范围内广泛建立，工农民主政权逐步确立起来。1931年，代表工农士兵的苏维埃政权正式确立，中华工农兵苏维埃第一次全国代表大会讨论通过的《中华苏维埃共和国宪法大纲》明确规定，"中华苏维埃政权以保证工农劳苦民众有受教育的权利为目的，在进行革命战争许可的范围内，应开始施行完全免费的普及教育"[①]，从法律层面肯定了劳动与教育结合的必要性，并强调引导青年劳动群众积极参加政治、文化的革命生活，以发展新的社会力量。在中央苏区所辖的21个县约250万人中，文盲数占人口总数的八成以上，提高党组织的凝聚力和战斗力，则需要提高中央苏区工农群众的科学知识和精神文化水平。在1934年召开的中华工农兵苏维埃第二次全国代表大会报告中，毛泽东同志提出苏维埃文化教育的总方针"在于以共产主义的精神来教育广大的劳苦民众，在于使文化教育为革命战争与阶级斗争服务，在于使教育与劳动联系起来，在于使广大中国民众都成为享受文明幸福的人"[②]。工农民主政权时期，毛泽东的这一论述，反映了中国共产党对马克思列宁主义教育思想和苏联教育经验的理解与吸收，是中国共产党对新民主主义教育方针最初的、较为明确的表述。根据《中华苏维埃共和国小学校制度

---

① 中华苏维埃共和国宪法大纲（1931）[EB/OL].（2019-04-09）[2022-03-20].
https://wenku.so.com/d/3e586e7a2736a5ff2f5d19be6f511484.

② 中华苏维埃共和国中央执行委员会与人民委员会对第二次全国苏维埃代表大会的报告（节选）[EB/OL].（2021-04-26）[2022-03-20]. https://tyj.fujian.gov.cn/ztzl/dsjy/xxzl/202104/t20210426_5584346.htm.

暂行条例》，列宁小学的教育目的"是要训练参加苏维埃革命斗争的新后代，并在苏维埃革命斗争中训练将来共产主义的建设者"。因此，列宁小学的教育教学除了把小学教育与政治斗争相联系外，也十分重视教育与生产劳动相联系。如在考试方式上，列宁小学要求将学生平时学习成绩和考试结果与课外社会活动、劳作实习、儿童团和学生会的评语结合起来，评定学生的学业成绩。列宁小学经常组织学生会、儿童团、儿童俱乐部等开展各种文娱、宣传、劳动和社会活动。[①]中央苏区对于知识分子的劳动教育也十分重视，规定乡苏维埃应积极发动广大群众帮助教员耕田，以此增进工农群众与知识分子之间的沟通，实现劳动与教育的结合。从土地革命时期开始，中国共产党将生产劳动与农村革命根据地的建设日益结合起来。

（三）劳动教育融入生产运动，提振革命信心

1937年后，为了顽强抵抗侵略者和保证前线补给，中共中央在抗日革命根据地制定了一系列教育方针政策，其中就包括知识分子和青年学生"实行生产劳动"，且尤其注重干部队伍的建设，在抗日革命根据地创办了陕北公学、抗日军政大学、陕甘宁边区行政学院等干部学校，并强调干部的培养应注重理论与实践相结合，即在理论学习之外要参加实际工作，特别是师生要共同参加生产劳动。陕甘宁边区政府继承了中央苏区教育经验，在提高工农群众的精神文化方面，下大气力抓好小学教育。在1938年《陕甘宁边区小学规程》中，明确规定将生产劳动纳入小学课程，从教育章程的制定中肯定了劳动教育的重要性。1939年5月，在五四运动20周年之际，毛泽东发表了纪念文章《五四运动》，明确指出，中国民主革命的胜利完成，其根本的革命力量在于工农民众，"然而知识分子如果不和工农民众相结合，则将一事无成。革命的或不革命的或反革命的知识分子的最后的分界，看其是否愿意并且实行和工农民众相结合"[②]，呼吁全国青年学生和广大的工农群众一起，凝结为一支强有力的革命军队。"延安的青年运动的方向，就是全国的青年运动的方向。""他们在学习革命的理论，研究抗日救国的道理和方法。他们在实行生产运动，开发了千亩万亩的荒地。开荒种地这件事，连孔夫子也没有做过。"[③]延安青年学生边

---

① 孙培青.中国教育史［M］.上海：华东师范大学出版社，2009：487.

② 毛泽东.毛泽东选集：第2卷［M］.北京：人民出版社，1991：558-560.

③ 毛泽东.毛泽东选集：第2卷［M］.北京：人民出版社，1964：532.

学习边参加劳动，磨炼了意志，更加坚定了理想信念，增强了他们的责任感和使命感。为了对抗日军灭绝人性的"三光"政策，1939年，陕甘宁边区开展了声势浩大的大生产运动，毛泽东号召学生、军队以及群众要"自己动手，丰衣足食"。在此号召的带动下，全国耕地面积逐步扩大、粮食产量不断升高，极大解决了抗战时期粮食短缺、物资紧张的问题，同时也成为教育与劳动实践生动结合的典范。同年12月，毛泽东为抗日军政大学题词，呼吁青年知识分子和教师"现在一面学习，一面生产，将来一面作战，一面生产，这就是抗大的作风，是足以战胜任何敌人的"。从题词中可以看出，毛泽东十分重视学习和生产的结合，也就是将教育与劳动相结合，这对劳动教育的发展起到极大的推动作用。1937年10月，抗大第三期学员入学后，为了解决校舍缺乏的问题，学校动员学员自己动手，在山坡上开挖窑洞。在几天时间里面，就挖出了一二百孔坚固的窑洞，修筑了长达3000米的"抗大公路"，解决了近2000人的住宿问题。为了解决生活问题，学校动员学员们自己种地、种菜、养鸡、喂猪。经过艰苦的锻炼，学员们的劳动能力大大提高，更重要的是养成了艰苦奋斗的优良作风和品质。[1]延安大学创办伊始，吴玉章就十分重视劳动教育，学校内部开设制鞋厂、豆腐坊等，师生共同签订生产公约。

晋察冀边区于1943年编写了《生产课本》《怎样种庄稼》等教材，进一步肯定了劳动教育的重要作用。如1945年晋冀鲁豫的初小国语常识合编课本涉及生产知识、劳动观念的课文占38%，抗大的教学方法上，大量的生产劳动、社会活动将生产和社会当作实验场所，对学生进行实验式教学。[2]抗战结束后，逐步恢复有秩序的教育工作。解放战争时期，政府倡导苦读运动，并规定院校可以安排贫苦学生做勤务工作，在这个过程中，不仅可以保障贫苦学生继续接受文化知识教育，而且有助于强化学生的劳动观念，培养劳动的习惯。各根据地机关院校也广泛开展了大生产运动，教育与劳动相结合的方针得到了很好的贯彻落实。

① 中国共产党思想政治教育史编写组.中国共产党思想政治教育史［M］.北京：高等教育出版社，2016：107.

② 孙培青.中国教育史［M］.上海：华东师范大学出版社，2009：499.

二、社会主义革命和建设时期的劳动教育

从1949年到20世纪70年代末，党面临的任务是"实现从新民主主义到社会主义的转变，进行社会主义革命，推进社会主义建设，为实现中华民族伟大复兴奠定根本政治前提和制度基础"①。这一时期，劳动教育走进工农群众的日常生活，服务于工业化建设，为社会主义制度的确立和社会主义道路的探索提供重要支撑。

（一）劳动教育与工农群众生活相结合，助推完成民主革命遗留任务

新中国成立初期，在全国4亿人口中约八成是文盲，学龄儿童入学率仅在20%左右，人均受教育年限仅为1.6年，严重阻碍了社会主义的革命和建设事业。因此，解放和发展农村社会生产力，提高农民受教育水平，改造旧教育成为新中国的重要课题。

1949年底，全国第一次教育工作会议召开，明确了"教育为国家建设服务，教育向工农开门"②的教育方针。在这一方针的指导下，"扫除文盲工作委员会""扫盲工作司"在全国范围内创建起来，农民的"地头学习小组"、工厂职工的"车间夜校"、妇女的"炕头学习小组"也轰轰烈烈地展开，扫盲工作成效显著，为推进劳动与教育的深度结合奠定了坚实基础。1950年，抗美援朝运动拉开序幕，在"抗美援朝，保家卫国"口号的感召下，中国人民志愿军奔赴朝鲜战场英勇作战。为了做好战略物资的补给和加强国防军事建设，党和政府领导全国人民开展了劳动竞赛，人们投身其中，工人们更是高喊着"工厂即战场，机器即枪炮"的口号积极生产，在这场以爱国丰产为主要内容的生产运动中，人们潜移默化地接受着劳动教育。

在中央人民政府的指示下，新解放区的土地改革运动也在有计划、分批次地进行。高等学校师生纷纷奔赴农村参加土改运动。1950年到1952年间，我国参加土改运动的师生高达800多万人。1949年12月，全国第一次教育工作会议召开。当时的教育部长马叙伦说，新中国的教育应该是反映新中国的政治经济，作为巩固与发展人民民主专政的一种斗争工具的新教育。钱俊瑞副部长在会上

---

① 中共中央关于党的百年奋斗重大成就和历史经验的决议 [N]. 人民日报，2021-11-17（01）.

② 教育70年与共和国同向而行 [EB/OL]. （2019-09-04）[2022-03-20]. http://www.moe.gov.cn/jyb_xwfb/moe_2082/zl_2019n/2019_zl66/201909/t20190904_397372.html.

指出，为了有效地进行思想政治教育，理论学习必须密切结合学生的思想实际，这种学习应当与自己参加劳动生产、参加群众斗争、参观解放军或工厂活动结合起来。① 1952年，我国开始了模仿苏联的教育体系改革，对学校的院系设置进行了调整。1953年，全国高等农林院校已有29所，劳动教育也率先在高等院校中有所涉及。与此同时，中学和小学也将劳动作为课外活动，纳入学校教育体系之中，促进劳动教育的纵深发展。

（二）劳动教育与工业建设道路相结合，继续加速社会主义探索进程

据教育部统计，1954年暑期毕业的中小学生比1953年多1/3左右，这些毕业生除一小部分需要升学外，大部分都准备参加劳动生产。1954年，青年团中央出台的《中国新民主主义共青团中央委员会关于组织不能升学的高小和初中毕业生参加或准备参加劳动生产的指示》明确要求加强对中小学毕业生的劳动教育，"劳动教育是共产主义教育的一个重要部分。学校中进行劳动教育的目的，是要使学生懂得'劳动创造一切'的根本道理，培养自觉的社会主义劳动态度，养成认真从事劳动的习惯"②，对于在一些高小和初中毕业生中存在的"认为'升学'是唯一出路，参加劳动是'屈才'和'耻辱'的错误看法"③必须予以纠正，树立"在我们国家里，劳动没有高、低、贵、贱之分，一切劳动都是光荣的事业"④的正确认识。在我国实施的以提高工业化建设水平和实现社会主义改造为主要目标的第一个国民经济计划中，全体人民以高度的劳动热情投入生产运动之中，各地涌现了大批模范劳动代表人物。如工业化建设中，用身体制服井喷、一生献给石油工业的"铁人"王进喜，爱厂如家、屡破鞍钢技术难题的孟泰，一时间在国内形成了模范人物带头、争先创优谋生产的劳动风气。

---

① 张耀灿.中国共产党思想政治教育史论［M］.北京：高等教育出版社，2006：213.

② 中国新民主主义共青团中央委员会关于组织不能升学的高小和初中毕业生参加或准备参加劳动生产的指示［EB/OL］.（2019-07-23）［2022-03-20］.https://www.wenmi.com/article/pv32y901ocyu.html.

③ 中国新民主主义共青团中央委员会关于组织不能升学的高小和初中毕业生参加或准备参加劳动生产的指示［EB/OL］.（2019-07-23）［2022-03-20］.https://www.wenmi.com/article/pv32y901ocyu.html.

④ 中国新民主主义共青团中央委员会关于组织不能升学的高小和初中毕业生参加或准备参加劳动生产的指示［EB/OL］.（2019-07-23）［2022-03-20］.https://www.wenmi.com/article/pv32y901ocyu.html.

农业生产作为工业化建设的重要支撑，受到党中央的高度重视，也实施了一些提质增产的措施。如1956年中央政治局提出的《一九五六年到一九六七年全国农业发展纲要（草案）》中明确提出，要通过推广先进经验和采取相应的生产措施提高农作物的产量。关于如何推广先进经验，则要求"由各省、市、自治区把当地合作社中的丰产典型收集起来，编成书，每年至少编一本，迅速传播，以利推广……定期召开农业劳动模范会议，奖励丰产模范，组织参观和竞赛，交流经验"①。同时要求，由农业合作社办理乡村小学，每个乡村都尽可能地办起业余文化学校，提高农民和村干部的文化水平。接着，在1957年颁布的《一九五六年到一九六七年全国农业发展纲要（修正草案）》中，再次强调将丰产经验编印成书，加强宣传的推广，提倡和鼓励农民和干部到外乡外省学习先进的技术和经验，可以根据需要和现实条件，建立科学研究和技术指导机构，如农业试验站、农业技术服务站，帮助农村青年尽快成长为服务生产建设和科学文化工作的突击力量。这些举措有利于将劳动生产的实践上升为理论，加快了社会主义改造的步伐，推动着劳动与教育实现双向结合。但是，在全国劳动教育事业如火如荼地推进之时，中小学毕业生比例失调的问题、轻视体力劳动和工农劳动人民的剥削阶级思想仍有残余等情况仍然存在，影响着全国数以万计中小学毕业生的价值选择。

随着社会主义改造的逐步推进，我国的经济结构和阶级关系发生了根本性变化，劳动的观念也更加普及，国家进入了社会主义建设的初步探索期。此时，对社会主义建设的人力资源提出更高要求。1955年，教育部发布《关于初中和高小毕业生从事生产劳动的宣传教育工作报告》要求："中小学必须进一步加强劳动教育，这是动员中小学毕业生从事生产劳动的根本办法。"②1956年，党中央召开关于知识分子问题的会议，周恩来在《关于知识分子问题的报告》中明确指出，发展社会主义建设，越来越需要广大知识分子的参加，要引导和依靠脑力劳动者和体力劳动者的密切合作。1957年4月8日，《人民日报》发表《关于中小学毕业生参加农业生产问题》的社论指出，一些中小学毕业生

① 一九五六年到一九六七年全国农业发展纲要（草案）[EB/OL].（2007-05-30）[2022-03-20].http://www.ce.cn/xwzx/gnsz/szyw/200705/30/t20070530_11542607.shtml.

② 何东昌.中华人民共和国重要教育文献（1949—1975）[M].海口：海南出版社，1998：450.

对参加农业生产存在错误认识，认为下乡种地是"没出息""没前途""教育行政部门对劳动教育重视不够"，没有引导学生去深刻认识参加生产劳动的现实必要性和重要性。社论号召青年要从党和人民利益的大局出发，到农业生产第一线，或者进工厂做工，经受锻炼，接受考验，青年人只有在实践中，才能把书本知识付诸实践。^①但是，1957年末，全国范围内开始的"大跃进""人民公社化运动"，使得教育与生产劳动的结合偏离正轨，劳动教育被狭义化为通过体力劳作改造人们思想的主要方式，学校内出现重体力劳动、轻文化教育的倾向，学生劳动过多、过度的现象越来越普遍，正常的教学秩序被打乱，严重阻碍了社会主义建设的进程。

为尽快改变这一情况，1958年，毛泽东在《工作方法六十条（草案）》中提出，在一切学校中实行半工半读，学生要参加生产劳动、接受实际锻炼的思想。当年4月和6月，中共中央分两段召开全国教育工作会议，随后形成的《关于教育工作的指示》中指出，教育工作在一定的时期内曾经犯过脱离生产劳动、脱离实际的错误，明确提出"党的教育方针，是教育为无产阶级的政治服务，教育与生产劳动结合"。教育部在4月召开的第四次全国教育行政会议上也指出，勤工俭学、半工半读是体现教育方针的一项根本措施，要求各级各类学校必须把劳动列入教学计划。^②同年，刘少奇在中共中央政治局扩大会议上的讲话中，将其发展为"两种劳动制度、两种教育制度"，也就是既有全日制的学校教育制度和劳动制度，也有半工半读的学校教育制度和劳动制度。半工半读作为贯彻教育和生产劳动相结合的一种措施，在刘少奇的多次倡导下，后来逐渐成为一种教育制度。据教育部统计，到1965年下半年，全国半工半读学校已有4000余所，学生80多万人。^③这一制度的实施对贯彻教育与生产劳动相结合、知识分子与工农群众相结合的原则，逐步消灭脑力劳动与体力劳动差别，培养又红又专的一代新人，具有一定的积极作用。但这些做法由于受到"左"的思想影响，忽视教育规律和学生成长规律，存在严重脱离实际的现象，其大

① 中国共产党思想政治教育史编写组. 中国共产党思想政治教育史［M］. 北京：高等教育出版社，2016：241.

② 中国共产党思想政治教育史编写组. 中国共产党思想政治教育史［M］. 北京：高等教育出版社，2016：241.

③ 中国共产党思想政治教育史编写组. 中国共产党思想政治教育史［M］. 北京：高等教育出版社，2016：241.

搞现场教学，轻视课堂教学，片面强调在劳动中改造思想，打乱了正常教学秩序，影响了教学质量，教训值得深刻反思和吸取。1958年9月，中共中央、国务院发出《关于教育工作的指示》，明确了"培养出一支数以千万计的又红又专的工人阶级知识分子的队伍，是全党和全国人民的巨大的历史任务之一"[①]，并强调"党的教育方针是教育为无产阶级的政治服务，教育与生产劳动相结合"[②]。1961年，党中央正式颁布《教育部直属高等学校暂行工作条例（草案）》（即《高教六十条》），总则中明确规定：高等学校要贯彻执行教育为无产阶级政治服务、教育同生产劳动相结合的方针，培养社会主义建设所需要的各种专门人才。高等学校学生的培养目标是：培养具有爱国主义和国际主义精神，具有共产主义道德品质，拥护共产党的领导、拥护社会主义，愿为社会主义事业服务、为人民服务，通过列宁主义、毛泽东著作的学习和一定的生产劳动实际工作的锻炼，逐步树立无产阶级的阶级观点、劳动观点、群众观点、辩证唯物主义观点。[③]1964年，毛泽东提出要让学生到社会这个工厂中去锻炼，接触社会实际。1966年至1976年，对社会主义道路的探索出现了些许偏差，此阶段劳动教育禁锢于体力劳动之中，未得到突破性发展。

三、改革开放和社会主义现代化建设时期的劳动教育

改革开放和社会主义现代化建设时期，党和国家的工作重点已经转移到经济建设上来。在此阶段，党中央继续贯彻落实教育与生产劳动相结合的方针，基于对社会主义建设人才的渴求，也更加注重劳动教育在内容和方式方法上的创新，更加强调发挥脑力劳动的价值。

（一）重申本质，深化劳动教育内涵

1978年，邓小平同志着手管理国家的教育和科技工作。教育领域率先进行了对被批判的知识分子群体的拨乱反正，重申了知识分子是工人阶级一部分的观点，肯定了脑力劳动是劳动的重要组成部分，与以往将劳动教育狭隘地理解

---

① 1958年9月19日中共中央、国务院发出《关于教育工作的指示》[EB/OL].（2016-09-19）[2022-03-20].http://450150.cnlhzb.com/article/730306.

② 1958年9月19日中共中央、国务院发出《关于教育工作的指示》[EB/OL].（2016-09-19）[2022-03-20].http://450150.cnlhzb.com/article/730306.

③ 中共中央文献研究室.建国以来重要文献选编：第14册[M].北京：中央文献出版社，2011：502-524.

为体力劳作相区别，还原了劳动的本质，丰富了劳动教育的内涵。随后，逐步恢复学校正常的教学秩序，恢复高考制度，并实施了一系列促进劳动与教育相结合的措施。1977年3月5日《人民日报》发表社论"向雷锋同志学习"，教育部发出通知，要求全国各级教育部门和学校开展学习雷锋运动。当时各级各类学校积极组织学生制订个人和班级"学雷锋，创三好"规划，支持大学生走向社会，参加公益劳动、街头宣传服务、为群众做好事等活动；1978年，邓小平在全国教育工作会议上提出："劳动教育必须同国民经济发展要求相适应。"[①]十一届三中全会上，邓小平指出，要将思想政治工作和经济手段结合起来，充分调动广大劳动者和干部的生产积极性。这一表述拓展了劳动教育的作用空间，使得劳动教育不再仅仅局限于学校教育问题，开始引导劳动教育在国家经济发展方面发挥应有作用。改革开放以后，社会主义建设随之进入新的水平，劳动教育的含义进一步深化。劳动教育在坚持"教育与生产劳动相结合"方针的基础上，更多地提到"脑力劳动与体力劳动相结合，知识分子与工农群众相结合"的教育观念。例如，1981年党的十一届六中全会上审议通过的《关于建国以来党的若干历史问题的决议》中明确要求："要加强和改善思想政治工作，用马克思主义世界观和共产主义道德教育人民和青年，坚持德智体全面发展、又红又专、知识分子与工人农民相结合、脑力劳动与体力劳动相结合的教育方针，抵制腐朽的资产阶级思想和封建残余思想的影响，克服小资产阶级思想的影响，发扬祖国利益高于一切的爱国主义精神和为现代化建设贡献一切的艰苦创业精神。"[②]劳动教育不再强调劳动直接作用于生产，而是要树立学生热爱劳动的思维，并掌握基本的劳动技能。劳动教育的改革率先在中小学施行。1981年教育部颁布的《全日制五年制小学教学计划（修订草案）》规定，小学教育中可适当安排劳动课时、自我服务性劳动或简易生产劳动；1981年4月，教育部颁布的《关于全日制重点中学教学计划试行草案的说明》中指出，中学阶段开设劳动技术课，进行劳动技术教育，使学生既动脑，又动手，手脑并用，全面发展。1982年教育部印发的《关于普通中学开设劳动技术教育课的实行意见》中强调，劳动教育要注重理论与实践的结合，通过开设劳动技术教育课，使学

---

① 中共中央文献研究室. 邓小平论教育 ［M］. 北京：人民教育出版社，1995：70-71.

② 关于建国以来党的若干历史问题的决议 ［EB/OL］.（2017-11-03）［2022-03-20］. http://www.81.cn/jwzl/2017-11/03/content_7811850.htm.

生逐渐地学会一些基本生产技术知识，掌握一定的劳动技能，这样学生既能动脑又能动手，对学生的升学和就业大有裨益，也对缩小直至消灭脑力劳动和体力劳动的差别，对劳动教育质量的提高具有深远意义。

（二）创新途径，扩大劳动教育影响

随着改革开放的深入推进，国家对社会主义建设人才的要求也越来越高，相应地，也要求劳动教育与时俱进。1987年党的十三大报告明确提出，要把经济建设的发展转移到依靠科技进步和劳动者素质提高上来。1988年12月25日，中共中央印发《关于改革和加强中小学德育工作的通知》，强调中小学德育要以爱祖国、爱人民、爱劳动、爱科学、爱社会主义为基本内容，注意抓好爱国主义、集体主义、社会主义民主和遵纪守法的教育，进行劳动教育、道德教育和良好心理品质的培养。在国家教委发布的1989年教育工作要点中，明确要求要积极组织学生参加教育实践活动，从实践活动中增强劳动技能。1990年国家教委发布的《现行普通高中教学计划的调查意见》中，明确将劳动教育纳入普通高中必修课程；1991年的教育工作要点强调，要继续贯彻执行教育与生产劳动相结合的方针，继续加强小学和中学的劳动教育，各地要因地制宜地解决劳动基地问题。至此，劳动教育以规章文件的形式在中小学中被确定下来。1992年党的十四大明确了我国要建立社会主义市场经济体制的目标，生产力的进一步解放和发展，则需要科学技术和强大后备人才的支撑。随后，在1995年施行的《中华人民共和国教育法》中规定，教育要为社会主义现代化建设服务，需要通过教育与生产劳动相结合的方式，培养德智体等方面全面发展的人才，成为社会主义事业的建设者和接班人。

为了确保人才培养的有效进行，提高教育质量，教育方式的创新也被重视。国家教委在1996年工作要点中强调，要"积极探索改革教学思想、教育观念和人才培养模式的途径，继续开展产、学、研结合以及加强学生文化素质和综合素质培养的试点工作"[①]。同年，教育部发布了《全国教育事业"九五"计划和2010年发展规划》，明确了其后15年教育发展的基本指导思想，规定教育要坚持社会主义方向，"实行教育与生产劳动（社会应用）相结合，引导学生走与工农相结合的道路，增强对劳动人民的感情，逐步树立起科学的世界观和

---

① 国家教委1996年工作要点［EB/OL］.（2004-08-22）［2022-03-20］. http://www.moe.gov.cn/jyb_sjzl/moe_164/201002/t20100220_3423.html.

全心全意为人民服务的人生观"①。劳动教育的重要地位在提升，影响范围也在逐步扩大。1998年国家教委颁发的《中小学德育工作规程》中提及，中小学的德育工作要同智育、体育、美育、劳动教育进行紧密结合，还要注意营造良好的育人环境。同年5月，教育部师范司对师范院校的德育内容进行了完善，将劳动教育纳入德育的内容之中，在关于《中等师范学校德育大纲（试行）》和《中等师范学校学生行为规范（试行）》的通知中提到，德育内容应包括劳动教育，要培养学生劳动光荣，热爱劳动，热爱劳动人民，珍惜劳动成果，爱护公共财物，各科教学是对学生进行德育的基本途径，培养学生积极参加劳动，学习掌握必要的生产劳动知识和技能。②同年12月，教育部第1号令发布了《特殊教育学校暂行规程》，规程中明确指出，"特殊教育学校要特别重视劳动教育，劳动技术教育和职业教育。学校要对低、中年级学生实施劳动教育，培养学生爱劳动、爱劳动人民、珍惜劳动成果的思想，培养从事自我服务、家务劳动和简单生产劳动的能力，养成良好的劳动习惯；要根据实际情况对高年级学生实施劳动技术教育和职业教育，提高学生的劳动、就业能力。学校劳动教育、劳动技术教育和职业教育，应做到内容落实、师资落实、场地落实"③。

（三）提高质量，拓展劳动教育实践

进入21世纪，国家之间综合国力的竞争越来越成为人才资源的竞争，我国教育的发展和人才培养工作也要面向世界、面向未来，劳动教育也亟须与科学技术进行有效的融合，实现劳动教育本身质的飞跃。2000年教育部印发了《全日制普通高级中学课程计划（试验修订稿）》，强调高级中学可以结合实际通过军训或工农业生产劳动等方式，开展社会实践活动，为学生走向社会创造条件。2001年的《国务院关于基础教育改革与发展的决定》中提出，要扎实推进素质教育，应当使素质教育适应社会发展和科技进步；要在中小学广泛开展科学技术普及活动，组织中小学生参加力所能及的社会公益劳动，培养学生热爱劳动的情感，帮助学生掌握一定的劳动技能，以此加强劳动教育。同年11月，

① 全国教育事业"九五"计划和2010年发展规划［EB/OL］.（2008-04-25）［2022-03-20］. http://www.moe.gov.cn/srcsite/A03/s7050/199604/t19960410_77143.html.

② 何东昌. 中华人民共和国重要教育文献（1998—2002）［M］. 海口：海南出版社，2003：94.

③ 何东昌. 中华人民共和国重要教育文献（1998—2002）［M］. 海口：海南出版社，2003：194.

中共教育部党组在关于教育战线学习贯彻《公民道德建设实施纲要》的通知中指出，要"进一步加强青少年学生社会实践教育环节。把专业实习、军事训练和劳动教育等社会实践活动纳入教育教学计划，并不断拓展社会实践的途径和渠道。要大力倡导和组织学生参加勤工助学、科学研究、技术开发与推广、社会公益劳动以及有关社会服务活动"[①]。通过这种方式，拓展了劳动教育与科学技术相结合的方式，使劳动教育的方式更加具体。2004年，时任中华人民共和国教育部部长周济在《求真务实扎实做好西部地区"两基"攻坚各项工作》的讲话中指出："各地要充分利用教育系统的优势，大力推进课程和教学改革，促进基础教育与职业教育，大力推进课程和教学改革，促进基础教育与职业教育、成人教育的统筹，切实提高教育质量和教学水平。要采取措施加强农村寄宿制学校的图书馆、实验室等的建设，利用劳动实践基地积极开展勤工俭学和劳动教育。"[②]同年6月，周济强调要实现职业教育的健康持续发展，在职业教育中增加劳动教育的分量，"要通过统筹和集成各类职业教育的资源，使其成为技术工人培养、劳动力转移培训、企业继续教育和岗位培训、科技推广、扶贫开发以及对普通学校开展劳动教育和渗透职业培训公共平台，成为经济、社会，科技、文化服务的开放资源"[③]。

2005年周济发表《大力推进农村中小学勤工俭学工作为农村教育事业的发展服务》的讲话，指出："勤工俭学作为中国特色社会主义教育的一个重要组成部分，在贯彻党的教育方针方面具有突出的不可替代的作用……现在我们的学生，最缺乏的是劳动的锻炼。实践能力和创新精神不足，与社会实践的距离较远，对劳动光荣和劳动神圣很少有切身的体会。不仅城市学生如此，农村学生也同样存在这个问题。劳动和社会实践教育，是非常必要的。"[④]

2007年教育部印发的《盲校义务教育课程设置实验方案》中指出，要重视

---

① 何东昌. 中华人民共和国重要教育文献（1998—2002）[M]. 海口：海南出版社，2003：1038.

② 何东昌. 中华人民共和国重要教育文献（2003—2008）[M]. 北京：新世界出版社，2010：372.

③ 何东昌. 中华人民共和国重要教育文献（2003—2008）[M]. 北京：新世界出版社，2010：441.

④ 何东昌. 中华人民共和国重要教育文献（2003—2008）[M]. 北京：新世界出版社，2010：745.

视力残疾儿童的教育，为了使他们更好地适应社会，要加强对视力残疾儿童的劳动教育，促进儿童自身的全面发展。2010年胡锦涛在全国教育大会上强调，要丰富社会实践活动，加强劳动教育，以此促进学生的全面发展。加强劳动教育，需要培养学生的创新思维能力，开展多元化的社会实践，锻炼学生的社会实践技能。

四、中国特色社会主义新时代的劳动教育

党的十八大以来，中国特色社会主义进入了新时代，在新的历史方位上，党面临着全面建成小康社会，继而实现社会主义现代化强国建设的奋斗目标。劳动教育也在新时代迎着新的发展机遇呈现出新的发展样貌。

（一）党的十八大以来，将劳动教育融入立德树人全过程

2012年，党的十八大报告进一步明确，要办好人民满意的教育，"坚持教育为社会主义现代化建设服务、为人民服务，把立德树人作为教育的根本任务，培养德智体美全面发展的社会主义建设者和接班人"[1]。为实现社会主义现代化和中华民族伟大复兴储备人才力量，劳动教育也被提升到更重要的位置。

2013年，在"五一"国际劳动节来临之际，习近平总书记与全国劳动模范代表一起共话中国梦。习近平总书记肯定了以广大劳模为代表的劳动工作者在国家革命、建设、改革各个历史时期的突出贡献，进一步指出，劳动作为根本力量，推动着人类社会的进步，要实现中华民族伟大复兴的中国梦，需要脚踏实地地付出劳动。在全社会提倡学习劳模精神和工匠精神，尊重劳动和劳动者，在全社会营造精益求精、爱岗敬业的社会风气。

2014年，教育部印发《关于全面深化课程改革落实立德树人根本任务的意见》，提出"要将'爱学习、爱劳动、爱祖国'教育要求融入到相关学科日常教学活动中，培养学生学习兴趣、养成劳动习惯、坚定爱国信念，将个人成长成才与投身实现中华民族伟大复兴中国梦的实践紧密相连"[2]。接着，国务院印发的《国务院关于深化考试招生制度改革的实施意见》中指出，要规范高中生的综合素质评价，将实践能力、创新精神等内容一并纳入学生的综合素质档

---

① 胡锦涛.坚定不移沿着中国特色社会主义道路前进，为全面建成小康社会而奋斗——在中国共产党第十八次全国代表大会上的报告 [J].前线，2012（12）：18.

② 教育部关于全面深化课程改革 落实立德树人根本任务的意见 [EB/OL].（2014-04-08）.http://www.moe.gov.cn/srcsite/A26/jcj_kcjcgh/201404/t20140408_167226.html.

案中，以此将劳动教育通过考核评价的形式融入教育过程。但是在落实的过程中，部分地区不同程度地出现了劳动教育被淡化、弱化，中小学生缺乏劳动意识、不珍惜劳动成果的情况。于是，2015年教育部印发了《关于加强中小学劳动教育的意见》，强调要培养学生积极的劳动态度和良好的劳动习惯，要"充分发挥劳动综合育人功能，促进学生德智体美劳全面发展"①。2016年，劳动意识作为中国学生发展核心素养的基本要点之一被确定下来。

（二）党的十九大以来，逐步健全劳动教育实施体系

一代人有一代人的使命，一代人有一代人的担当。促进新时代青年的全面发展是实现中华民族伟大复兴中国梦的必然要求。2017年国家颁布的《关于深化教育体制机制改革的意见》中指出，要改进体育、厚植美育，深入开展劳动教育，逐步建立促进学生身心健康、全面发展的长效机制。

2018年，习近平总书记在全国教育大会上进一步明确，教育的根本目的是培养德智体美劳全面发展的社会主义建设者和接班人，要努力构建德智体美劳全面发展的教育体系，要引导学生崇尚劳动和尊重劳动，将劳动教育纳入社会主义建设者和接班者的总体要求。2019年教育部工作要点中提出，要大力加强劳动教育，积极构建实施劳动教育的政策保障体系，将"劳"纳入教育方针之中。同年，中共中央、国务院发布《关于深化教育教学改革 全面提高义务教育质量的意见》指出："充分发挥劳动综合育人功能，制定劳动教育指导纲要，加强学生生活实践、劳动技术和职业体验教育。"②努力完善学校、家庭、社会三位一体的劳动育人模式，通过学校适量增加劳动教育课时并组织学生进行校园劳动，家长安排适量的家务劳动，社会单位通过开办劳动教育实验区，组织学生参加商业实践、农业生产等提供保障，进而将劳动育人落到实处。

2020年，中共中央、国务院发布《关于全面加强新时代大中小学劳动教育的意见》，指出应当培育学生科学正确的劳动观，锻炼学生热爱劳动和善于劳动的能力，继而将劳动教育与德育、智育、体育、美育相融合，注意手脑并用，强化劳动体验，探索具有中国特色的劳动教育模式。同年，教育部印发《大中

① 教育部等关于加强中小学劳动教育的意见［EB/OL］.（2015-08-07）. https://www.edu.cn/edu/zheng_ce_gs_gui/zheng_ce_wen_jian/ji_chu/zong_he/201508/t20150807_1299854.shtml.

② 中共中央 国务院关于深化教育教学改革 全面提高义务教育质量的意见［EB/OL］.（2019-07-08）. http://www.xinhuanet.com/2019-07/08/c_1124725254.htm.

小学劳动教育指导纲要（试行）》，强调劳动教育是中国特色社会主义教育制度的重要内容，是全面发展教育体系的重要组成部分，是大中小学必须开展的教育活动，要求加快构建德智体美劳全面培养的教育体系。这就从国家战略的角度肯定了劳动教育的时代价值，与时俱进地丰富了劳动教育的时代内涵。

第二节　党的百年劳动教育的启示

党的百年劳动教育在发展历程中取得了斐然的成就，也积累了宝贵的经验，为新时代劳动教育的接续发展提供启示和有益借鉴。

一、根本保证：坚持党的领导，服务国家发展需求

坚持党的领导是劳动教育实现与时俱进发展的根本保证，服务于国家战略发展各阶段的发展需求是劳动教育使命所在。新民主主义革命时期，劳动教育以宣传无产阶级的理论主张为主，为革命战争与阶级斗争服务，发动广大劳动群众参与到革命之中；社会主义革命和建设时期，劳动教育为无产阶级政治服务，逐步消灭资本主义因素，使我国成功过渡到社会主义社会；改革开放和社会主义现代化建设时期，不断完善社会主义教育体系，劳动教育为国家现代化发展服务；中国特色社会主义进入新时代，劳动教育进入提质增效阶段，为实现第二个百年奋斗目标，实现中华民族伟大复兴的中国梦积蓄力量。

从无产阶级作为独立的政治力量登上历史舞台到中华人民共和国成立，国家经历土地革命、抗日战争、国共内战等的动荡变革，这一时期，劳动教育以开展无产阶级理论学习和物质生产为主。五四运动爆发后，中国共产党应运而生，肩负起领导工农群众反帝反封建的革命重任。为解放工农阶级的思想，培养投身阶级斗争的共产主义革命者，成立初期的中国共产党在各地纷纷成立工会组织、设立劳动补习学校，并通过印发宣传刊物、示威游行等方式传播马克思主义，使工人受到共产主义精神启蒙教育。全面抗战爆发后，苏区抗日根据地物资十分匮乏，为满足作战要求，我们党在苏区建立了大量的列宁小学，并规定学校必须组织学生开展劳作实习以及社会劳动。在大生产运动中鼓励广大群众一边学习革命理论，一边参加农业、手工业等多项生产劳动。新中国成立

初期，国家的工农业基础薄弱，人民群众的科技文化水平不高，而社会主义社会需要一大批知识面广、动手能力强的社会主义新人投身社会建设。因此，劳动教育得以"对口"性发展。1950年召开的七届三中全会，确定了在新中国成立的头三年要完成国家经济状况基本好转的目标，社会主义革命的任务也开始实行。在接下来的一段时间，农业、手工业、资本主义工商业领域内的社会主义改造轰轰烈烈地展开。在这一时期，劳动教育主要通过对资产阶级的社会主义改造和提高无产阶级的科学文化水平进行，继而将劳动教育的实践不断推向深入。此后，我国办学形式的多样化更加鲜明，较具有代表性的是刘少奇同志在1958年提出的"两种教育制度""两种劳动制度"，始终强调教育为无产阶级的政治服务，着重突出劳动教育的政治属性和政治功能。进入改革开放新时期，高等教育与社会发展之间的关系变得更为密切，专业技能型人才成为众多学校的培养目标，将劳动教育寓于专业实践、实习中的范式得以延续。进入21世纪，国家对教育事业日益重视并给予重大制度关切，更加强调素质教育与人的全面发展，"重智育轻德育""重知识轻素质"等现象亟须破除。党和政府认为组织学生参与一定时间的生产劳动，是学校实现培养目标不可或缺的关键环节，能够确保学生掌握科学的专业技术与形成科学的劳动思想观念。近年来，世界正在经历前所未有之大变局，智能化浪潮席卷全球，"一带一路""人类命运共同体""创新驱动发展""智能智造"等倡议和战略也被正式提出与实施，这对劳动教育提出时代性高标准。劳动教育需要立足世界大局和国家发展全局，其育人价值也需要得到不断体现，内容需要不断丰富，形式也需要更多的创新。

二、基本原则：坚持问题导向，延展劳动教育功效

问题导向，即以解决问题为方向，少做与问题关联度不大，不做与问题无关的无用功。中国共产党成立以来，不同发展阶段的社会主要矛盾是社会进步亟须解决的问题，而劳动教育的发展历程也与主要矛盾息息相关，中国共产党始终能够抓住社会发展或现行劳动教育政策实施效果反馈中的关键问题，对劳动教育政策进行及时、科学的调整，不断延展劳动教育的育人实效。

新中国成立之前，面对工人阶级难以单独完成新民主主义革命任务这一难题，中国共产党开始思考、摸索如何调动一切积极力量形成统一战线。1925年，毛泽东在《中国社会各阶级的分析》一文中，对当时社会各阶级群体构成

及其对革命的态度进行了逐一分析，认为包括学生在内的小资产阶级是"最接近的朋友"。因此，运用"教劳结合"的手段激发学生的革命热情、形成统一战线。在劳动教育的影响之下，包括学生在内的小资产阶级能够对工人阶级力量形成科学的认识，自觉地团结在党的周围，为民主革命的胜利壮大阶级力量。

新中国成立初期面临诸多困难，一方面，存在继续解决民主革命遗留任务的难题；另一方面，社会主义道路和资本主义道路之间的矛盾、工人阶级和资产阶级之间的矛盾尚未解决。因此，继续完成新民主主义革命的遗留任务和恢复国民经济成为新中国的重点工作。出任新中国教育部第一任部长的马叙伦同志提出实行新教育，尤其要加强工农教育，帮助工农在文化上翻身，巩固人民民主专政，为建设工业化的新中国创造条件。因此，新中国的教育自伊始便将"为工农服务，为生产建设服务"纳入方针，逐步推动国家建设。1950年2月，时任教育部副部长的钱俊瑞同志在《当前教育建设的方针》中提出，"为工农服务，为生产建设服务，这就是当前实行新民主主义教育的中心方针"。尤其强调劳动教育的重要作用，鼓励人们进行劳动创造的积极性，广泛组织人民群众在劳动中改造自己和发展生产。

1956年底，国家对农业、手工业资本主义工商业的改造基本完成，在中共八大上，做出了当前社会主要矛盾已经是"人民对于建立先进的工业国的要求同落后的农业国的现实之间的矛盾，已经是人民对于经济文化迅速发展的需要同当前经济文化不能满足人民需要的状况之间的矛盾"的判断，这一主要矛盾的解决，需要不断提高社会生产力，继续发挥劳动教育的重要作用。1958年，毛泽东同志增添了教育必须与生产劳动相结合的内容，同年在《中共中央、国务院关于教育工作的指示》中，将"教育与生产劳动结合"正式确定为党的教育工作方针，以此思想为指导的劳动教育全面展开。

从1978年十一届三中全会开始，我们逐步对思想路线及各项工作进行拨乱反正，并将党和国家的工作重心聚焦到经济建设上来。在这一时期，我们认识到社会主义改造完成后，我们所要解决的主要社会矛盾是"人民日益增长的物质文化需要同落后的社会生产之间的矛盾"。随着邓小平同志明确了社会主义的本质首先是解放生产力和发展生产力的观点，这一时期突出教育是为发展生产力而服务的，强调劳动教育经济意义的发挥，不断提升现代化科学技术水平。1992年党的十四大正式提出建立社会主义市场经济体制的目标，生产资料所有制形式的变化也相应地要求分配制度进行变革，实行以按劳分配为主体、多种分配方式并存的分配制度。1993年，中共中央、国务院印发了《中国教育改革和发展纲要》，提出必须坚持教育为社会主义现代化建设服务，与生产劳动相结合，自觉地服从和服务于经济建设这个中心，促进社会的全面进步。[①]同时提出各级各类学校都要把劳动教育列入教学计划，加强劳动技能教育，逐步将劳动教育系列化、制度化。进入21世纪，我国顺应经济全球化的浪潮，经济建设水平不断提高，复杂劳动更多地代替简单劳动，劳动教育的发展迈上新的台阶。

随着生产力的发展和社会进步，中国特色社会主义进入新时代。新时代面对百年未有之变局，我国面临的国际形势日益复杂。新中国成立后，我国生产力水平发生质的改变，综合国力不断跃升。习近平总书记在党的十九大报告中提出，我国社会主要矛盾已经发生转化，即我国社会主要矛盾已经转化为人民日益增长的美好生活需要和不平衡不充分的发展之间的矛盾。新时代，劳动教育被赋予了更加丰富的内涵和意义，强调劳动教育的实施应与德育、智育、体育、美育相结合，与经济社会发展变化和学生生活实际相结合。

三、秉承理念：坚持以人为本，促进人的全面发展

社会发展和个人发展的真正统一，在于人的自由而全面的发展。从唯物史观的角度来看，"劳动创造了世界，劳动创造了历史，劳动创造了人本身"。马克思曾说："生产劳动同智育和体育相结合，它不仅是提高社会生产的一种方法，而且是造就全面发展的人的唯一方法。"[②]由此可见，劳动是人类社会赖以生存和发展的前提，教育与生产劳动的结合是造就全面发展的人的唯一方法。因此，劳动教育的直接目标是培养社会主义的建设者和接班人，最终实现人的自由而全面发展。

新民主主义革命时期的劳动教育以启迪民智、强健体魄、磨炼革命意志为主要特点。在早期的无产阶级革命运动中，革命力量中大部分是农民、城市小资产阶级和民族资产阶级，需要提高他们对无产阶级革命斗争的认识。1921年，在中国共产党第一次全国代表大会上确认的党的任务中，提出要成立工

---

① 中国教育改革和发展纲要（中发〔1993〕3号［EB/OL］.（2001-01-01）［2022-03-20］. https://www.docin.com/p-312680293.html.

② 马克思，恩格斯. 马克思恩格斯全集：第23卷［M］.北京：人民出版社，1972：530.

会，通过工会活动向人民灌输阶级斗争的思想。因此，全国范围内在革命根据地广泛开展了工读运动，通过半工半读、工读互助等形式，既学习了阶级斗争的理论，又为根据地建设和革命斗争提供了后备物资。通过这种为广大劳动群众易于接受的方式，唤醒了劳动群众的阶级觉悟，培养了大批革命斗争所需的人才。

1949年颁布的《中国人民政治协商会议共同纲领》明确指出，对于一般的反动分子、官僚资本家等，要求他们在劳动中改造自己，成为社会主义新人，并在第42条明确指出："提倡爱祖国、爱人民、爱劳动、爱科学、爱护公共财物为中华人民共和国全体国民的公德。"[①]由此可见，劳动既是改造人的手段，也成为个人必备的基本素养，为人的全面发展提供了教育指向。由于当时我国人民的整体文化水平相对较低，从颁布的《小学暂行规程（草案）》《中学暂行规程（草案）》《教育部关于实施高等学校课程改革的决定》等系列文件中可以看出，新中国成立初期，劳动教育主要以专业实习的方式在高等学校落实。随着国民经济的恢复发展和文化教育的广泛普及，教育部、共青团中央等部门通过组织多样化的活动，动员不能升学的中小学毕业生参加劳动生产活动，对其进行劳动教育，弥补了小学、中学、工农补习学校中无规范化劳动教育的缺失。此后，学校劳动教育更加注重课堂教学和课外实践的结合，劳动教育的开展形式愈加丰富，劳动教育体系也开始走向科学化，劳动教育开始作为人才培养的必要组成部分。

进入社会主义建设的初步探索阶段，此时仍有较多中小学毕业生无法顺利升学，且存在较为普遍的辍学现象。"教育供给和需求之间悬殊巨大，成为人民内部矛盾在教育领域的一个突出表现。"[②]为此，1957年毛泽东在最高国务会议第十一次（扩大）会议的讲话中提出，党和国家的教育事业，应使受教育者在德、智、体几个方面都得以发展，培养有社会主义觉悟的有文化的劳动者。这为国家的人才培养指明了方向，突出强调了劳动教育的重要性。此后，学校办工厂、半工半读，劳动人民知识化等热潮席卷全国，劳动教育与人的发展更加紧密地结合起来。

---

① 中国人民政治协商会议共同纲领［EB/OL］.（1949-09-29）［2022-07-20］. http://www.lscps.gov.cn/html/20990.

② 李庆刚. 正确处理人民内部矛盾探索中的制度创新［J］. 北京党史，2017（3）：5.

十一届三中全会后，生产力进一步解放和发展，人的发展也步入一个新的阶段。这符合人自身发展的需要，也顺应国家对人才培养的需求。1978年，邓小平同志在全国教育工作会议上指出，要在研究当前发展的新条件下，更好地贯彻教育与生产劳动相结合的方针，培养出社会主义建设需要的合格人才。在这一阶段，"'教育必须为社会主义建设服务'的说法正式取代了'教育必须与生产劳动相结合'的说法……常见的表述是'脑力劳动和体力劳动相结合、知识分子与工农群众相结合'"①，注重对脑力劳动的开发和智育的培育，对人的发展的全面性和均衡性提出更高要求。党的十八大以来，党中央对通过劳动教育培养肩负民族复兴大任的新时代青年寄予殷切期望。习近平总书记在同全国劳动模范代表座谈时指出："要通过各种措施和方式，教育引导广大青少年牢固树立热爱劳动的思想、牢固养成热爱劳动的习惯，为祖国培养一代又一代勤于劳动、善于劳动的高素质劳动者。"②由此可见，劳动者的综合素质和能力的提高与社会生活水平的进步息息相关。新时代的劳动教育包含了"实干兴邦"的劳动实践观、"民族复兴"的劳动发展观、"崇尚劳动"的劳动价值观、"热爱劳动"的劳动教育观等丰富内涵③，成为推动党和人民事业发展的思想武器，成为培养全面发展的时代新人的行动指南。

四、构建途径：坚持多元协调，在创新中寻求突破

从百年劳动教育演进历程中可以看到，中国共产党对劳动教育的探索，除了充分发挥党和政府的资源优势与多元智慧之外，越来越重视调动多元主体参与到构建和完善劳动教育体系之中。

新民主主义革命时期，劳动教育主要依靠学校、产业部门、社会主义青年团、工人大会等单位或组织负责开展。1925年第二次全国劳工大会通过的《工人运动的决议案》中，明确提出工人教育要促进工人阶级觉悟和斗争能力的提高；1934年通过的《中华苏维埃宪法大纲》中明确提出，苏维埃政权要保证广

---

① 李珂. 嬗变与审视劳动教育的历史逻辑与现实重构［M］. 北京：社会科学文献出版社，2019：70.

② 习近平. 习近平在同全国劳动模范代表座谈时的讲话［N］. 人民日报，2013-04-29（2）.

③ 李珂. 嬗变与审视劳动教育的历史逻辑与现实重构［M］. 北京：社会科学文献出版社，2019：78.

大劳苦群众受教育的权利。这一时期，开展劳动教育的"总农会""工人补习学校""工人俱乐部"等纷纷建立起来，以工农大会、田间讲习所等形式，奠定了早期劳动教育的雏形。

新中国成立以后，国家更加重视劳动教育的重要作用，由政府牵头，学校与工厂、车间等主要负责开展。1954年《中华人民共和国宪法》中明确指出，国家要特别关怀青年人的体力和智力的发展。1958年，中共中央、国务院在《关于教育工作的指示》中强调："今后的方向，是学校办工厂和农场，工厂和农业合作社办学校。学校办工厂和农场，可以自己办，也可以协助工厂和农业合作社办。学生可以在学校自办的工厂和农场中劳动，也可以到校外的工厂和农业合作社参加劳动。"①可以看出，劳动教育的实施以学校和社会单位为主体，组织形式和教育内容逐步规范化、系统化。

改革开放以后，开展劳动教育的组织更趋多元化，教育途径和内容更加丰富。劳动教育与学生专业、职业发展之间的关系日益密切，劳动的内涵与外延得到快速拓展，其所涉及的主体既包括政府层面的政策制定者、学校层面的管理者和一线教师，还包括社会层面的用人单位与实践单位。这一时期，劳动教育的开展仍以学校为主体，工厂农场、企业公司也提供了诸多实践平台；在内容上，强调提高学生的社会主义建设本领，除生产知识、专业技术的学习之外，还加入了职业技能、信息技术、第三产业知识和技能等内容。

党的十八大至今，劳动教育的发展实现了跨越式发展。劳动教育呈现出多元协同、系统共建的特点，更加注重顶层设计与基层落实相贯通，基础教育、职业教育、高等教育相统一，家庭、学校、政府、社会、个人"五位一体"相配合，德育、智育、美育、体育、劳育"五育并举"相协调；更加强调劳动教育学科建设的重要作用，积极健全全面发展的人才培养体系，支持学校组织学生参加力所能及的生产劳动、参与新型服务性劳动，使学生与普通劳动者一起经历劳动过程。从农业生产、手工业生产到专业实践，从勤工俭学、科研创新到产学研结合、开展公益活动，劳动教育的形式与内容不断推陈出新。

---

① 中共中央、国务院关于教育工作的指示 [J]. 北京师范大学学报（办学经验总结专号），1958（S1）：2.

第四章

新时代高校劳动教育的理论基础

第一节　马克思主义劳动教育观

　　劳动是马克思主义思想中一个极其重要的基础性和前提性范畴，马克思主义劳动教育观是在马克思主义劳动观的基础上形成的。马克思通过对资本主义生产关系下工人劳动异化的观察和批判，进一步揭示了劳动的本质，提出了将生产劳动与教育相结合的思想。马克思主义劳动教育观蕴含着科学内涵，它阐明了劳动教育是提高社会生产的一种方法、改造现代社会最强有力的手段、实现人的全面发展的唯一途径。马克思主义劳动教育观在新时代闪耀着更加璀璨夺目的真理光芒，为新时代劳动教育提供了根本的理论遵循。

一、马克思主义劳动教育观的逻辑进路

（一）前现代社会的劳动教育观理论源起

　　马克思主义劳动教育观源起于马克思对劳动本质的正确理解。然而"劳动"这一概念，并不是马克思首先提出的。早在古希腊时期，劳动就受到了西方思想家的关注。最初，劳动被认为是众神对人类降下诅咒和惩罚，劳动是人类所有活动中最低贱的，是奴隶阶层特有的职能，专为贵族阶层的物质生活需要服务。进入中世纪以后，劳动被赋予了"神性"，将劳动视作上帝的旨意，人通过劳动获得的越多，就更有机会实现自我救赎，从而进一步激发了人们的劳动热情，产生了巨大的社会效应。

　　进入资本主义时代后，劳动在生产生活中发挥着越来越重要的作用，逐渐

成为创造财富的重要手段。在此背景下，西方思想家、教育家们对劳动的态度发生了根本性的转变，劳动不再是卑贱的行为，而是创造财富的重要手段，甚或是人的本质的确证。法国资产阶级教育家卢梭在《爱弥儿》一书中谈到要消除人们对于劳动的偏见，就要对人们进行教育，劳动教育能够帮助社会弘扬尊重劳动之风，在劳动实践中人们感同身受，培养对劳动的情感。德国教育家夸美纽斯在《大教学论》中说，通过劳动实现教育理想时要注意适应自然秩序、适应人的本性和年龄特征等。劳动与教育相结合的思想慢慢被提上历史讨论范畴。19世纪上半叶，空想社会主义者看到资产阶级对工人和其他劳动者的残酷剥削，企图用改良主义的方法改变资本主义制度，并开始尝试将劳教结合思想付诸实践。比较具有代表性的如英国早期的空想社会主义者莫尔，他在《乌托邦》一书中谈道，每个人都不可避免地在学校和实际操作中学习劳作知识，不仅是观看其他人干活儿，而且要亲自实习。英国空想社会主义者欧文，希望通过教育与生产劳动相结合，改变当时不合理的社会关系，并为此进行教育实验，献出了毕生精力和全部财产。

西方哲学家关于劳动与教育结合的思想，提出了工人劳动和教育发展的不足之处，突出强调了劳动教育在教育中的重要地位。但由于受阶级和历史的局限，这些思想家、教育家对劳动的理解仍然是片面的，他们不了解教育与生产劳动相结合和现代生产及社会关系之间的内在联系，也不了解改造社会制度，铲除人剥削人制度的根本原因及其根本方法，并没有触碰到劳动的本质。空想社会主义者仅从资产阶级的人性、人道主义出发，幻想在不改变原有社会关系的条件下，通过教育与生产劳动相结合消灭体力劳动和脑力劳动的对立。其支持工人进行劳动教育的思想，归根到底是为了实现工人劳动创造价值和资产阶级利润的最大化，实际是用劳动教育掩盖"剥削"的本质，而忽视了劳动和人类发展的本质，并妄图用和平方式把资本主义社会改造成为社会主义社会，其结果只能是空想。

（二）马克思主义劳动教育观形成

1. 对空想社会主义劳动教育观的继承与批判

马克思的思想从许多方面受到黑格尔等西方哲学家、思想家的影响，在充分学习和分析了西方哲学家、思想家、教育家的思想后，他一方面辩证地吸取了"教育与生产劳动相结合"思想的合理内核；另一方面从历史唯物主义的角度更加深刻地剖析阶级斗争的现实状况，彻底否定了空想社会主义者以改良、和平方式改变劳动关系中的阶级对立和矛盾的设想，进一步突出"人"的本质和劳动价值，提出了共产主义视角下教育与生产劳动相结合的马克思主义劳动教育观，使劳动与教育相结合的思想由空想成为科学，由描述升华为理论。

2. 对"异化劳动"的揭露与批判

劳动的异化现象最早出现于统治者占有剩余劳动产品，付出与收获第一次出现了不平衡的时期。资本主义条件下劳动异化现象更严重，马克思一针见血地指出了资本主义生产关系下，劳动异化的弊端："工人生产的财富越多，他的产品的力量和数量越大，他就越贫穷。"①"物的世界的增值同人的世界的贬值成正比"②让劳动失去了原有的意义。劳动对劳动者来说是一种"自我牺牲、自我折磨的劳动"，是外在的东西，不属于他的本质，是劳动者生命的外化，不是人内在的必然需求，因此他在自己的劳动中否定自己，感到不幸福。在马克思看来，将教育与生产劳动相结合，能够促进工人阶级及其年轻一代的智力和体力都得到发展。与此同时，马克思还把教育与生产劳动相结合同改造现代化社会和建立社会主义与共产主义社会紧密联系起来，主张在资本主义条件下对工人阶级及其年轻一代宣扬教育与劳动生产结合，这样做"就会把工人阶级提高到比贵族和资产阶级高得多的水平"③，从而在根本上改变无产阶级被剥削的社会关系，让工人的劳动摆脱"异化"的圈缚，真正为人类自身发展服务。

综上，马克思主义劳动教育思想与资产阶级教育和空想社会主义者提出的教育与生产劳动相结合思想是有本质区别的。虽然马克思对劳动教育思想的概念内涵没有给予明确的结论性定义，但他在对资本主义社会进行批判分析、在探索建设社会主义与共产主义社会的理论论述中都涉及了劳动教育思想，这一思想是科学社会主义教育原理，是建设社会主义与共产主义社会的锐利思想武器，是社会主义与共产主义教育的一个根本原则，始终指导着无产阶级的教育实践。

---

① 马克思. 1844年经济学哲学手稿［M］. 北京：人民出版社，2000：51.
② 马克思，恩格斯. 马克思恩格斯全集：第42卷［M］. 北京：人民出版社，1979：90.
③ 马克思，恩格斯. 马克思恩格斯全集：第21卷［M］. 北京：人民出版社，2003：271.

二、马克思主义劳动教育观的科学内涵

（一）马克思主义劳动教育观的理论内核——历史唯物主义

1. 坚持从实践的角度理解人类劳动

从实践出发，以历史唯物主义的角度去认识世界是马克思主义思想的核心特征，站在求真求实的社会实践角度去分析人类劳动，理解劳动的本质与真谛，是马克思主义劳动教育思想的本质特点。马克思正是透过劳动认识世界、透过劳动认识人类和社会关系，通过对劳动的考察，"在劳动发展史中找到了理解全部社会史的锁钥"[①]，创立了历史唯物史观。"整个所谓世界历史不外是人通过人的劳动而诞生的过程，是自然界对人来说的生成过程。"[②]人的实践活动创造和生成了人的现实化世界，人在实践活动中建构起人的本质，实践活动实现了人的可能性。人通过实践创造出现实的世界，也只有在实践中才建构起以人为核心的种种关系，确立起人的主体性和主体能力。马克思认为要想真正把握现实的世界，就必须通过人的实践统一感性活动来理解。感性活动建立起了人与外在的对象性关系，展现和发展了人自身所具有的能力，人的劳动实践既具现实性的意义，又具备验证自身存在的根据，通过人自身感性活动与劳动实践的二重化，创造性地发展了自然界和社会关系，人的本质特性在于其实践性。"他们是什么样的，这同他们的生产是一致的——既和他们生产什么一致，又和他们怎样生产一致"[③]，人以自身的劳动和产品为中介，改变着外部世界和自身的存在。在此过程中，人不再屈从于自己的创造物与外部世界，而成为独立能动的主体，人的自然化和自然的人化在实践中得以完成。也正因如此，实践是人生存和发展的指向性原则，因而理解人的本质就要从人们的具体实践或劳动活动中来把握。

按照马克思对劳动教育思想的理解，知识来源于劳动实践，作为传播知识、建立感性认识的教育活动，必须通过人的劳动实践活动获得统一。正如马克思在《1844年经济学哲学手稿》中用劳动实践来规定"人的本质"的论述，开创了从现实的物质生产劳动出发来考察人类历史的路径，"哲学家们只是用

[①] 马克思，恩格斯.马克思恩格斯选集：第4卷［M］.北京：人民出版社，2012：265.

[②] 马克思，恩格斯.马克思恩格斯全集：第42卷［M］.北京：人民出版社，1979：131.

[③] 马克思，恩格斯.马克思恩格斯文集：第1卷［M］.北京：人民出版社，2009：520.

不同的方式解释世界，而问题在于改变世界"①。马克思的劳动教育思想实质上就是从实践观出发理解教育的本质，他认为实践构成了人们生存和发展的本源，教育则是一种体现生存方式的特殊的实践活动，劳动与教育相结合不仅能深化认识、提升技能，本身也是一种更高要求的社会实践。从这一意义上来说，劳动和教育本就是辩证统一、相辅相成、密不可分的关系，将劳动与教育结合是进一步提高社会生产力、了解与服务社会不可缺少的教育活动，更是造就全面发展的人的唯一方法，无论是脱离生产劳动的教学和教育，或是没有同时进行教学和教育的生产劳动，都不能达到现代技术水平和科学知识现状所要求的高度。②

2. 劳动教育是社会生产力发展的必然要求

资本主义机器大工业生产方式形成以前，人们从事农业劳作和手工业生产大都依赖劳动者个人的生产技艺和手工工具进行。这时的生产劳动只是规模很小的工农阶层的个体化劳动，不能形成大规模的社会化生产，生产劳动与教育处于相互分离的状态，社会生产力水平极为低下。人们在实际的生产劳动过程中不断积累并形成的生产技术和劳动经验也只是通过子承父业、师徒相授等方式代代相传，并没有上升到理论层面，形成系统、科学的生产理论。③随着机器时代的到来，人在劳动中的地位发生了改变，各种原本专业性的劳动被统一为机器流水线上的简单操作，彻底解构了工场手工业分工的技术和工艺基础④，社会化的生产劳动不再需要大量的简单劳动力，而是更加依赖先进的科学技术，生产方式的转变客观上也对工人提出了更高的要求。马克思指出，大工业要求"用适应于不断变动的劳动需求而可以随意支配的人，来代替那些适应于资本的不断变动的剥削需要而处于后备状态的、可供支配的、大量的贫穷工人人口"⑤。这就表明工人不能只具备单一的劳动技能，必须尽可能多方面地培养和发展自身的劳动技能，以适应现代工业的发展需要。所以，马克思认

① 马克思，恩格斯. 马克思恩格斯选集：第1卷［M］. 北京：人民出版社，2012：140.

② 刘媛媛. 马克思主义教育论著选读［M］. 长沙：湖南出版社，1991.

③ 崔延强，陈孝生. 马克思劳动教育思想及其当代价值［J］. 苏州大学学报（教育科学版），2022（1）：70.

④ 叶俊，崔延强. 马克思劳动解放思想的演进历程［J］. 西南大学学报（社会科学版），2019，45（4）：56-63.

⑤ 马克思，恩格斯. 马克思恩格斯全集：第44卷［M］. 北京：人民出版社，2001：561.

为对工人进行劳动教育是非常有必要的，"为改变一般人的本性，使它获得一定劳动部门的技能和技巧，成为发达的和专门的劳动力，就要有一定的教育或训练"①。只有这样，才能为现代工业造就符合其生产需求的劳动者，实现"人自身的生产"与"物质生活资料的生产"的有机结合，不断提高劳动效率和社会生产力。

3. 劳动教育是社会改革最强有力的手段

物质资料生产是人类社会赖以存在和发展的前提和基础，人在劳动生产过程中结成了初步的社会关系。因此，劳动实践特别是处于支配地位的物质资料的生产劳动实践决定着人类社会的历史，劳动关系的变化推动着整个社会的发展和变化。在资本主义生产资料私有制的条件下，劳动教育是避免工人阶级沦为资产阶级生产工具的"最必要的抵御之策"，是改造现代社会最强有力的手段。马克思认为，社会的教育观念和体系是由统治阶级的生产关系决定的，体现了统治阶级的意志。资本主义社会的教育便是如此，体现了资产阶级的意志。在马克思看来，私有制的生产关系决定了资产阶级对教育领域的垄断，工人阶级不可能和资产阶级一样享有平等的国民教育。而且，面对资本家的残酷剥削，许多工人家庭不得不出卖儿童劳动力来勉强维持生存。繁重的、艰难的、脱离教育的劳动造成了大量儿童智力上、身体上和道德上的缺陷，给工人阶级及其后代带来了巨大的灾难。马克思主义劳动教育思想就是要破除资本主义社会"劳心者治人，劳力者治于人"的神话，使教育不再是制造两个世界对立的天赋权利。马克思指出，劳动教育的首要目标就是儿童，儿童是工人阶级未来的希望，"工人阶级中比较先进的那部分人则完全懂得，他们阶级的未来，因而也是人类的未来，完全取决于新一代工人的成长"②。但是，儿童没有保护自己的能力，因而社会有责任保护儿童的健康成长。马克思主张将生产劳动与教育相结合，取消资本主义形式的儿童工厂劳动，让所有适龄儿童接受免费的公共教育，并对儿童按不同类别循序渐进地实施智力、体育和技术方面的培训。通过将生产劳动、体育和综合技术教育结合起来，工人阶级的水平就会比资产阶级和贵族的水平高得多，工人阶级就有能力去创造未来的美好生活。所以，马克思在《哥达纲领批判》中明确提出，"在按照不同的年龄阶段严格调节

---

① 马克思，恩格斯.马克思恩格斯全集：第44卷［M］.北京：人民出版社，2001：200.

② 马克思，恩格斯.马克思恩格斯全集：第21卷［M］.北京：人民出版社，2003：270.

劳动时间并采取其他保护儿童的预防措施的条件下，生产劳动和教育的早期结合是改造现代社会的最强有力的手段之一"①。在马克思看来，劳动教育能够唤起工人阶级的阶级意识，使工人阶级从消极抵御走向积极斗争，最终推翻资本主义社会，建立共产主义社会，实现社会的变革。②

（二）马克思劳动教育观的实质——人的全面发展

在马克思主义思想体系中，人具有非常重要的地位，是社会历史的现实出发点和最终落脚点。马克思立足于人的主体性和现实性，指出社会历史发展和人类文明进步的必然趋势是人的全面发展。马克思认为，劳动教育不仅是提高社会生产的一种方法，而且是实现人的全面发展的唯一途径。他曾寄语理想中的教育："未来教育对所有已满一定年龄的儿童来说，就是生产劳动同智育和体育相结合，它不仅是提高社会生产的一种方法，而且是造就全面发展的人的唯一方法。"③劳动教育的价值在于不仅要通过劳动满足生存的需要，满足支配自然界的需要，更应该通过劳动满足人们的需求状态，即满足一种理想性的价值，它是一种全方位、多层次的需求，也就是自我发展的需求。现代工业的分工特点造成了劳动的变换、工人的流动，人终身从事一种劳动职能的旧式分工将被瓦解，"承认劳动的变换，从而承认工人尽可能多方面的发展是社会生产的普遍规律，并且使各种关系适应于这个规律的正常实现"④，这就需要通过劳动教育培养能够从事不同劳动职能的全面人才，"用那种把不同社会职能当作互相交替的活动方式的全面发展的个人，来代替只是承担一种社会局部职能的局部个人"⑤。

人的全面发展主要表现在人与自然、人与社会、人与自身三个层面。第一，在人与自然层面，劳动是人类与自然界之间的物质、能量的交互活动，人类在对象化的劳动活动中生产和改造自然界。人在改造自然界，将"主体客体化"的同时，也改变了人自身，使"客体主体化"。可以说，劳动既创造了自

---

① 马克思，恩格斯. 马克思恩格斯文集：第3卷［M］. 北京：人民出版社，2009：448-449.

② 崔延强，陈孝生. 马克思劳动教育思想及其当代价值［J］. 苏州大学学报（教育科学版），2022（1）：67-74.

③ 马克思，恩格斯. 马克思恩格斯选集：第2卷［M］. 北京：人民出版社，2012：230.

④ 马克思，恩格斯. 马克思恩格斯全集：第44卷［M］. 北京：人民出版社，2001：561.

⑤ 马克思，恩格斯. 马克思恩格斯全集：第44卷［M］. 北京：人民出版社，2001：561.

然界，也创造了人本身，使自然界的生成和人的自我改变达成统一。马克思认为："劳动首先是人和自然之间的过程，是人以自身的活动来中介、调整和控制人和自然之间的物质变换的过程。"①按照马克思的解释，人本身是一种自然力的体现，这种自然力与自然界是相互对立的。但是，人为了维持自己的生命活动，不得不占有自然界，把自然界的物质变成自己的物质生产资料。因此，人通过劳动这种对象化活动，建立了人与自然之间的联系，运用人的自然力认识和改造自然，满足人的生产生活需要。第二，在人与社会层面，劳动是社会变革和人类自我革命的动力，是透析、理解一个社会生产关系的关键要素。在马克思的观点中，劳动不是单个人所固有的抽象的生产活动，在其现实性上，它是个人在一定社会形式中并借这种社会形式而进行的对自然的占有。也就是说，劳动不是独立于社会之外的，而是在一定的社会关系条件下进行的生产活动。但是，这种社会关系不是先验的存在物，而是人在劳动中结成的人与人之间的关系。自人类社会产生以来，社会生产关系始终是人在劳动过程中形成的最基础、最深沉、最持久的社会关系，它反映了一定的劳动生产力性质、状况和水平，为劳动提供环境和条件。因此，劳动是解开社会生产关系奥秘的"锁钥"，是促进人类社会进步的根本力量。马克思在《1844年经济学哲学手稿》中，就是从工人的生产劳动状况出发，分析和研究资本主义生产关系，揭露了私有制是资本主义制度的罪恶根源，指出扬弃异化劳动、消灭私有制是实现共产主义和人的全面发展的自由之路。第三，在人与自身层面，劳动是人类自身全面发展和获得"类本质"的自然权利。古典政治经济学家从资产阶级的利益出发，仅仅关注劳动与物质财富的创造，而并不关心劳动者本身。马克思站在无产阶级的立场上，强调劳动的真正目的不是创造物质财富，而是创造人自身，即人通过"自由自觉的活动"，"占有自己的全面本质"。马克思超越了古典政治经济学家狭隘的劳动观，将劳动提高到了"类本质"的高度，揭示了劳动是人特有的存在方式和本质活动。

在马克思看来，人在改造客观世界、创造人化自然的劳动过程中，不断展现人的本质力量，充分发挥"人自身的自然中蕴藏着的潜力"，从而实现自身的全面发展并获得"类本质"。因此，劳动作为人的本质活动，不仅生产了

---

① 马克思，恩格斯.马克思恩格斯全集：第44卷［M］.北京：人民出版社，2001：207-208.

自然界，而且更为重要的是赋予了人全面发展和获得"类本质"的自然权利。但是，资本主义生产关系剥夺了劳动者的天赋人权，割裂了劳动者与受教育的天然联系，劳动发生异化，劳动不再是劳动者实现自身全面发展和获得"类本质"的幸福活动，而是赤裸裸的被奴役。在资本主义现代工业的机械化生产体系中，劳动异化使人变成了被固定在机器上的一个"零部件"，人的脑力和体力被机器所束缚，人丧失了自由个性。"机器劳动极度地损害了神经系统，同时它又压抑肌肉的多方面运动，夺去身体上和精神上的一切自由活动。甚至减轻劳动也成了折磨人的手段。"①所以，在资本主义社会中，劳动一旦丧失强制性，将人人恨之，唯恐避之不及。

马克思认为，通过劳动教育可以使人认识到劳动的本义，培养和发挥人的主体性和积极性，摆脱机器对人的控制，消除劳动异化，实现人的自由个性的全面发展。按照马克思的观点，人和动物的本质区别在于，动物的生产是无意识的本能活动，人的生产则是有意识的自由活动。但是，异化劳动将人的有意识的自由活动变成了仅是满足人肉体生存需要的手段，造成了人与人的"类本质"相异化，人被贬低为动物。因此，必须通过劳动教育克服和超越异化，使人的"类本质"复归。也就是说，要通过劳动教育提高社会生产，实现物质财富和精神财富创造的极大丰富，逐步缩小体脑差距，最终消灭差距，即让劳动者身心协同发展，让劳动化为一种自觉自愿的非手段化活动，人在劳动中充分发挥自己的全部才能，实现人的本质的全面发展。

恩格斯指出："马克思的整个世界观不是教义，而是方法。它提供的不是现成的教条，而是进一步研究的出发点和供这种研究使用的方法。"②虽然自马克思主义劳动教育思想产生至今，社会环境、阶级状况、劳动形式等发生了天翻地覆的变化，尤其是数字化、信息化、智能化对劳动教育的价值、内容、形式提出了新的问题和挑战，但是，马克思主义劳动教育思想并没有过时，反而超越了历史时空的界限，在中国特色社会主义新时代闪耀着更加璀璨夺目的真理性光芒，为新时代劳动教育提供了根本的理论遵循。

①　马克思，恩格斯.马克思恩格斯全集：第44卷［M］.北京：人民出版社，2001：486-487.

②　马克思，恩格斯.马克思恩格斯选集：第4卷［M］.北京：人民出版社，2012：664.

第二节 中国共产党劳动教育理论

中国共产党成立后，毛泽东等中国共产党主要领导者在马克思主义劳动教育观的指导下，结合中国革命和建设的实际，继承了马克思主义劳动教育观，形成了中国共产党劳动教育理论，进一步丰富和发展了马克思主义劳动教育观。

一、毛泽东劳动教育观

毛泽东劳动教育观是毛泽东思想的重要组成部分，是毛泽东同志运用马克思主义世界观和方法论考察、论证劳动教育问题的科学体系。毛泽东劳动教育观植根中国文化土壤，坚持和发展了马克思"教育与生产劳动相结合"的思想精髓，其内容丰富、思想深远、独树一帜，对我们开展劳动教育具有重要的指导意义。

（一）以"培养全面发展的社会主义劳动者"为目的

毛泽东对马克思主义劳动教育观的继承是全面而彻底的，这首先就表现在坚持劳动教育的目的就是促进劳动者全面均衡发展。毛泽东对于培养和发展社会主义劳动者早就有了自己的思考。1921年，毛泽东在湖南创立了自修大学，在该大学的组织大纲就写道："本大学学友为破除文弱之习惯，图脑力与体力之平均发展，并求知识与劳力两阶级之接近，应注意劳动。"①明确指出学校应该注重理论联系实际，培养革命人才；要重视学生健全人格的培养，注重脑力与体力的平衡发展。确切地说，此时毛泽东十分渴望和追求人性解放，认为人是多方面发展的，学校应该均衡发展人才，而不是培养书呆子。土地革命时期，中央苏区开设了算数、自然、体语、手工、劳作等课程。毛泽东也对苏区的教学方法提出了新要求，希望他们在学习书本知识的同时，能积极参与实践，进而学习生产劳动知识。这一时期的教育更加注重学习与劳动的关系，注重让学生在劳动中接受新思想，培养良好的思维能力，并通过劳动锻炼身体、

---

① 中央文献研究室.毛泽东年谱（1893—1949）：上卷［M］.北京：中央文献出版社，2013：84.

增强体质，实现学生的全面平衡发展。抗日战争时期，毛泽东通过《整顿的作风》，指出了工农干部和知识分子片面发展的问题，同时，在《论联合政府》中也指出民族和封建的压迫束缚了人的个性发展。为此，毛泽东要求知识分子要成为完全的知识分子，积极参与生产劳动，与工人、农民打成一片，并在实践中不断完善自己发展自己。这是毛泽东对培养全面发展的社会主义劳动者的总体要求。

毛泽东对培养全面发展的社会主义劳动者的目标追求还体现在他对教育体系的探索中。一是坚持全面发展从儿童抓起。1931年，担任苏维埃政府主席的毛泽东提倡设立马克思主义大学、列宁小学，并强调各小学要重视劳动，并把劳动列入课程。探索通过劳动教育让学生在参与脑力劳动的同时不忘体力劳动，从而实现学生脑力与体力的平衡发展。1958年，毛泽东在《教育必须与生产劳动相结合》中指出："我们所主张的全面发展，是要使学生得到比较完全的比较广博的知识，发展健全身体，发展共产主义道德。"①毛泽东认为儿童是祖国的未来，应该注重儿童的教育，应该鼓励儿童参与劳动，在劳动中增长见识、锻炼身体，发展共产主义情操。二是注重半工半读、勤工助学。一直以来，毛泽东都提倡半工半读的学习模式，早在1918年，毛泽东便计划与一些志同道合的同学以岳麓山为试点，建立一个半工半读、平等自由的新社会，提倡在学习之余，自己挑水、做饭，自给自足。新中国成立后，1958年刘少奇在全国各地试办勤工俭学、半工半读学校，这一做法也得到了毛泽东的认可，全国各地掀起了半工半读的热潮。半工半读的学习形式是毛泽东在中国革命建设过程中对劳动教育的大胆探索和实践，它不仅让学生在学习过程中培养了良好的劳动精神和品质，同时也解决了当时贫困的经济形势下，国家对人才和劳动力需求的问题，为中国革命和建设事业的成功发挥了重要作用。

（二）以"教育与生产劳动相结合"为手段

坚持"教育与生产劳动相结合"是毛泽东劳动教育观的核心要素和实现途径。毛泽东所提倡的"教育与生产劳动相结合"的实质就是把知识分子与工农结合起来。即鼓励知识分子走到群众中去，转化他们的思想，进而实现"知识分子劳动化"。与此同时，要为劳动人民提供更多接受教育的机会，提高他们的文化水平，实现"劳动人民知识化"。

---

① 毛泽东.毛泽东文集：第7卷［M］.北京：人民出版社，1999：399.

1. 提倡"知识分子劳动化"

通过研究毛泽东教育理论不难发现，毛泽东始终鼓励知识分子参与劳动，参加生产实践。在毛泽东看来，知识分两类，一类是书本知识，一类是实践知识。只有同时具备这两类知识，才是真正的知识分子。知识分子只有参加生产劳动，才能将知识与实践结合，实现真正的蜕变。

毛泽东关于"知识分子劳动化"理论的实践探索首先可以追溯到他与何叔衡、易礼容创办的湖南自修大学。毛泽东要求学校里的知识分子不能只顾学习，也应该积极参加劳动。学校还配套了园艺、印刷、铁工等教学项目，学生要完成相应的劳动量。1939年，毛泽东为中国人民抗日军政大学题词"一面学习，一面生产"，要求学员半天来校学习，半天在家接受劳动教育，开展生产运动，既要握得住笔杆子，也要挥得动锄把子。鼓励学员积极开荒种地、炼铁铸器，为抗战提供物资支持。

1946年，毛泽东的儿子毛岸英从苏联大学学成归来，毛泽东果断将他送到陕北农村，并叮嘱他"你在苏联大学毕业了，但学到的只是书本上的知识，只是知识的一半，这是不完全的。你还需要上另一个大学，去学另一半知识。这个大学中国过去没有，外国也没有，它就叫'劳动大学'"[①]。新中国成立后，毛泽东对知识分子劳动化的要求不断提高。他在《关于正确处理人民内部矛盾的问题》中告诫我们，知识分子应该和工人、农民打成一片，并要求知识分子服从国家安排，上山下乡，接受"再教育"。自此，在全国上下掀起了知识分子参加体力劳动的热潮。

总的来看，"知识分子劳动化"的指导思想，推动了知识分子与工农结合，使知识分子将书本上的知识应用到生活的实际当中，既拓展了知识面，又进行了劳动锻炼，最终成为一个有知识、有文化的劳动者。这也成为知识分子改造世界观和学习实际技术知识的重要途径，有效推动了中国革命建设的进程。

2. 提倡"劳动人民知识化"

劳动教育，不仅包括让受教育者参与劳动，也包括了让劳动人民接受教育。毛泽东始终将人民利益放在首位，认为人民是中国道路成功的关键，对普通劳动人民的教育更加必要。

作为劳动人民出身的毛泽东，对劳动者有着天然的尊重和重视。由于中

---

① 金冲及.毛泽东传（1893—1949）[M].北京：中央文献出版社，2004：777.

国的革命现状，在土地革命之前，受教育的权利掌握在地主阶级手中，中国劳动人民绝大多数都是文盲，这大大限制了他们接触先进知识、改变落后思想，不利于革命的成功和社会的进步。为改变这一状况，在苏维埃政权成立后，毛泽东在苏维埃政府宪法大纲中规定：在条件允许的范围内，要实现完全免费的普及教育，并强调用一切办法来提高工农的文化水平。同时还鼓励多种形式办学，创办了以扫盲为目标的夜校、识字班、俱乐部等。此外，毛泽东还提出要重视劳动人民子女的教育。1930年，闽西第一次工农代表大会就提出，6到14岁的男女应该入学读书，父母不能以任何理由阻止。1934年，又进一步将这项措施写入了文件中，出台了《中华苏维埃共和国小学制度暂行条例》，要求保证劳动工农的子女可以接受免费的义务教育，同时明确工农及其子女享受教育的优先权，为劳动人民子女接受教育提供了有力保障。随着工农群众教育的开展，农民慢慢掌握了更多的文化知识、科学技能，具备了更高的文化水平，思想意识有了很大提高，也因此提高了生产效率。

综上，在毛泽东的坚强领导下，中国共产党不仅将"教育与生产劳动结合"作为满足战争需要的手段，而且把劳动教育当成革命的"武器"，并通过劳动实践来改造人们的思想，培养了一大批有理想、爱劳动的知识分子与领导干部，为解放战争的最后胜利奠定了坚实的物资与人力资源基础。

（三）以"教育为无产阶级政治服务"为根本

毛泽东始终认为教育应该与政治结合起来，并提倡教育应该为无产阶级政治服务。毛泽东重视劳动教育的作用，坚持以"劳动教育与生产劳动相结合"的教育思想为核心制定中国共产党教育方针，归根结底在于用共产主义精神来教育广大劳苦民众，在于以文化教育为革命斗争和无产阶级斗争服务。毛泽东对旧中国的教育制度进行改革，改变原来呆板、不切合实际的教育模式，倡导新学风，把劳动教育视为实现社会主义理想的重要手段，使劳动教育为社会主义政治经济发展服务，并取得了显著成就。如1957年毛泽东在谈论知识分子问题时指出，我们的国家现在还是一个很穷的国家……理想境界的实现还要靠我们的辛勤劳动[①]；知识分子应该明白教育是为无产阶级政治服务，学校要办工厂，工厂要与学校联系起来，学生应该积极参与劳动，从而实现"学校是工

---

① 毛泽东.毛泽东文集：第7卷［M］.北京：人民出版社，1999：226.

厂，工厂也是学校"[①]。进一步明确了劳动教育是为无产阶级教育服务的思想。

此外，毛泽东提出培养"又红又专"的人才，要求教育不仅要重视知识，更要重视对政治思想的教育。1958年毛泽东在《工作方法六十条》中对"又红又专"进行了论述，"红"是讲政治，"专"是指技术或业务。毛泽东在《关于正确处理人民内部矛盾的问题》中也指出："不论是知识分子，还是青年学生，都应该努力学习。除了学习专业之外，在思想上要有所进步，政治上也要有所进步，这就需要学习马克思主义，学习时事政治。没有正确的政治观点，就等于没有灵魂。"[②]要求知识分子通过学习和劳动提高思想认识和政治觉悟。这一人才培养方针，是劳动教育为政治服务的基本要求，为中国革命和建设的胜利奠定了基础。

二、邓小平的劳动教育观

党的十一届三中全会以后，中国进入社会主义现代化建设的历史新时期。为培养适应改革开放潮流的新型社会主义人才，邓小平基于中国改革开放以后社会主义建设新实践，在继承马克思主义劳动价值观的基础上，进一步提出了科学技术是第一生产力、尊重知识和尊重人才的劳动思想。

（一）劳动教育发展要同国民经济发展要求相适应

作为我国改革开放事业的总设计师，邓小平从社会主义改革开放的战略全局和国际大背景下去审视教育，不仅继续强调教育与生产劳动相结合对改造社会生产关系的政治效能，而且特别重视其对发展社会生产力的经济效能。1978年，邓小平在全国教育工作会议上指出，学校是为社会主义建设培养人才的地方，教育事业必须同国民经济发展的要求相适应，进一步明确了新时期的教育任务。对在新的条件下如何贯彻教育与生产劳动相结合，以更好地服务于社会主义现代化建设，邓小平提出了一系列要求，归纳如下：第一，为适应现代经济和技术的迅速发展，教育与生产劳动结合的内容、方法上要不断有新的发展；第二，对学生参加劳动的具体安排要与其未来所从事的职业相适应；第三，要根据当前及未来需求有计划地培养社会主义建设的专家和劳动后备军；第四，要合理设置各级各类学校的比例，扩大农业中学、中等专业学校、技工

---

① 毛泽东.毛泽东同志论教育工作［M］.北京：人民教育出版社，1958：45.

② 毛泽东.毛泽东文集：第7卷［M］.北京：人民出版社，1999：226.

学校的比例；第五，要增加新的行业，服务于"四个现代化"，教育规划要与国家的劳动计划结合起来。自此，劳动教育发展有了更明确的目标与规划，劳动教育与生产劳动相结合有了更具体的发展思路与要求，劳动教育开始走上制度化的轨道。

（二）将劳教结合纳入教育改革发展模式中

邓小平紧密结合中国实际，使教育与生产劳动相结合的思想在改革开放的新形势下获得了极大发展，实现了历史的超越。主要表现在：一是把教育与生产劳动相结合纳入"教育—科技—经济"协调发展的社会整体发展模式中。正如他所说："我们要实现现代化，关键是科学技术要能上去。发展科学技术，不抓教育不行。"[①]二是从"教—产"到"产—教"双向结合的角度，完善了教劳结合的内容和形式。邓小平不仅要求"在教育与生产劳动结合的内容上、方法上不断有新的发展"[②]，要求"各级各类学校对学生参加什么样的劳动，怎样下厂下乡，花多少时间，怎样同教学密切结合，都要有恰当的安排"[③]，还要求"国家计委、教育部和各部门，要共同努力，使教育事业的计划成为国民经济的一个重要组成部分"[④]。同时，以教劳结合为突破口带动了教育思想、教育体制、教育结构、教育内容和方法等一系列的改革，取得了令世人瞩目的成就。

（三）秉承"科学技术是第一生产力""尊重知识、尊重人才"思想

马克思认为，生产力中也包括科学，社会劳动生产力首先是科学的力量。改革开放以后，邓小平继承马克思主义劳动价值观，坚持人的全面发展要求，强调劳动的发展价值，多次论述"科学技术是第一生产力"的重要思想，强调科学技术在社会发展中发挥着重要作用。他指出，现代科学技术的发展，使科学与生产的关系越来越密切。科学技术作为生产力，越来越显示出巨大的作用。他指出，马克思讲过科学技术是生产力，这是非常正确的，现在看来这样说可能不够，恐怕是第一生产力。现代社会的发展越来越证明了科学与生产的密切关系，社会生产力的发展，劳动生产率的提高，最主要的是靠科学的力

---

① 邓小平. 邓小平文选：第2卷［M］. 北京：人民出版社，1994：40.

② 邓小平. 邓小平文选：第2卷［M］. 北京：人民出版社，1994：107.

③ 邓小平. 邓小平文选：第2卷［M］. 北京：人民出版社，1994：107.

④ 邓小平. 邓小平文选：第2卷［M］. 北京：人民出版社，1994：108.

量，科学技术在生产中越来越重要的作用决定了从事科学研究的脑力劳动者在社会上将发挥越来越大的作用。

对于科学技术人员的劳动，邓小平指出，不论脑力劳动、体力劳动，都是劳动。从事脑力劳动的人也是劳动者。将来，脑力劳动和体力劳动更分不开来。要重视知识，重视从事脑力劳动的人，要承认这些人是劳动者。可见，邓小平对掌握科学技术知识的劳动者高度认同。他强调，一定要在党内造成一种空气：尊重知识，尊重人才。要反对不尊重知识分子的错误思想。只有尊重知识、尊重人才，大力发展生产力，才能消除两极分化，最终实现共同富裕。为此，必须提高知识分子的劳动待遇，改善其工作环境，以调动其劳动的积极性，从而提高劳动效率，促进经济社会发展。1978年，邓小平在全国教育工作会议上提出："为了培养社会主义建设需要的合格的人才，我们必须认真研究在新的条件下，如何更好地贯彻教育与生产劳动相结合的方针。"①自此，围绕人的全面发展的终极目标，"素质教育"的教育理念应运而生，劳动教育也在素质教育的全面实施中得以创新。在素质教育的倡导下，党和国家坚持教育与生产劳动相结合的教育方针，很好地将体力劳动与脑力劳动、道德教育与专业教育、素质能力教育与知识教育进行了有效结合。1983年9月，邓小平为北京景山学校题词，提出"教育要面向现代化，面向世界，面向未来"。"三个面向"的提出为新时期人才培育提供了方向指引。1985年5月，中共中央发布《关于教育体制改革的决定》，正式确立了新时期的教育方针，标志着我国教育进入培养开拓进取的新型人才的全新教育格局，人才的培养更加注重综合素质和思想观念的培育，劳动教育开始服务于高科技产业发展。

邓小平关于"科学技术是第一生产力""尊重知识、尊重人才"的思想，是对马克思主义劳动价值理论的创新性发展，对提高全民族的科学文化水平，大力发展科学技术，促进科学技术进步有着重要意义。

三、江泽民的劳动教育观

随着改革开放的不断深入和经济发展水平的不断提高，党和国家对劳动教育的重视和投入程度进入了一个更高阶段。江泽民同志在全国科技大会上第一次提出，"科教兴国"应作为国民经济和社会发展的重要战略。此后，党和国家

---

① 邓小平. 邓小平文选：第2卷［M］. 北京：人民出版社，1994：107.

围绕这一战略做出了一系列工作部署，将劳动教育融于高新产业技术创新教育的全过程。

1994年的全国教育工作大会上，江泽民就曾指出："教育与生产劳动相结合是坚持社会主义教育方向的一项基本措施。""事实证明，如果只是让学生关起门来读书，不参加劳动，不接触社会实践，不了解工人农民是怎样辛勤创造社会财富的，不培养劳动人民感情，是不利于他们健康成长和全面发展的。"[①]这是党中央第一次将劳动教育上升到方向问题的高度。为落实好教育与生产劳动相结合的原则，江泽民要求"要从几个方面做好工作。一是学校要结合自己的实际情况把这件事列入教学计划，统筹安排。二是各级教育部门要进行具体指导和督促检查。三是各级党委和政府要加强领导。四是有关方面要积极支持和配合，为学生参加生产劳动提供必要条件"[②]，为学校如何开展劳动教育指明了路径方向。2000年2月，江泽民强调指出："各级各类学校，都要认真贯彻执行教育为社会主义事业服务，教育与社会实践相结合的方针。"[③]自此，学校教育中的劳动教育形式开始由以往的"劳动技术教育"课变为"社会实践"课。

面对知识经济时代的来临，信息化时代的到来，江泽民在党的十六大报告中指出："一切为我国社会主义现代化建设做出贡献的劳动，都是光荣的。"从"一切劳动为经济建设服务"到"为社会主义现代化建设而劳动"，这不仅是提法上的不同，更是结合当时社会条件做出的创新性改变。报告还指出，必须尊重劳动、尊重知识、尊重人才、尊重创造，这要作为党和国家的一项重大方针在全社会认真贯彻。"四个尊重"充分体现了中国共产党在新时期、新形势下对劳动、知识、人才和创造在社会主义建设中的重要作用的重视，是对马克思主义劳动思想的创新性发展。这"四个尊重"是相互联系的统一整体。其中，尊重劳动是基础和根本，尊重知识、尊重人才、尊重创造，其实就是尊重知识性、创造性人才的劳动，与尊重劳动具有内在的本质上的一致性，是尊重劳动的必然要求。全面贯彻"尊重劳动、尊重知识、尊重人才、尊重创造"的方针，尊重和保护一切有益于人民和社会的劳动，有利于调动劳动者的积极性，不断增强全社会的创造活力。

① 江泽民.江泽民文选：第1卷［M］.北京：人民出版社，2006：372.
② 江泽民.江泽民文选：第1卷［M］.北京：人民出版社，2006：373.
③ 江泽民.关于教育问题的谈话［N］.光明日报，2000-03-01（01）.

基于经济全球化的时代背景以及当时我国社会经济、文化方面出现的新情况，江泽民在继承马克思主义劳动价值观的基础上，进一步提出"坚持教育与社会实践相结合"的思想。他指出，"象牙塔"式的教育不能适应当今时代的需要，教育同经济、科技、社会实践越来越紧密的结合，正在成为推动科技进步和经济、社会发展的重要力量。通过教育与社会实践的结合，使学生树立正确的劳动观念，养成良好的劳动习惯，成为德智体美等方面全面发展的社会主义建设者和接班人。

四、胡锦涛的劳动教育观

进入21世纪，社会主义新时期出现了新情况和新任务，胡锦涛秉承与时俱进和求真务实的精神，在继承毛泽东、邓小平和江泽民劳动价值观的基础上对新时期劳动的特点做出了新的概括。

胡锦涛指出，"在我们社会主义国家中，尤其要使热爱劳动、勤奋劳动、尊重劳动、保护劳动蔚然成风"[①]。党的劳动教育政策的制定更加注重劳动教育价值导向和育人导向，劳动教育的首要任务是使人们在思想上对劳动有认同感，在社会上形成促进劳动的良好社会风气，人们只有意识到劳动的重要性，才能更加主动地去参与劳动活动。随着我国改革开放的深入、经济的迅速发展以及利益格局的深刻调整，社会上的不和谐因素日益突出，特别是劳动光荣的观念在社会中不断被消解，一些人认为从事体力劳动的人地位低下，一些人总是幻想着不劳而获等，这些现象对青少年学生也产生了严重的影响。2006年3月4日，胡锦涛在参加全国政协十届四次会议民盟民进联组讨论时发表讲话，将"以辛勤劳动为荣，以好逸恶劳为耻"列入社会主义荣辱观，目的是倡导辛勤劳动的社会美德、引导人们树立劳动光荣的观念。2010年4月27日，胡锦涛在全国劳动模范和先进工作者表彰大会上进一步强调：在我们社会主义国家，一定要在全社会大力培育和弘扬劳动光荣、知识崇高、人才宝贵、创造伟大的时代新风，让全体人民特别是广大青少年都懂得并践行劳动最光荣、劳动者最伟大的真理。[②]这次讲话把对劳动的认识提高到新高度，利于在全社会营造劳动光

---

① 胡锦涛. 在2005年全国劳动模范和先进工作者表彰大会上的讲话 [N]. 人民日报，2005-04-30（02）.

② 胡锦涛. 在2010年全国劳动模范和先进工作者表彰大会上的讲话 [M]. 人民出版社，2010：12.

荣、创造伟大的社会氛围，对培育热爱劳动、尊重劳动的价值观念，推动形成良好社会风气，构建社会主义和谐社会具有重要意义。

以劳动践行使命，用双手开创未来。劳动是中华民族得以生生不息的灵魂支柱，也是中国人民的美德。中国人民在中国共产党的带领下，干革命、搞建设、抓改革，付出了艰辛的劳动，用汗水和鲜血书写了中华民族灿烂的篇章。而这些辉煌的成就与中国共产党顺应时代潮流、开展符合时代特点的劳动教育是密不可分的。中国特色社会主义进入新时代，中国共产党站在历史经验和现实需要的高度，审时度势地修改、完善政策，使劳动教育得以持续焕发生机和活力。

五、习近平新时代关于劳动教育的重要论述

党的十八大以来，习近平赓续马克思劳动教育观，汲取了中华优秀传统文化蕴含的劳动思想，传承了中国共产党历代领导人的劳动教育观，将劳动教育纳入培养社会主义建设者和接班人的总体要求之中，围绕劳动教育发表了一系列重要讲话，拓展了马克思主义劳动教育理论的范畴，丰富了马克思主义劳动教育理论中国化的时代内涵，为推进新时代劳动教育指明了方向。

（一）劳动教育的核心议题是培养劳动价值观

劳动价值观是劳动者对劳动的根本看法，直接决定着劳动者对于劳动的价值判断和价值选择[①]。能否培养正确的劳动价值观，关系到劳动教育整体目标任务的实现，是衡量劳动教育得失成败的重要指标。习近平总书记在多个场合强调培养正确劳动价值观的重要性。他在全国教育大会上强调："教育引导学生崇尚劳动、尊重劳动，懂得劳动最光荣、劳动最崇高、劳动最伟大、劳动最美丽的道理，长大后能够辛勤劳动、诚实劳动、创造性劳动。"[②]基于此，新时代劳动教育就是要让全社会特别是青少年学生认识劳动的价值，养成辛勤劳动、热爱劳动、诚实劳动、创造性劳动的良好品质，形成正确的劳动价值观。

一是教育引导全社会和青少年树立崇尚劳动、尊重劳动的价值观。

2015年，习近平在庆祝"五一"国际劳动节暨表彰全国劳动模范和先进工

① 刘向兵，新时代高校劳动教育的新内涵与新要求——基于习近平关于劳动的重要论述的探析［J］.中国高教研究，2018（11）：18.

② 习近平在全国教育大会上强调坚持中国特色社会主义教育发展道路 培养德智体美劳全面发展的社会主义建设者和接班人［N］.人民日报，2018-09-11（01）.

作者大会上指出:"全面建成小康社会,进而建成富强民主文明和谐的社会主义现代化国家,根本上靠劳动、靠劳动者创造。因此,无论时代条件如何变化,我们始终都要崇尚劳动、尊重劳动者,始终重视发挥工人阶级和广大劳动群众的主力军作用。""在我们社会主义国家,一切劳动,无论是体力劳动还是脑力劳动,都值得尊重和鼓励;一切创造,无论是个人创造还是集体创造,也都值得尊重和鼓励。全社会都要贯彻尊重劳动、尊重知识、尊重人才、尊重创造的重大方针,全社会都要以辛勤劳动为荣、以好逸恶劳为耻,任何时候任何人都不能看不起普通劳动者,都不能贪图不劳而获的生活。"①这些重要论述既是对中华民族崇尚劳动品质、劳动价值观的继承和发扬,也丰富了新时代的劳动价值观的内涵,是劳动教育首先要关注的核心议题。

二是要教育和引导全社会和青少年树立劳动最光荣、劳动最伟大的价值观。

劳动是人类的本质活动,劳动光荣、创造伟大是对人类文明进步规律的重要诠释。2013年,习近平总书记来到全国总工会机关,同全国劳动模范代表座谈时指出:"必须树立劳动最光荣、劳动最崇高、劳动最伟大、劳动最美丽的观念,让全体人民进一步焕发劳动热情,释放创造潜能,通过劳动创造更加美好的生活。"②劳动创造了中华民族,造就了中华民族的辉煌历史,也必将创造出中华民族的光明未来。

2018年4月30日,习近平总书记在给中国劳动关系学院劳模本科班学员回信时再次指出:"劳动最光荣、劳动最崇高、劳动最伟大、劳动最美丽。"在全社会和广大青少年中进一步倡导新时代的劳动价值观。

三是要教育和引导全社会和青少年坚守辛勤劳动、诚实劳动、创造性劳动的价值观。

人民创造历史,劳动开创未来。劳动是推动人类社会进步的根本力量。习近平总书记指出:"幸福不会从天而降,梦想不会自动成真。实现我们的奋斗目标,开创我们的美好未来,必须紧紧依靠人民,始终为了人民,必须依靠辛勤劳动、诚实劳动、创造性劳动。"③辛勤劳动、诚实劳动与创造性劳动相互联系、相互促进。辛勤劳动是诚实劳动和创造性劳动的前提条件和基础因素,每

---

① 习近平. 在庆祝"五一"国际劳动节暨表彰全国劳动模范和先进工作者大会上的讲话[N]. 人民日报,2015-04-29(02).

② 习近平. 在同全国劳动模范代表座谈时的讲话[N]. 光明日报,2013-04-29(02).

③ 习近平. 在同全国劳动模范代表座谈时的讲话[N]. 光明日报,2013-04-29(02).

一位劳动者都应该秉持最基本的劳动态度进行劳动。诚实劳动是辛勤劳动和创造性劳动的道德要求和内在规范，每一位劳动者都应遵守劳动契约精神。创造性劳动是新时对代劳动者提出的更高要求，每一位劳动者都应该把提高劳动创造能力作为事业发展的更高追求。①

（二）劳动教育的目标指向是培养劳动素养

劳动教育的目标关乎接受劳动教育的学生所应养成的劳动素养。劳动教育不仅要求青少年形成积极主动的劳动价值观，而且要以劳动素养的淬炼为实践的目标导向。

劳动者素质的高低是影响社会生产力发展的重要因素。"劳动者的知识和才能积累越多，创造能力就越大。提高包括广大劳动者在内的全民族文明素质，是民族发展的长远大计。"②在中国政法大学考察时习近平总书记指出："中国的未来属于青年，中华民族的未来也属于青年。青年一代的理想信念、精神状态、综合素质，是一个国家发展活力的重要体现，也是一个国家核心竞争力的重要因素。"③劳动素养是青年一代综合素质的重要组成部分，中华民族伟大复兴的中国梦需要包括青年一代在内的全体中国人民的共同努力，个人劳动素养发挥着十分重要的基础性作用。习近平强调："特别是要加强对广大青少年的教育，让他们从小就树立起辛勤劳动、诚实劳动、创造性劳动的观念，不要养成贪吃懒做、好逸恶劳、游手好闲、投机取巧、坐享其成等错误观念。"④由此可见，习近平总书记十分重视青少年的劳动教育，希望青少年能树立正确的劳动价值观，发展综合劳动素养。

（三）劳动教育的价值定位是实现个人发展和中华民族伟大复兴的有机统一

习近平关于劳动教育的重要论述从价值维度系统回答了劳动教育的时代意义。劳动教育积淀着为中华民族谋复兴的伟大梦想，承载着为社会主义事业而奋斗的崇高理想，传递着为个人谋发展的人文情怀。在家国梦和个人梦耦合交

---

① 刘芳芳，吴琼. 习近平关于劳动教育重要论述的思想内涵与时代价值［J］，内蒙古社会科学. 2021（3）：9-14.

② 习近平. 在庆祝"五一"国际劳动节暨表彰全国劳动模范和先进工作者大会上的讲话［N］.光明日报，2015-04-29（02）.

③ 中共中央文献研究室. 习近平关于青少年和共青团工作论述摘编［M］.北京：中央文献出版社，2017：9.

④ 习近平. 在同全国总工会新一届领导班子成员集体谈话时的讲话［N］.人民日报，2013-10-23（1）.

织、民族未来与个人命运紧密联系的时代境况中，劳动教育彰显出深远持久的时代价值。①

我国教育历来将培养德智体美劳全面发展的社会主义建设者和接班人、培养全面发展的人作为根本目的。虽然劳动教育具有多维价值属性，但为个人发展淬炼德智体美劳并举的综合育人性始终是其本质属性。《意见》指出："劳动教育是国家教育体系的重要内容，是学生成长的必要途径，具有树德、增智、强体、育美的综合育人价值。"②习近平劳动教育观突出强调"德智体美劳"五个方面既发挥各自独特的功能，又在育人方面同向发力、不可偏废。德育重在立德树人，突出意识形态功能，培育理想信念、思想品德、文化传统等；智育旨在教育引导学生求真理、悟道理、明事理，包含以劳增智、劳智融合，达至心灵手巧；体育旨在教育引导学生积极参与体育锻炼，树立生命至上、健康为先的教育理念，强健学生体魄，包含以劳强体、劳体并进；美育旨在以美育人、以美化人，提升审美能力，提高审美水平，包含以劳育美、劳美俱进。"德智体美劳"虽然功能各异，却又相互联系、互为一体。其中劳动教育对于德智体美的每一个方面及其整体性提升都至关重要。显然，习近平劳动教育观为实现这样的劳动教育境界提供了基本遵循，只有以习近平劳动教育观为遵循，才能实现高质量的劳动教育，才能将劳动教育有效融入树德、增智、强体、育美的全过程。③

习近平在全国教育大会上强调："要努力构建德智体美劳全面培养的教育体系，形成更高水平的人才培养体系。"④劳动教育不仅是实现培养目标的途径，而且其本身就是教育的重要内容，是教育培养体系的重要构成部分，体现了习近平总书记对培养全面发展的人过程中，对德智体美劳教育相互融合、相互促进关系的准确把握。劳动教育成为全面培养的教育体系的重要组成部分，破解了我国劳动教育长期缺位的局面，有助于受教育者真正实现德智体美劳的全面

---

① 段晋云，韩升. 习近平关于劳动教育重要论述的生成逻辑、科学内涵与实践路径 [J]. 邓小平研究，2022（3）：24.

② 中共中央 国务院关于全面加强新时代大中小学劳动教育的意见 [EB/OL].（2020-03-20）[2022-08-09]. http://www.gov.cn/zhengce/2020-03/26/content_5495977.htm.

③ 李仙娥. 习近平劳动教育观研究 [J]. 理论学刊，2022（3）：15.

④ 习近平在全国教育大会上强调坚持中国特色社会主义教育发展道路 培养德智体美劳全面发展的社会主义建设者和接班人 [N]. 人民日报，2018-09-11（01）.

发展。这对回归教育本质，更好地发挥劳动教育的综合育人价值，具有深远影响。培养能承担中华民族复兴重任的时代新人是新时代劳动教育的重要使命。

劳动教育必须坚持为党育人、为国育才的价值导向。习近平指出，"要坚持社会主义办学方向，把立德树人作为教育的根本任务"，要"在加快推进教育现代化的新征程中培养担当民族复兴大任的时代新人"①。这既是百年来中国共产党伟大奋斗的目标指向，也是劳动教育的主旨所在。习近平总书记高度重视劳动教育对广大青年家国情怀和民族抱负的塑造作用，对劳动教育工作做出了一系列的重要论述和重要部署，要求广大青年"要以国家富强、人民幸福为己任，胸怀理想、志存高远，投身中国特色社会主义伟大实践，并为之终生奋斗"②，号召广大青年清除一切轻视体力劳动、贬低劳动者的错误观念，从小树立起正确的劳动价值观，在无产阶级的立场下，实现人生价值，为广大人民群众服务。

习近平强调："青年一代有理想、有本领、有担当，国家就有前途，民族就有希望。"③第一，劳动教育可以增强青少年为共产主义理想而奋斗的信心、信念与决心，提高青年人的思想觉悟，树立担当意识，增强做中国人的骨气、底气、志气，坚定走中国特色社会主义道路的理想信念，"自觉把人生理想、家庭幸福融入国家富强、民族复兴的伟业之中"④。第二，劳动教育可以使青少年增长科学知识、培养创新思维、增强技术本领。当今时代，科技产业形态日益多元、劳动分工不断细化，劳动新形态层出不穷。青年人要通过劳动教育掌握现代生产技术，加快知识更新。第三，劳动教育可以培养新时代青年坚持不懈的毅力、奋发向上的态度、奉献社会的担当精神。劳动实践的磨砺有助于青少年树立自力更生、自强不息的人生态度，培养青少年独立自主的生活能力，培养责任意识，增强协作精神，使其学会关爱他人，愿意承担社会责任。⑤

① 习近平.在教育文化卫生体育领域专家代表座谈会上的讲话［M］，北京：人民出版社，2020：2-3.

② 习近平.在知识分子、劳动模范、青年代表座谈会上的讲话［N］.人民日报，2016-04-30.

③ 习近平.习近平谈治国理政：第3卷［M］.北京：外文出版社，2020：54.

④ 习近平.在全国劳动模范和先进工作者表彰大会上的讲话［N］，人民日报.2020-11-25.

⑤ 段晋云，韩升.习近平关于劳动教育重要论述的生成逻辑、科学内涵与实践路径［J］.邓小平研究，2022（3）：24.

（四）劳动教育的践行路径是一体化协同推进

劳动教育是一项系统工程，需要全社会共同推进。习近平强调，要"把劳动教育纳入人才培养全过程，贯通大中小学各学段和家庭、学校、社会各方面"[①]。这一重要论述指明了劳动教育的路径方向，就是要在劳动教育中构建起横向联动与纵向贯通的劳动教育一体化协同育人的运行机制。

横向联动，就是要推进学校、家庭、社会多领域共同作用。习近平总书记在2018年全国教育大会上指出："办好教育事业，家庭、学校、政府、社会都有责任。"[②]首先要充分发挥家庭在劳动教育中的基础作用。"家庭是人生的第一个课堂，父母是孩子的第一任老师。"[③]父母要用自己的一言一行为孩子树立标杆，自觉践行诚实守信的合法劳动，尊重辛劳付出的广大劳动者，营造良好家风，使孩子在热爱劳动的家庭氛围中成长。其次，要发挥学校、家庭、社会的育人合力。一是要建立家校合作的沟通渠道。二是要构建学校、家庭、社会共建共享的信息沟通与评价反馈体系。三是要充分利用学校、家庭与社会资源开展丰富多彩的劳动教育实践活动。

纵向贯通，就是要推进大中小学阶段劳动教育一体化衔接。劳动教育要把握不同学段劳动教育矛盾的普遍性与特殊性，要从人才成长规律出发，在不同的学习阶段开设劳动教育课。在小学阶段强调道德情感的培育，在中学阶段提倡体验式学习方式，在大学阶段把强化使命担当作为重点，教育学生形成分析问题、明辨是非和价值判断的基本能力。逐步建立起小学、中学、大学融会贯通、一体衔接的劳动教育体系，循序渐进地强化全程育人成效。

习近平关于劳动教育的重要论述内涵丰富、博大精深，是新时代开展劳动教育的科学依据和理论指引。新时代中国特色社会主义教育必须把劳动教育摆在重要地位，不断完善劳动教育体系，培养具备高素养的劳动者，使劳动者通过以劳立德、以劳增智、以劳健体、以劳育美，最终实现劳动者的全面发展，培养更多能够担当民族复兴大任的劳动者和时代新人。

---

① 习近平. 在全国劳动模范和先进工作者表彰大会上的讲话［N］. 人民日报，2020-11-25（02）.

② 坚持中国特色社会主义教育发展道路 培养德智体美劳全面发展的社会主义建设者和接班人［N］. 光明日报，2018-09-11（1）.

③ 习近平. 习近平谈治国理政：第2卷［M］. 北京：外文出版社，2017：354.

第五章

新时代高校劳动教育的应然形态

第一节　劳动教育提升大学生劳动素质的应然要求

新时代提出新要求，实现中华民族伟大复兴中国梦和社会主义现代化建设，需要一代又一代有志青年投身劳动、矢志奋斗。习近平指出："我们要始终高度重视提高劳动者素质，培养宏大的高素质劳动者大军。劳动者素质对一个国家、一个民族发展至关重要。"①新时代的大学生是建设社会主义现代化强国的劳动大军，其劳动素质关乎国家大计和民族未来。新时代背景下，学习劳动知识，培养劳动技能，在投身劳动实践过程中创新劳动，是新时代大学生劳动素质的应然形态。

一、掌握劳动知识，终身学习

正确认识对实践具有积极的指导意义。劳动知识作为一种认识，它源于劳动实践，是对劳动实践的正确认识和归纳总结，对于大学生参加劳动实践具有积极的指导意义。学习劳动知识是参与劳动实践的基础，掌握劳动知识是大学生提高自身劳动素质的首要前提，这一过程与进行思想政治教育过程一致。在思想政治教育过程中，教育者对受教育者进行思想政治教育时，首先要提高受教育者的思想品德认识，即要向他们传导社会发展所要求的思想观念、政治观

---

① 习近平. 在庆祝"五一"国际劳动节暨表彰全国劳动模范和先进工作者大会上的讲话［N］. 光明日报，2015-04-29（02）.

点、道德规范，使受教育者的情、意、行建立在正确的认知基础之上。①在学习知识的过程中，教育者可以向受教育者传授书本中所蕴含的正确价值观念，以此来提高受教育者的认知水平。学习劳动知识也是同样的道理，通过劳动知识教育，可以将其中蕴含的社会发展所要求的劳动观念、劳动价值传递给大学生。大学生通过对劳动知识的理解、认同，再将其内化到自身认知中，进而树立起正确的劳动观念和劳动思想，提高劳动认知，激发参加劳动的积极性，促使自己投身劳动实践，运用劳动知识解决实践中遇到的问题，在参与劳动的过程中创造幸福。

不可否认，当前受教育者的学习方式仍以学习间接经验为主。通过亲身参与实践获得感性认识的过程是获得直接经验的过程。但客观世界的范围太过宽泛，不允许我们一一去实践以获得全部知识。所以，前人通过实践获得真知进而整理成的书本知识，便是我们用以学习了解客观世界的间接经验。这种学习方式可以提高学习效率，在尽可能短的时间内学习到尽可能多的知识。书本是我们获得知识的主要来源，知识是树立核心价值观的重要基础。习近平总书记强调："青年人正处于学习的黄金时期，应该把学习作为首要任务，作为一种责任、一种精神追求、一种生活方式，树立梦想从学习开始、事业靠本领成就的观念，让勤奋学习成为青春远航的动力，让增长本领成为青春搏击的能量。"②掌握必要的劳动知识对青年的全面发展是至关重要的。因此，要加强对大学生的劳动知识教育，让大学生获取人类劳动的知识体系，增强劳动本领，为劳动技能的培养、劳动实践的参与、劳动创新的追求，奠定坚实的理论基础。

进入新时代，建设"人人皆学、处处能学、时时可学"的学习型社会，是人类社会发展的必然要求。仅凭几年大学时光就要穷尽劳动的智慧是不可能的。学习劳动知识要抛开一蹴而就的错误思想，树立终身学习的理念。当今时代，知识更新不断加快，社会分工日益细化，新技术新模式新业态层出不穷。这就需要我们更新学习理念，增强学习的紧迫感。"任何一名劳动者，要想在百舸争流、千帆竞发的洪流中勇立潮头，在不进则退、不强则弱的竞争中赢得优势，在报效祖国、服务人民的人生中有所作为，就要孜孜不倦学习、勤勉奋发

① 陈万柏，张耀灿.思想政治教育学原理［M］.第3版.北京：高等教育出版社，2015：140.

② 习近平.习近平谈治国理政［M］.北京：外文出版社，2014：51.

干事。"①习近平总书记强调:"我国工人阶级和广大劳动群众要树立终身学习的理念,养成善于学习、勤于思考的习惯,实现学以养德、学以增智、学以致用。要适应新一轮科技革命和产业变革的需要,密切关注行业、产业前沿知识和技术进展,勤学苦练、深入钻研,不断提高技术技能水平。"②这些重要论述对大学生掌握劳动知识,树立终身学习的理念提供了理论遵循。

二、培养劳动技能,学以致用

劳动技能培育,体现了劳动教育的智育价值。技能是指通过学习知识,将已掌握的相关知识运用到日常活动中,在练习中使自己的实际操作能力得到加强,形成熟练的活动方式。劳动技能是劳动者在掌握劳动知识后转而将其投入生活实际,在实际操作形成熟练的劳动技艺,提高劳动效率,甚至带动整个行业的活力。这体现了学习劳动知识的智育价值,是对劳动知识的进一步延伸。

在庆祝"五一"国际劳动节暨表彰全国劳动模范和先进工作者大会上,习近平强调:"一切劳动者,只要肯学肯干肯钻研,练就一身真本领,掌握一手好技术,就能立足岗位成长成才,就都能在劳动中发现广阔的天地,在劳动中体现价值、展现风采、感受快乐。"③培养一项技能,是劳动者在社会中立身、在岗位中立足的重要条件。此外,凭借这项本领,还可以在工作中挖掘自己的潜在才能,在劳动中实现自己的社会价值。"当今世界,综合国力的竞争归根到底是人才的竞争、劳动者素质的竞争","技术工人是支撑中国制造、中国创造的重要基础。要完善和落实技术工人培养、使用、评价、考核机制,提高技能人才待遇水平,畅通技能人才职业发展通道,完善技能人才激励政策,激励更多劳动者特别是青年人走技能成才、技能报国之路,培养更多高技能人才和大国工匠"④。大学生毕业之后进入社会,也一定会成为各行各业的劳动者,现

① 习近平. 在庆祝"五一"国际劳动节暨表彰全国劳动模范和先进工作者大会上的讲话 [N]. 光明日报, 2015-04-29 (02).

② 习近平. 在全国劳动模范和先进工作者表彰大会上的讲话 [N]. 光明日报, 2020-11-25 (02).

③ 习近平. 在庆祝"五一"国际劳动节暨表彰全国劳动模范和先进工作者大会上的讲话 [N]. 光明日报, 2015-04-29 (02).

④ 习近平. 在全国劳动模范和先进工作者表彰大会上的讲话 [N]. 光明日报, 2020-11-25 (02).

阶段劳动技能的培养对大学生来讲格外重要。劳动技能在整个劳动素养中处于十分重要的位置，其形成受劳动价值观和劳动情感品质素养影响，并对劳动习惯的养成产生影响。劳动技能教育是综合技术教育的重要内容，让学生学会有关现代生产的基本技能、基本工具的使用和管理是综合技术教育的一项重要任务。目前高校课程中往往会安排专业实习和实训课程，并且常安排在高年级课程中。其旨在完成了一定程度的专业知识的学习之后，通过进行实习和实训课程，让大学生在实际训练中将专业知识和劳动实践相结合，加深对劳动知识的理解，提高解决实际问题的能力，培育大学生的劳动技能。因此，通过知识的学习，注重把所学的知识内化于心，形成自己的见解，运用知识去分析问题、解决问题、创造性劳动，做到学以致用，培养劳动的实际动手能力，增强劳动能力，是大学生应该具备的劳动素质。

三、投身劳动实践，艰苦奋斗

实践处于客观和主观的交汇点上，是检验认识是否真理性的唯一标准，也是从主观目的通向客观现实的重要途径，"纸上得来终觉浅，绝知此事要躬行"便说明了实践的重要地位，纸上谈兵绝不是万能之策。劳动作为一种实践活动，是一切成功的必经之路。

在对受教育者进行思想政治教育时，其过程可分为两个环节：一是"内化"，即教育者将思想观念、政治观点等传递给受教育者，继而内化为受教育者自己的思想观念、政治观念、道德观念等。二是"外化"，即引导受教育者实现从品德认识到行为的转化，培养受教育者的品德践行能力。思想政治教育的基本任务，就是促使受教育者把思想品德认识转化为相应的行为及其习惯。[①]大学生劳动素质得到提高的过程也可分为这两步，先掌握劳动知识，使其内化为自身认知。我们掌握劳动知识、培养劳动技能，不是单纯地为了增添个人修养，而是为了将知识与技能投入实践中，使劳动知识和劳动技能外化为劳动行为和劳动习惯，真正落实到劳动实践中，通过劳动实践达到目的、取得成功。以劳动知识和劳动技能作为前提条件和基础来指导我们的实践，在实践中还可以检验劳动知识和劳动技能，以加深对劳动知识的理解和劳动技能的掌

---

① 陈万柏，张耀灿. 思想政治教育学原理［M］. 第3版，北京：高等教育出版社，2015：140-141.

握，进而又可以用发展了的劳动知识、技能再次来指导我们的实践，如此循环往复、不断前进。我们认识世界，最终是为了在实践中去改造世界。

处在"两个一百年"历史交汇点上，当代大学生需要勇担历史重任。要用投入社会主义建设的实际行动为实现中华民族伟大复兴做出贡献。要把握好"三下乡"、志愿服务等社会实践锻炼机会；把握产教融合发展趋势，通过切身实践，发现认识与实践、理想与现实之间的差距，发挥主观能动性，自觉采取相应措施，缩小差距。或继续学习劳动知识，弥补理论不足，或多多参与劳动实践，提高劳动能力，达到认识与实践、理想与现实的统一。当大学生走出校门、进入社会时，要践行劳动精神、劳模精神和工匠精神，向劳动模范学习，在劳动实践中体验劳动的幸福，在艰苦奋斗中奉献青春年华，这是新时代大学生在劳动实践中提高劳动素质的必然要求，也是应该具有的劳动素质。

四、追求创新劳动，勇于创造

马克思主义认为，事物发展会经历"肯定——否定——否定之否定"的过程。每一过程都是对前一过程的辩证否定，既肯定其进步因素，又抛弃其落后因素，这是万事万物发展所经历的必然过程。辩证否定的过程便是创新的过程，创新可以创造出适应新环境、顺应新潮流的积极因素，为事物发展创造出新的动力，创造出新的使用价值。创新的本质就是使用价值的创新，理论成果或者应用成果的使用价值不同于既有的使用价值，才能被称为是原创性的理论成果和突破性的应用成果；技术体系和产权制度的使用价值不同于既有的使用价值，才能被认为是技术创新体系和产权制度的创新；否则的话，就不能认为是创新。①创新强调的是事物质的变化，是新事物的产生和旧事物的灭亡。事物由此得到发展，单纯的形式、现象等外部变化并不能称为创新。由此可见，创新不断产生的新要素蕴藏着发展的新力量，是前进的重要法宝，是国家发展的不竭源泉。

国家发展求创新，劳动也追求创新。简单来说，创新劳动是指一切能够创造出满足人们新需要的新型使用价值的劳动。这种劳动是一种涉及面广、影响

---

① 李松龄. 创新劳动推动创新型国家建设的理论认识与制度安排——基于劳动价值理论的思考［J］. 现代经济探讨，2020（2）：1-8.

很大而且又十分复杂的活动，可以从不同的角度来描述。[①]劳动要素的重新排列组合、劳动工具的更新、劳动产品的创造性生产等都是创新劳动，是原有劳动质的变革与飞跃。劳动知识、劳动技能、劳动实践的创新性发展都有助于推动创新劳动、创造性劳动，劳动知识的完备、劳动技能的提高、劳动实践能力的增强，有助于调动劳动者投身劳动实践的积极性和自信心，促使他们运用自身所具备的劳动能力在实践中开拓创新，提高劳动效率。

"勇立潮头、引领创新，是广大知识分子应有的品格。""广大知识分子要增强创新意识，敢于走前人没有走过的路，敢于抢占国内国际创新制高点。"[②]这是习近平总书记在知识分子、劳动模范、青年代表座谈会上的讲话中对知识分子提出的关于创新的殷切期待。增强创新意识、追求创新劳动是新时代大学生应具有的劳动素质之一。当代大学生生活在互联网时代，置身于纷繁复杂的网络环境中，被各种网络信息所包围，新观点、新感悟不时出现在微博、微信、QQ、抖音等各大网络平台上，激励着大学生不断进行自我思考，引导他们从不同的角度看待问题，这个过程蕴含着创新思维的迸发。对某个劳动知识提出质疑、新见解，在劳动实践中，采用不同的劳动方法、劳动工具，都是对劳动的创新，都是创造性劳动。党和国家从战略高度提出"大众创业、万众创新"的要求，体现了国家对创新的重视，科技创新无疑是一个国家发展的新引擎。新时代背景下，青年一代的大学生必须肩负起国家复兴的重任，弘扬以爱国主义为核心的民族精神和以改革创新为核心的时代精神，在劳动中勇于创造，在创新劳动中彰显与时俱进的时代精神。

新时代是我们国家发展新的历史方位，我们取得了辉煌的社会主义建设成就，但也面临着艰巨的复兴大任。大学生是社会发展的中坚力量。习近平总书记在党的十九大报告中指出："青年兴则国家兴，青年强则国家强。青年一代有理想、有本领、有担当，国家就有前途，民族就有希望。"[③]时代重任要求我们脚踏实地、实干兴邦，新时代的大学生应是具有高劳动素质的时代新人，要掌握劳动知识，培养自身劳动技能，在此基础上投身于具体劳动实践中，进行创

① 裴小革. 创新劳动初探［J］. 经济学动态，2012（1）：28-34.
② 习近平. 在知识分子、劳动模范、青年代表座谈会上的讲话［M］. 北京：人民出版社，2016：5.
③ 习近平. 习近平谈治国理政：第3卷［M］. 北京：外文出版社，2020：54.

造性劳动；通过提高自己的劳动素质，回应时代要求，在劳动中发光发热，为实现民族复兴大任贡献自己的力量。

第二节　劳动教育培育大学生劳动价值观的应然要求

价值观是人们关于事物有无价值、有何价值以及如何实现价值的总体看法和观点，它对人们的行为起着规范和导向作用。劳动价值观是人们关于劳动的根本看法和总体态度，是价值观的重要组成部分，对人的世界观、人生观的形成具有重要影响。

一、马克思主义劳动价值观及大学生劳动价值观

（一）马克思主义劳动价值观

马克思主义劳动价值观是以劳动为主题并由劳动支撑的价值观。马克思主义劳动价值观在劳动价值认知的基础上形成了对劳动的本质、作用以及态度的根本认识和总的观点。其一方面指的是劳动者坚信通过个人的辛勤劳动与付出，在生产出足够满足自身需求的物质产品和精神产品的同时，还可以满足他人对物质产品和精神产品需求的一种自我价值评价；另一方面是指社会对于劳动者个人的劳动付出与劳动贡献的多少、大小、好坏等所给予的一种价值评价。[①]

1. 劳动创造人和人类社会

马克思认为劳动过程是人满足自己生存和生活需求，使自己获得主体性的过程。马克思以无产阶级的视角，从唯物史观的角度对"人类社会"做了深刻的阐释。首先，劳动创造了人。马克思认为人的本质的生成和发展是在劳动中完成的，人首先是一种自然存在物，人类在劳动过程中利用自身的自然力（手、臂、腿等），去改变自然界，同时也改变自身。这种特有的活动形式，其目的在于改造自然界以满足自身需求。其次，劳动创建了人类社会。劳动在人类社会发展中

---

① 郑银凤，林伯海. 当代中国马克思主义劳动价值观的变迁、弘扬和发展［J］. 思想理论教育导刊，2016（1）：19.

具有基础性的作用。为了生存，人类必须进行生产劳动，以获得生存所必需的物质资料。劳动是社会中的劳动，在物质生产劳动中人们会结成一定的社会关系，即产生了社会，在其现实性上，社会就是个人彼此间关系的总和。

2. 劳动决定人的类本质

马克思对人的本质做了全面而又准确的阐述，从人学的角度出发对劳动进行阐释，由此论述了劳动与人的本质间的关系。首先，劳动决定人的"类本质"，"类特性"就是"类本质"。马克思认为："种的类特性就在于生命活动的性质，而自由的有意识的活动恰恰就是人的类特性。"[1]人类的劳动实践，将人与动物区分开来，人类证明自己是有意识的类存在物。其次，人的本质是社会关系的总和。只有与他人相联系，人们才能够进行生产劳动，并在生产的过程中与他人结成各种社会关系。因而脱离社会的单个人是不存在的，只要进行实践劳动，必然会与他人结成一定的社会关系，劳动关系便是其中最基础的社会关系。因而，他认为人的本质是一切社会关系的总和。最后，劳动也是人的本质需要。人自身的需要形成了劳动实践和社会活动，人类为了生存必须进行物质生产。人类在通过劳动创造物质财富，以满足当前的物质需要的同时，在一定程度上也促进了人对自我需要的认知，如正是在劳动满足人类物质需要的同时，催生了人类的精神需求。可见，劳动实践在人的需要中发挥了重要的作用。

3. 劳动实现人的本质的复归

马克思认为要实现人的本质的复归，就必须对异化劳动进行"扬弃"。实现劳动的解放，让劳动成为人自由自觉的活动，为实现人的全面解放提供最直接的条件。马克思劳动解放学说内涵十分丰富，具体来说主要包含三个层面的内容：首先，自然层面的解放。人类在劳动实践中不断地发现和掌握自然规律，人的主体性得到进一步彰显，改造自然的能力进一步增强，社会生产力进一步提高。其次，社会层面的解放。主要体现在分工和私有制的消灭，以及和谐劳动关系的建立，马克思认为，自由、和谐的劳动关系只有在共产主义社会才能实现。最后，人自身的解放。劳动不再是人们谋生的手段，而是人们生活的"第一需要"，人们享有充分的劳动自由，且可以根据自身需要获得劳动产品，人在劳动过程中肯定自己，实现对自己本质的复归。劳动解放的最终目的是实现人类自身的解放。在劳动解放阶段，人的自由全面发展成为人类劳动的

---

① 马克思，恩格斯. 马克思恩格斯全集：第3卷［M］. 北京：人民出版社，2002：273.

目的，只有在共产主义社会，劳动解放才能实现，人的自由全面发展才能得到最坚实的保障。

（二）大学生劳动价值观

劳动价值观作为价值观一个不可或缺的部分，是人们在实现个人愿望、满足自身需要时对劳动价值的定位和根本看法。它直接决定着劳动者的价值判断和价值选择，是世界观、人生观、价值观的重要组成部分。[①]具体来说，劳动价值观主要包括：人们对劳动价值的认识；人们对劳动的情感态度和价值取向；人们对个人劳动与社会劳动之间价值的认识。劳动价值观作为一种意识形态，对人们的劳动选择和劳动行为起着引导和支配的作用。

大学生劳动价值观反映的是大学生对待劳动的基本态度，是大学生对劳动选择、劳动评价、劳动价值取向等方面的总体看法。对大学生进行劳动价值观教育就是"培养和帮助大学生树立一种正确的劳动观念、劳动态度、劳动纪律、劳动道德、劳动伦理关系；培养大学生在劳动中坚持集体主义的观念，乐于奉献公益劳动的价值情感，尊重他人及社会劳动成果的良好德行"[②]。这些也是大学生劳动价值观的基本要求。

大学生劳动价值观是大学生对于劳动教育价值的主观认识，树立正确的劳动价值观是新时代大学生劳动教育的核心目标。牢固树立"劳动最光荣、劳动最崇高、劳动最伟大、劳动最美丽"的价值观念，是新时代社会对大学生劳动价值观的应然要求。

二、新时代劳动教育培育大学生劳动价值观的应然要求

新时代劳动价值观，源于马克思主义劳动价值理论，根植于中华优秀传统文化的土壤，是伴随着马克思主义中国化理论与实践的拓展不断丰富起来的。时代在前进，理论在创新，价值观念也在变迁，但始终不变的，是对劳动和劳动者的尊重以及对热爱劳动、劳动光荣的价值追求。

（一）劳动最光荣、劳动最崇高、劳动最伟大、劳动最美丽

进入新时代，"劳动最光荣、劳动最崇高、劳动最伟大、劳动最美丽"为马

---

① 刘向兵. 新时代高校劳动教育的新内涵与新要求——基于习近平关于劳动的重要论述的探析 [J]. 中国高教研究，2018（11）：18.

② 李生，黄东桂，李悉娴. 大学生劳动价值观教育的内涵及理论依据 [J]. 广西教育学院学报，2016（6）：104-107.

克思主义劳动价值观赋予了新的时代内涵。

1. 懂得劳动最光荣

劳动最光荣，是因为劳动是创造价值的唯一源泉。劳动是产生一切价值的起点，劳动实现了人的价值特别是人的社会价值。习近平总书记指出："劳动是人类的本质活动，劳动光荣、创造伟大是对人类文明进步规律的重要诠释。"①这把我们对劳动的认识提高到了一个新境界。

劳动最光荣，是因为劳动是一切成功的必经之路。习近平总书记指出："中华民族是勤于劳动、善于创造的民族。正是因为劳动创造，我们拥有了历史的辉煌；也正是因为劳动创造，我们拥有了今天的成就。"②人民创造历史，劳动开创未来。劳动是推进人类社会进步的根本力量。

劳动最光荣，是因为劳动是共产党人保持政治本色的重要途径。劳动是共产党人发扬优良作风、自觉抵御"四风"的重要保障。劳动光荣、不劳而获可耻是古今中外普遍认同的道理，中国特色社会主义进入新时代，面临社会主要矛盾发生的变化，要实现中华民族伟大复兴的中国梦，离不开劳动者的辛勤劳动。共产党人本身就是普通劳动者，通过劳动体现人民群众的疾苦，通过劳动密切党群关系。这对保持和发扬密切联系群众的优良作风，破除形式主义、官僚主义、享乐主义、奢侈之风具有非常重要的时代意义。

2. 懂得劳动最崇高

"最崇高"讲的是劳动和劳动者的品格，因劳动具有献身精神，因此称为崇高。崇高既是劳动的品质，又是劳动者的品质。③

劳动最崇高，是劳动使人类得以生存和繁衍。劳动是推动人类社会进步的根本力量。劳动不仅生产人们社会生活所必需的产品，而且使人与人之间建立起社会关系。劳动不仅创造了人本身，而且创造了人类幸福的生活。劳动是马克思主义唯物史观的基本原则，是中华民族的优良传统。

劳动可以播种希望，劳动可以收获成果，劳动可以磨炼意志，劳动可以让

---

① 习近平. 在庆祝"五一"国际劳动节暨表彰全国劳动模范和先进工作者大会上的讲话［N］. 光明日报，2015-04-29（02）.

② 习近平. 在庆祝"五一"国际劳动节暨表彰全国劳动模范和先进工作者大会上的讲话［N］. 光明日报，2015-04-29（02）.

③ 史俊. 从"劳动最光荣"说到"劳动教育很重要"——浅谈新时代的劳动教育［J］. 思想政治课研究，2020（4）：128-134.

人快乐。高尔基指出："只有人的劳动才是神圣的。"因此，大学生劳动教育的目的，就是要让大学生明确劳动的崇高价值，领会劳动的神圣和崇高地位，投身于中国特色社会主义建设的伟大实践中去，激发起大学生的对劳动认知的崇高精神境界。

3. 懂得劳动最伟大

劳动最伟大，是因为劳动创造了世界，劳动创造了历史，劳动创造了人本身。①

劳动创造了世界。马克思认为，人与动物区分的关键是生产劳动。马克思指出："当人开始生产自己的生活资料，即迈出由他们的肉体组织所决定的这一步的时候，人本身就开始把自己和动物区别开来。人们生产自己的生活资料，同时间接地生产着自己的物质生活本身。"②就是说，人类的一切劳动都是有意识、有目的的实践活动，劳动的目的就是要创造一个满足人类生活需要的物质世界。劳动使人类和外部世界的关系也发生了根本性的转变。作为人类最基本的实践活动，劳动将感性活动转变为人的现实社会活动。

劳动创造了历史。马克思指出："人们为了能够'创造历史'，必须能够生活。但是为了生活，首先就需要吃喝住穿以及其他一些东西。因此，第一个历史活动就是生产满足这些需要的资料，即生产物质生活本身，而且，这是人们从几千年前直到今天单是为了维持生活就必须每日每时从事的活动，是一些历史的基本条件。"③这一论述揭示了人类历史的发展源泉是生产劳动，劳动人民是历史的创造者。在马克思主义历史唯物主义中，劳动被看作"一切历史的基本条件"和人类的"第一个历史性活动"。

劳动开创未来。早在1957年，毛泽东在《关于正确处理人民内部矛盾的问题》一文中指出："要使全体青年们懂得，我们的国家现在还是一个很穷的国家，并且不可能在短时间内根本改变这种状态，全靠青年和全体人民在几十年时间内，团结奋斗，用自己的双手创造出一个富强的国家。社会主义制度的建立给我们开辟了一条达到理想境界的道路，而理想境界的实现还要靠我们的辛

① 胡君进，檀传宝.马克思主义的劳动价值观与劳动教育观 [J].教育研究，2018（5）：9-15.
② 马克思，恩格斯.马克思恩格斯选集：第1卷 [M].北京：人民出版社，2012：117.
③ 马克思，恩格斯.马克思恩格斯选集：第1卷 [M].北京：人民出版社，2012：158.

勤劳动。"毛泽东关于劳动与理想境界实现的关系的论述,阐明了劳动创造美好未来的价值意义。从个人角度来看,劳动是人类谋生的基础性手段,劳动创造的个人财富能够让个人的生活更具有幸福感。从社会整体角度来说,人类社会的一切物质财富和精神财富都是劳动创造出来的。党的十八大以来,习近平总书记一直强调弘扬劳动精神,强调要对学生进行热爱劳动的教育。2013年,习近平总书记在同全国劳动模范代表座谈时指出,人民创造历史,劳动开创未来。劳动是推动人类社会进步的根本力量。

劳动创造了人本身。劳动不仅是人的本质规定,也是人类自身生产和再生产的创造过程。"劳动是整个人类生活的第一个基本条件,而且达到这样的程度,以致我们在某种意义上不得不说,劳动创造了人本身。"①

马克思主义的劳动价值观充分表明了劳动是世界、历史和人发展的基础,是最伟大的。这是历史唯物主义观点。

4. 懂得劳动最美丽

马克思在《1844年经济学哲学手稿》中揭示了劳动美的理论:"动物只是按照它所属的那个种的尺度和需要来构造,而人却懂得按照任何一个种的尺度来进行生产,并且懂得怎样处处都把内在的尺度运用到对象上去;因此,人也按照美的规律来生产。"②这一观点从本质上厘清了人类劳动与动物劳动的区别,同时也揭示了劳动美是人类特有的、合目的性、合规律性的劳动实践的产物。

苏霍姆林斯基指出:"人通过劳动来认识世界,创造了美,从而就为自身奠定了对劳动、创造、认识的美感。劳动创造美这是教育的一个完整的领域。"③劳动创造了世界,劳动带来了美好生活。

首先,劳动实现人世间的美好梦想。"人世间的美好梦想,只有通过诚实劳动才能实现;发展中的各种难题,只有通过诚实劳动才能破解;生命里的一切辉煌,只有通过诚实劳动才能铸就。"④一切对人来说美好的事物,依赖于每个人对其期盼的美好事物的创造。当人们所创造的世界越来越与主观世界相符合时,我们才能够说美好梦想实现。其次,发展中的各种难题,只有通过诚实劳

① 马克思,恩格斯.马克思恩格斯选集:第3卷[M].北京:人民出版社,2012:988.
② 马克思,恩格斯.马克思恩格斯全集:第42卷[M].北京:人民出版社,1982:97.
③ 苏霍姆林斯基.苏霍姆林斯基选集:第3卷[M].北京:教育科学出版社,2001:821.
④ 习近平.在同全国劳动模范代表座谈时的讲话[N].光明日报,2013-04-29(02).

动才能破解。新中国成立以来，特别是改革开放以后，我国社会建设的各个方面都取得了巨大的成就。然而，在社会快速发展的历史进程中，也出现了一些发展中的难题，如社会公平问题、发展的不均衡和不充分问题、发展的规模和质量问题。这些难题，唯有劳动才能破解。最后，生命里的一切辉煌，只有通过诚实劳动才能铸就。社会主义建设时期所涌现出来的一大批劳动模范，以及那些在各行各业取得骄人成绩的人，无不是通过自己的诚实劳动来实现人生价值的。

总之，劳动最光荣是新时代劳动价值观的评判标准；劳动最崇高是新时代劳动价值观的目标追求，劳动最伟大是新时代劳动价值观的价值定位；劳动最美丽是新时代劳动价值观的审美标准。"懂得劳动最光荣、劳动最崇高、劳动最伟大、劳动最美丽"是当代大学生应该牢牢树立的劳动价值观。

（二）辛勤劳动、诚实劳动、创造性劳动

习近平总书记在全国教育大会上的讲话，系统阐述了新时代劳动的价值规范。他指出，要在学生中弘扬劳动精神，教育引导学生崇尚劳动、尊重劳动，懂得劳动最光荣、劳动最崇高、劳动最伟大、劳动最美丽的道理，长大后能够辛勤劳动、诚实劳动、创造性劳动。能够创造美好幸福生活的劳动，就是辛勤劳动、诚实劳动、创造性劳动，三者构成了社会主义社会劳动的伦理要求。劳动教育培养学生的良好劳动品质必须从以下几个方面着力实施。

一要做到辛勤劳动。辛勤劳动是中华民族的优良品德。辛勤劳动就是勤勤恳恳地进行劳动。面对世界百年未有之大变局带来的挑战，面对中华民族伟大复兴战略全局带来的历史使命，当代大学生就必须以主人翁的责任感，依靠勤劳的汗水创造美好的未来，只有通过辛勤劳动才能开创未来，只有通过奋斗才能实现梦想。

二是做到诚实劳动。诚实劳动就是要脚踏实地、遵守诺言、不虚伪欺诈地劳动。投机取巧、耍奸溜滑是与诚实劳动格格不入的。诚实劳动是劳动价值的基本追求，是新时代必须继承和弘扬的中华美德。只有学会做到诚实劳动才能彰显人生价值，才会有精彩人生和生命的辉煌。

三是要做到创造性劳动。创造性劳动是现代劳动的本质要求，是劳动精神的灵魂。创造性劳动是以知识、技能、情感的再造为基本特征，以创新、创先、创优为基本表现形式，以促进人的全面发展和社会全面进步为根本目的的劳动。创造性劳动是建立在开放性思维和挑战性实践的基础之上的，具有原创

性。创造性劳动所创造的价值比一般劳动的价值大，因此在劳动教育中，培养大学生的创造性劳动精神，让大学生学会开展创造性劳动，是劳动教育的一个重要目标。

第三节　劳动教育适应社会主要矛盾变化的应然要求

社会主要矛盾是人类社会在一定历史阶段占支配地位的矛盾，它贯穿于人类社会的各个领域和实践活动的全过程，与劳动形态有着紧密且具体的联系。社会主要矛盾制约劳动价值观的确立，其变化催生新的劳动价值观。

一、新时代我国社会的主要矛盾

中国特色社会主义进入新时代，我国社会主要矛盾已经转化为人民日益增长的美好生活需要和不平衡不充分的发展之间的矛盾。这是党的十九大做出的重大政治判断，是科学把握中国特色社会主义进入新时代的历史方位、科学认识矛盾运行规律的结果。在新时代中国特色社会主义的大背景下，我们应该更加准确、全面地把握当前我国社会主要矛盾的基本特点。把握新时代社会主要矛盾，首先重点要把握"人民日益增长的美好生活需要"和"不平衡不充分的发展"的内涵与外延。一方面，"人民日益增长的美好生活需要"已经全面超越了"人民日益增长的物质文化需要"的范畴，前者已经不仅仅表现为满足基本生活的物质文化这些"硬性需要"，还表现为在此基础上衍生出的人民的参与感、公平感、安全感、幸福感、获得感等"软性需要"。另一方面，同"落后的社会生产"相比，"不平衡不充分的发展"是在更高的层次、更为广泛的领域的发展问题。发展不平衡，主要体现在区域不平衡、行业不平衡、领域不平衡、群体不平衡等方面；发展不充分，主要体现在发展的质量和效益还有待提高等方面。同时，发展的不平衡不充分不仅仅表现在经济领域，还表现在政治、文化、社会、生态等领域。从当前社会主要矛盾的内部关系看，"不平衡不充分的发展"已经成为满足"人民日益增长的美好生活需要"的主要制约因素，在矛盾中居于主导地位；从社会矛盾产生的因果机制看，这种不平衡不充分的发展状态是造成现阶段其他社会矛盾的主要根源。

二、社会主要矛盾变化对高校劳动教育的新要求

劳动具有时代性，劳动的内容、形式和要求同样会随着生产方式的变化而变化。适应社会主要矛盾变化，要对大学生开展下列内容的教育。

（一）劳动能创造美好生活，满足人民的现实需求

马克思主义的生产和需要理论认为，需要和生产劳动是辩证统一的，生产劳动决定需要，人的需要根源于生产劳动，并反作用于生产劳动。人的生存、发展和享受的需要，分别对应着人的劳动、学习和生活三个层面。劳动是人的本质属性，劳动首先满足的是人的生存需要，人通过劳动成为人，劳动创造了人。无论是生存需要、精神需要还是自我实现的需要，都可以在劳动过程中得以实现。劳动不能仅停留在满足人的生存需要，而应该面向更高水平迈进，向满足自我实现需要转变。

人民对美好生活的需要，不仅对"物质文化需要"提出了更高更好的要求，而且衍生出了其对新事物的期盼与需求。[①]新事物是人们依靠创新劳动生产的，劳动的创新以创新理念为指导，创新是新时代发展的主旋律。要贯彻新发展理念，建设现代化经济体系，激发全社会创造力和发展活力，依靠新发展理念解决新时代的发展难题，缓解社会主要矛盾。创新是新发展理念的核心，而创新从一定意义上讲就是劳动创新，无论是通过体力劳动还是脑力劳动创造出的劳动产品，都涵盖社会发展的多个层面，继而满足人民日益增长的美好生活需要，缓和社会主要矛盾。

（二）劳动能破解"发展不平衡不充分"的难题，促进人的自由全面发展

社会主义劳动不同于共产主义劳动，因旧分工依然存在，社会主义劳动仍存在不平衡不充分的现象。"不平衡"体现在劳动者的劳动强度与劳动收入还存在一定落差、体力劳动与脑力劳动还存在严重差别、社会劳动与个人劳动还存在一定矛盾、产业发展结构不平衡不合理现象仍然存在；"不充分"体现在社会生产力发展尚不充分，劳动方式需要持续升级，政府和市场的作用还未充分发挥，教育与人才培养存在严重不足，劳动也还未成为人们的第一需要。[②]新时

---

① 杨广越，周世露.新时代我国社会主要矛盾转变的需要维度解析［J］.四川行政学院学报，2018（5）：67-71.

② 程天宇，王萍.劳动与新时代社会主义矛盾的辩证关系研究［J］.改革与战略，2020（4）：10-16.

代社会主义社会只有依靠创新劳动，在引领经济发展的同时，协调其他方面平衡充分发展，让劳动者进行实践和创新，确保劳动平等，人民平等地占有生产资料且共同参与社会劳动，实现共享发展、共享成果。

人的自由全面发展是马克思主义的最高命题和根本价值。劳动是人的存在方式，人的自由就是人的劳动的自由。劳动的自由表现为创新，在改变传统分工和单一劳动模式后，依靠劳动创新实现个人的自由全面发展。在劳动中人的发展主要体现在劳动能力上，以体力和智力的全面发展为基础。劳动是实现人民对美好生活需要的途径，人民对美好生活的需要推动了社会发展，社会发展与人的发展又是辩证统一的，因此，可以说人民对美好生活的需要以实现社会发展为基础，以实现人的自由全面发展为最终目标，人的需要与劳动相统一，人的自由全面发展依靠劳动来实现。

第四节　劳动教育适应劳动新形态的应然要求

随着时代的发展、科技的进步，社会形态发生了变迁，从农业社会、工业社会到现代社会不断演进。社会形态的变化必将引发劳动形态的变迁，新的劳动形态将对劳动教育提出新的课题。当社会步入信息化、数字化、智能化和新就业形态后，劳动新形态应运而生。在新的劳动形态下，高校劳动教育应主动适应劳动形态的变迁。

一、劳动新形态

（一）信息劳动

信息化是充分利用信息技术，开发利用信息资源，促进信息交流和知识共享，提高经济增长质量，推动经济社会发展转型的历史进程。20世纪90年代以来，信息技术不断创新，信息产业持续发展，信息网络广泛普及，信息化成为全球经济社会发展的显著特征，并逐步向一场全方位的社会变革演进。在信息化发展进程中，人的生存状态与劳动形态发生变革。和农业社会以人力的使用为基本劳动形态、工业社会以对大机器生产的操作为主要劳动形态不同，自动化生产成为信息化社会的基本劳动形态。在信息社会，劳动在本质上是一种以知识的生产和应用为核心的新的劳动形态，因为信息社会中高科技的综合运用是劳动实现自动化的前提手段，没有足够先进的技术，自动化生产就成为空谈，而科技的进步更是离不开知识的生产，且以知识的突破为前提。[①]

信息社会劳动具有以下特点：第一，劳动的准入门槛空前提高。一方面，随着信息化的快速发展，劳动自动化程度不断提高，社会生产对劳动自然力的依赖性越低，直接使用人力的程度就越低；另一方面，自动化劳动提高了劳动的复杂性和创造性，从而也提高了对从事自动化劳动中的人的要求，他们不仅要能驾驭先进科技，而且要能掌握知识生产和应用——这不是劳动自然力所具备的，是人通过后天学习训练而习得的。第二，劳动自由度显著增强。与农业社会受制于土地和四季更迭、工业社会受制于机器不同，信息社会凭借信息技术的优势，使得人们从事劳动的时间和空间都更加有弹性，如只要网络畅通，人们可以通过视频软件随时随地召开会议，也可以轻而易举地开展劳动活动。第三，劳动关系更加灵活。信息社会以互联网技术为基础，突破了传统技术在事件、空间维度上的限制，为人构筑了"物理空间+社会空间+信息空间"混融的生存空间[②]，使得人可以"每时每刻""此时此地""彼时彼地"地全时空存在，灵活的劳动关系也因此得以重构。第四，劳动和生活、现实和抽象的边界变得模糊。在农业社会和工业社会的传统的社会模式里，上班和下班具有清晰的界定。在农业社会，人们日出而作、日落而息，白天劳作，夜晚休息；在工业社会，人们在上班时间劳动，下班时间从事个体活动。然而在信息社会，劳动自由度、灵活性不断增强，人们从事劳动更加便利，无论是在单位还是在家里，24小时都可以进行劳动，并且人们对劳动的选择更加注重兴趣和自我实现的需要，使得劳动的趣味性和娱乐性得到增强，人们在劳动中体会到的幸福感和成就感比劳动报酬更具有吸引力，劳动成为一种生活方式，劳动被内化为生活的应有之义。

（二）数字劳动

在数字技术迅猛发展的影响下，以互联网平台为载体的数字劳动应运而生。"数字劳动"研究在西方已经开展了20年左右的时间，经历了从概念和理论创

---

① 班建武. 信息社会劳动形态的变迁与劳动教育的新课题［J］. 中国德育，2019（2）：36-39.

② 潘云鹤. 人工智能2.0与教育的发展［J］. 中国远程教育，2018（5）：5-8+44+79.

设到多元学科和视角的经验研究扩充，再到对"数字劳动"概念泛化的反思。"数字劳动"的内涵已经从互联网用户的免费活动拓展到了与信息通信技术有关的所有劳动形式。德勤（Deloitte）发布的《数字劳动"我们能使用数字劳动吗？是的！"》（*Digital Labor "Can we use Digital Labor for this? Yes!"*）报告中，将数字劳动定义为一种通过改善决策周期来增强劳动能力的工具，它可以有效地自动化基于规则的重复流程，对收集到的数据执行分析，为最终用户提供高影响力的见解。文军从狭义和广义范畴对数字劳动进行概念介绍，他认为，狭义数字劳动是指网络用户在数字媒体平台上进行的无报酬活动（包括玩游戏、内容创造、阅读和回帖等），这些活动为互联网公司带来了利润。广义数字劳动本质上是为了探究传统工业劳动向数字劳动转型的过程、内容、问题与发展，更加侧重于就业意义上的有偿劳动[①]。

信息通信技术和互联网平台的助力使得数字劳动形成了自己显著的特征。第一，劳动时间更灵活，劳动空间更开放。数字化时代，信息更加开放，劳动者搜集就业信息的渠道更加多元，对于工作的加入和退出更加便捷，对于工作场所的要求降低。这种情况可能导致的另一结果就是，劳动者在工作中投入更高强度和更长时间，以致自由时间与工作时间的界限彻底模糊。[②]第二，去劳动关系化，雇佣关系泛化。数字平台将标准劳动关系的合同替换为"劳动者—平台—客户"的三角关系，甚至是外包、众包等多角关系。在这种关系模式中，劳动关系的边界变得不透明和更加不确定。[③]第三，去劳动技能化。对于普通劳动者来说，数字劳动对技能要求较低，他们在工作年限、文化资本、专业技能方面无须大量积累和高水平就可以完成劳动任务，这形成了去技能化和去知识化的劳动力市场环境。[④]

① 文军，刘雨婷. 新就业形态的不确定性：平台资本空间中的数字劳动及其反思［J］. 浙江工商大学学报，2021（6）：92–106.

② 胡冯彬. 边缘的游弋：中国网络游戏代练者的日常生活实践［J］. 新闻记者，2020（7）：38–45.

③ 刘雨婷. "数字"作为"劳动"的前缀：数字劳动研究的理论困境［J］. 理论与改革，2022（1）：117–131.

④ 文军，刘雨婷. 新就业形态的不确定性：平台资本空间中的数字劳动及其反思［J］. 浙江工商大学学报，2021（6）：92–106.

（三）智能劳动

20世纪后期，随着第四次科技革命兴起，智能劳动作为劳动新形态改变了人类生活的方方面面。对于智能劳动的概念，曾天山认为，智能劳动是指从劳动目标出发，由人类专家和智能机器共同组成人机一体化智能系统，通过模仿人类大脑，完成"从感觉到记忆到思维的过程"与"行为和语言的表达过程"，实现拟人的智能化劳动，从而创造智能产品和其他产品的过程。[①]智能劳动通过人工智能开启，相较于传统的劳动形态，在效率和质量上都有新的飞跃。一方面，智能劳动提升了人在生理和精神上的能力，人类利用人工智能，不断"武装"自己，不断突破人的体力、脑力、群体协同能力的极限，从而使人类的进化更加智能、更加健康、更具协同性；另一方面，通过人工智能，不仅产业结构得到不断优化升级，人的劳动成本和劳动风险得到降低，而且能创造更加丰富的社会财富，增加人的自由时间，使劳动成为生活的乐趣。

（四）新就业形态

"新就业形态"这个词最早于2015年出现在政府公开语境中。党的十八届五中全会公报中指出，要"实施更加积极的就业政策，完善创业扶持政策，加大对灵活就业、新就业形态的支持力度"。2019年底，国务院印发的《关于进一步做好稳就业工作的意见》中指出，"支持劳动者通过临时性、非全日制、季节性、弹性工作等灵活多样形式实现就业"，明确表示支持社会新就业形态和劳动者灵活就业。2020年全国"两会"期间，习近平总书记指出："疫情突如其来，'新就业形态'也是突如其来。"[②]

"新就业形态"概念概括了新一轮技术革命和社会环境所导致的就业模式、工作模式的巨大变化，也概括了我国劳动力市场中出现的新趋势。那么，什么是新就业形态呢？虽然党的十八届五中全会以来，这一概念多次出现在官方文件中，也一度成为学界争相研究的热点，但是学界对此尚无统一定论。张成刚认为，在疫情中脱颖而出的"新就业形态"主要是指生产关系角度的新就业形态，即由互联网平台凭借移动互联网、大数据、人工智能等信息技术，进行劳动者与服务消费需求大规模、大范围的组织、调配、任务分派等活动，实

---

① 曾天山，顾建军.劳动教育论［M］.北京：教育科学出版社，2021：24-25.

② 在危机中育新机、于变局中开新局——习近平总书记同全国政协委员共商国是并回应经济社会发展热点问题［N］.光明日报，2020-05-24（01）.

现劳动者和消费者对接的就业形态。简言之，是指伴随着互联网技术进步与大众消费升级出现的去雇主化、平台化的就业模式。①董永辉等认为，新就业形态是指由新一轮工业革命带动，伴随着互联网技术进步与大众消费升级而出现的智能化、数字化、信息化、去雇主化、平台化的工作和就业模式。也有人认为，新就业形态是指与建立在工业化和现代工厂制度基础上的传统就业方式相区别的就业形态。②莫荣认为，新就业形态是指依托互联网等现代信息科技手段，实现有别于正式稳定就业和传统灵活就业的灵活性、平台化的组织用工和劳动者就业形态。③一般认为，新就业形态可以从生产力和生产关系两个角度概括，与新技术、新经济和新业态的兴起密切相关的同时，也受制于新的生产方式的变革。

新就业形态方兴未艾，将逐渐取代传统典型就业，是未来重要的就业模式。对于新就业形态的类型和特征，方长春认为，就业新形态的关键不仅在于技术、经济和业态的革新，还在于劳动关系的变化，以及与之相关的劳动方式的变革。根据劳动关系的"新"和劳动方式的"新"，新就业形态可划分为以"去雇主化"为典型特征的新就业形态、以"多雇主化"为典型特征的新就业形态、以标准劳动关系下劳动方式的新型化为特征的新就业形态三大基本类型。④具体到我国劳动力市场中，新就业形态体现为就业领域新、技术手段新、组织方式新和就业观念新，主要有创新创业者、自由职业者、依托于互联网或市场化资源的多重职业者和部分他雇型就业中出现新变化四种类型。⑤新就业形态具有雇用关系弹性化、虚拟化、多重化，组织方式平台化、无组织化，就业边界扩大化、全球化等基本特征，促使产生了创新驱动型就业、新经济就业、创业式就业和其他形式就业。⑥

根据学界研究的成果，我们将新就业形态划分为四种类型。

① 张成刚. 中国新就业形态发展：概念、趋势和政策建议 [J]. 中国劳动关系学院学报，2021（12）：1-8+120.

② 中国就业促进会. 新就业形态 [J]. 中国就业，2017（11）：26-27.

③ 莫荣. 新就业形态的概念、现状与协同治理 [J]. 新经济导刊，2020（3）：12-16.

④ 方长春. 新就业形态的类型特征与发展趋势 [J]. 人民论坛，2020（9）：56-59.

⑤ 张成刚. 中国新就业形态发展：概念、趋势和政策建议 [J]. 中国劳动关系学院学报，2021（12）：1-8+120.

⑥ 李效东. 大学生劳动教育概论 [M]. 北京：清华大学出版社，2021：149-150.

1. 创新型就业

创新是引领发展的第一动力，"大众创业、万众创业"是引领时代潮流的就业新态势。党和国家的重视、技术的发展和政策的支持，为创新型就业的实现提供了肥沃的土壤。新技术创造新产品、新分工和新产业，变革了新的生产和生活方式，涌现出大量新的就业机会和就业方式。例如，人工智能技术带来了数据分析师、数据侦探、人机合作经理等新职业。

2. 平台型灵活就业

灵活就业在我国已经存在了30多年，而平台型灵活就业新形态是随着互联网平台的发展、在平台经济刺激下实现的非标准就业形态。平台型灵活就业的最显著特点是行业准入和退出门槛较低，灵活性强，劳动所得从消费者支付的费用中直接分成。典型职业如外卖配送、网约车。

3. 创业型就业

创业型就业主要指创业者及创业搭档通过自找项目、自筹资金、自主经营、自担风险的方式实现就业。大数据、云计算等新兴信息技术的发展，使得信息获取的途径更加开放，信息技术的基础费用不断降低，创业成本也因此得到大幅降低，为创业者提供了更多的实现途径。尤其是电子商务、软件开发、音视频领域、新媒体制作和物流等行业，创业型就业具有较大机会优势。

4. 自由职业

自由职业主要指摆脱了企业与公司的约束，自己管理自己，以个体劳动为主的一种职业，如律师、自由撰稿人、独立的演员和歌手。当然，随着社会的发展、体制的放宽和技术的进步，自由职业者也正在向其他领域不断扩展。学者指出，医生、律师等将会成为最大的自由职业者群体。

二、高校劳动教育适应劳动新形态的应然路径

随着信息化、数字化、智能化社会的发展，劳动形态呈现出迭代性、新旧交替、多元并存的状态，新的劳动形态并不能外圈取代旧的劳动形态，新的劳动形态是在旧劳动形态中孕育发芽的，新旧劳动形态之间是逐步替代、有限替代和交融并存的，新旧劳动形态的迭代催生新的职业形态。各种劳动形态和职业形态存在和持续的关键始终是人，而不同劳动形态对劳动者的素质要求不同，要在把握新形态劳动特点的基础上有针对性地开展高校劳动教育。

（一）树立适应劳动新形态的教育理念，提升学生劳动素养

在过去，劳动意味着出苦力，使用劳动自然力就能够生存，但是新形态劳动的显著特点之一就是劳动自动化和劳动智能化，这对劳动者在掌握必要现代信息素养和科技素养方面提出了高要求，缺乏现代信息素养和科技素养的人将被信息社会所排斥。因此，高校劳动教育首先应构建新形态劳动素养标准，引导学生树立信息化、数字化、智能化劳动教育理念，充分认识到劳动新形态下劳动的本质是对知识的生产与应用，普遍提高学生的现代信息素养和科学技术能力，使其充分掌握信息社会自动化生产的基本能力。

（二）构建多学科渗透的系统体系，增强劳动知识体系化

现代社会中知识的交叉交融和综合运用，呼唤劳动教育走向多学科渗透的教育新形态。劳动课是开展劳动教育的重要途径，它是较为集中与直接的劳动教育形式，但不是开展劳动教育的唯一形式，将劳动教育视为某一门课程甚至单一学科的构成，实际上是对劳动教育的降格与割裂。[①]多学科渗透不是单一学科劳动教育的简单加总和拼接，而是"全学科劳动教育系统"的构建，是各学科在一个共同概念框架的指导下各有侧重地落实劳动教育。面对多元劳动形态并存，劳动教育内容应推出与新兴领域相匹配的劳动教育课程体系，保障劳动教育与现实社会生产相适应。

（三）培养适应劳动新形态的创新性思维，提升学生职业生涯规划技能

创新性、联动性和多样性是新时代劳动教育的价值特性，培育创新性思维是提高高校劳动教育质量的关键，创新性人才的培养是新形态劳动教育的核心目标。高校可通过日常生活劳动、闲暇劳动、社团实践、专业实习等，让学生体验劳动、创新思维、创造信息和知识再生产。新形态劳动自由度增强，个体在劳动时间、地点、速度和方式等方面选择空间更大，这势必要求劳动者有较强的自主规划能力。否则，不仅劳动目标难以实现，还可能被劳动自由所吞没，完全模糊了劳动和生活的边界，造成人生一片混乱。因此，高校劳动教育需要与学生职业生涯规划教育主动结合，引导学生尽早树立生涯规划意识，掌握生涯规划技能，帮助学生更好地认识自我，学会科学地规划人生。

---

① 许锋华. 多学科渗透：中小学劳动教育新形态［J］. 广西师范大学学报（哲学社会科学版），2021（3）：102–113.

（四）构建适应劳动新形态的评价体系，提升劳动教育评价的科学性

加强劳动教育评价，旨在提升劳动教育效果。要将新形态劳动教育同社会主义核心价值观相结合。优秀传统文化中的以劳树德、以劳增智、以劳健体、以劳塑美价值理念在当下仍具有现实解释力。只有在劳动中诚信、劳动中爱国、劳动中友善、劳动中敬业，劳动才具有人格意义，新形态劳动才不至于被技术所异化。[①]要以劳动目标为评价导向，注重结果评价与增值评价相结合。要选择教师、学生、家长、实习实践单位等多元评价主体，降低评价主体的主观性偏差。要将综合评价与特色评价相结合，注重教育过程中的差异性和多样性，关注劳动教育目标、劳动教育资料、劳动教育活动及学生个体发展的变化，考虑不同地区、不同学生的教育环境、教育资源的差别。

---

① 王豪杰，李怡. 数字劳动教育：革新、风险与实践［J］. 重庆高教研究，2023，11（2）：49.

第六章
新时代高校劳动教育的实然状态

　　要把高校劳动教育的目标任务落到实处，就要掌握大学生劳动教育的实际状况，探索大学生在劳动认知和劳动实践中存在的薄弱环节，了解其存在的问题，剖析产生问题的原因，研究解决问题的路径对策。本章以驻青高校为例，采用问卷调查法，对驻青高校大学生的劳动价值观进行了调查，通过对调查数据的研判和分析，深化对高校劳动教育目标任务及其特殊规律的认识，探索出针对问题的解决路径和对策，增强高校劳动教育的针对性、实效性。

第一节　高校劳动教育的社会调查

一、调查研究的目的方法与设计

（一）调查研究的目的

　　我们把高校劳动教育社会调查的目的建立在两大维度和五个层面的具体目标上。两大维度是指大学生劳动价值观的认知维度和实践维度，即大学生对劳动（过程）和劳动者在认知上的价值判断和在实践上的价值判断。五个层面是指，第一，通过调研当前大学生对古代和现代劳动相关文化知识的掌握，考察大学生对劳动知识所表达的价值观念的态度与情感；第二，通过调研当前大学生参与劳动活动的情况，从而分析大学生参与劳动活动的积极性以及个人认知对其实效性的影响；第三，通过调研大学生对于职业、配偶和消费的愿景，把握学生对职业方向、职业类型、职业选择的影响因素、对配偶的选择等认识，分析学生未来参加劳动生产的趋势及影响因素；第四，通过调研当前大学生对弘扬劳动模范、大国工匠及其精神的态度，探析学生对劳动精神的认识，即学生对劳动精神的内涵、特点的认知与态度，考察学生的劳动品德；第五，通过调研当前大学生对劳动价值观及劳动教育的表述，分析高校劳动价值观教育存在的问题与不足，揭示对其实效性的制约因素，有针对性地提出提升路径。

（二）调查研究的方法

主要采用网络调查问卷（借助问卷星收发问卷）的方式，辅之以文献研究等。网络问卷主要以驻青高校的青年学生为对象，通过分析当前大学生对劳动教育的态度、情感、品德、习惯和实践，研判高校劳动教育实效性的现状。调查问卷的发放主要采用分层抽样的方法，将高校学生按照年级进行分层，然后用随机抽样的方法在大一到大四的年级中各抽取一定数量的样本。这种分层随机抽样的方法有利于提高不同年级在劳动教育活动中的代表性，增强调查的效度。除学科分类外，还将调查大学生的性别、政治面貌、是否独生子女、学生干部任职情况等基本信息和家庭月经济收入、父母职业、家乡等信息，便于进行差异分析。文献研究主要以近几年学界对高校劳动教育的相关研究成果为参照，借鉴运用。

（三）调查研究的设计

在本次调研中，调查问卷我们采用了李珂课题组设计的问卷。[①]李珂课题组在设计问卷时，充分参考了其他学者的研究成果，并在辅导员层面根据工作实践进行了问题征集；问卷初稿完成后，请相关领域专家进行了有针对性的指导，定稿后做了样本试调查，根据调查反馈进行优化，最终确定正式调查版本，即本书采用的版本。李珂课题组本着严谨负责的态度，在问卷设计过程中投入了大量的时间和精力，付出了艰辛的努力，进行了多方考证，最终得到的问卷具有较高的理论指导性和实践应用性，是一份比较科学规范的调查问卷。

根据研究需要，我们把李珂的调查问卷内容划分为三部分。第一部分是对问卷调查的主题、目的进行介绍，表明问卷采取不记名方式，要根据自己的真实情况填写，保障调查问卷的相对准确度和真实性。第二部分是调查对象的

---

① 李珂. 嬗变与审视——劳动教育的历史逻辑与现实重构［M］. 北京：社会科学文献出版社，2019：247–261.

基本信息，主要包括在读学校、学科分类、性别、政治面貌、是否独生子女、学生干部任职情况、家庭经济收入、父母职业、家乡等方面。第三部分是问卷的主体内容，也是考察的核心内容，即大学生劳动价值观现状。大学生劳动价值观现状版块包含两个维度：大学生对劳动过程和劳动者在认知层面的价值理念、对劳动过程和劳动者在实践层面的价值判断，即两个一级维度。在认知层面，聚焦如何看待劳动过程和劳动者，包括正确认识劳动的价值，以及如何看待劳动者的地位和作用；在实践层面，聚焦如何从事劳动，包括需要怎样的劳动以及如何实现体面劳动。题项采用客观题与主观题相结合的形式测量。

大学生劳动价值观版块的一级指标涵盖五个因子，从五个方面对二级指标进行说明、设计题项。首先，测量大学生对劳动过程和劳动者在认知层面的价值判断。劳动态度、劳动情感和劳动品德为三项二级指标，它们内在地反映大学生对劳动的心理特征；其次，测量大学生对劳动过程和劳动者在实践层面的价值判断，具体化为劳动习惯和劳动社会实践两个二级指标。问卷维度设计见表6.1。围绕指标因子，调查问卷共设计题目42个，题目和选项从学生角度出发，贴近学生实际生活，保证调查结果的合理性和有效性。

表6.1　大学生劳动价值观问卷设计维度

一级指标	二级指标	指标具体化	问卷题目
对劳动过程和劳动者在认知层面的价值判断	劳动态度	勤于劳动、善于劳动	劳动观满意度、劳动思想观念的影响、付出与收获的关系、学校社会家庭在劳动价值观教育中存在的问题
	劳动情感	热爱劳动、尊重劳动	如何看待劳模精神和工匠精神、推崇的劳动教育形式
	劳动品德	辛勤劳动、诚实劳动	择偶态度与标准、积极参加劳动活动
对劳动过程和劳动者在实践层面的价值判断	劳动习惯	吃苦耐劳、勤俭节约、真抓实干、合理消费	参加家务劳动、打扫宿舍卫生、抵制浪费、拒绝高消费和校园贷
	劳动社会实践	社会实践和志愿服务、勤工俭学、创业就业	参加社会实践和志愿服务、就业态度是否积极、是否甘于从事体力劳动等

二、调查问卷数据的收集

问卷调查对象选取六所驻青高校的大学生，包含山东科技大学、中国海洋大学、青岛农业大学、青岛大学、中国石油大学（华东）、青岛恒星科技学院。采用填写问卷方式进行调查。调查问卷借助问卷星进行收发，充分考虑调查对象的专业学科、性别、独生子女、担任学生干部情况等人口学变量的均衡性，共发放问卷550份，回收有效问卷511份，有效回收率92.91%。有效调查样本人口学信息概况见表6.2。

如表6.2所示，根据学科门类划分，理学、工学、经济学、管理学分别占30.33%（155人）、39.53%（202人）、13.31%（68人）和13.89%（71人）。被测评对象专业学科以理工类为主，管理类、经济类次之。为了便于统计分析，对学科类别进行整合，仅划分为理工类（共357人，占比69.86%）和非理工类（共154人，占比30.14%）两大类。根据性别划分，男生、女生分别占53.23%（272人）、46.77%（239人）。根据政治面貌划分，该项目考察被测评对象是否为中共党员（含预备党员），中共党员（含预备党员）占比18.59%（95人），非党员占比81.41%（416人）；根据是否独生子女划分，独生子女占比41.10%（210人），非独生子女占比58.90%（301人）。对于"00后"的大学生来说，生逢国家全面放开二胎政策时期，目前的在校大学生非独家庭逐渐增多。有超过七成的学生（371人）自称担任过学生干部（含各类学生组织、社团、班级等任职，不排除有同学将学生组织经历视为学生干部任职），一定程度上说明当前大学生参与学生工作、校园公共事务的热情较为高涨，人生态度积极。在所有测评对象中，城市（含城市和县城）生源占56.16%（287人），乡村（含乡镇和农村）生源占43.84%（224人）。其中，412人（占比80.63%）的父母有工作（含稳定、不稳定情况）；99人选择父母"无业、失业或其他"，其中，有49人父母为家庭主妇、无业、失业或半失业状态，47人在从事其他职业。就其家庭经济情况而言，有359人（占比70.25%）的家庭月均收入低于10000元，年收入低于20万元的家庭最多。

表6.2　有效调查样本人口学变量信息概况（*N*=511）

基本信息	样本特征	人数	占比/%
学科门类	理学	155	30.33
	工学	202	39.53
	经济学	68	13.31
	管理学	71	13.89
	其他	15	2.94
性别	男	272	53.23
	女	239	46.77
政治面貌	中共党员（含预备党员）	95	18.59
	非党员	416	81.41
独生子女情况	独生子女	210	41.10
	非独生子女	301	58.90
学生干部任职情况	未当学生干部	140	27.40
	担任学生干部	371	72.60
家庭月平均收入	5000元及以下	178	34.83
	5001～10000元	181	35.42
	10001～15000元	61	11.94
	15001～20000元	41	8.02
	20000元及以上	50	9.78
父母工作	稳定	295	57.73
	不稳定（含自由职业）	117	22.90
	无业、失业及其他（含家庭主妇）	99	19.37
家乡	城市	287	56.16
	乡村	224	43.84

三、调查问卷数据的分析方法

（一）信效度检验

信度是指调研结果的稳定性和一致性，量表的信度愈大，其测量标准的误差愈小。效度是指调研结果的真实性和准确性，量表的效度越高，其测量结果与要考察的内容越吻合；反之，则吻合度低。[①]采用IBM SPSS Statistics 23软件对调查问卷结果进行数据分析，检验其信度和效度。首先按照李克特计分题规则对问卷题项进行编码预处理，然后将收集到的511份有效问卷数据结果录入IBM SPSS Statistics 23软件进行信度、效度检验，采用Cronbach's Alpha系数作为信度指标，通过KMO值和Bartlett球形检验对问卷的效度进行分析。计算结果显示，问卷的Cronbach's Alpha系数值为0.909，说明调查问卷的题目具有较高的内在一致性；同时，大学生劳动价值观整体问卷的KMO值为0.924>0.7，Bartlett球形检验中显著性概率是0.000<0.05，说明问卷的效度非常好。

（二）数据分析

根据研究的需要，在数据分析时主要采用描述性统计分析、独立样本t检验、单因素方差分析这三种数据分析方法，既有一种方法的独立使用，也有两种或三种方法的结合使用。用描述性统计分析来把握大学生劳动观总体状况，用独立样本t检验和单因素方差分析来探究高校劳动教育及其各维度在专业类别、性别、政治面貌、担任学生干部、独生子女、家庭经济状况和家乡等方面差异是否显著，为进一步发现大学生劳动思想、劳动实践和高校劳动教育存在的问题及原因分析提供数据支撑。本章图表中百分比的计算采用四舍五入法，保留两位小数后的和值不完全等于100%。

四、调查研究的结果与分析

（一）在劳动和劳动者认知与实践层面价值判断的总体情况

李克特五分量表法规定，以3、3.75、4.25为临界值判断被测试对象的得分高低。具体来讲，3分以下效果较差，3～3.75分为效果一般，3.75～4.25分为效果较好；4.25分以上为效果非常好。[②]

---

① 吴明隆. 问卷统计分析实务——SPSS操作与应用［M］.重庆：重庆大学出版社，2021：94.

② 常诗悦. 大学生爱国主义体验教育的策略优化研究——以上海市部分高校为例［D］.上海：华东师范大学，2017.

由表6.3可知，大学生对劳动过程和劳动者的认知层面的价值判断总分及各分维度劳动态度、劳动情感和劳动品德的总平均分（$M=3.920$，$SD=0.491$；$M=4.135$，$SD=0.511$；$M=3.514$，$SD=0.672$；$M=4.111$，$SD=0.563$）均大于中等临界值3分，效果在中等以上，尤其是劳动认知层面的总体情况和劳动态度、劳动品德的平均分为3.75～4.25分，效果均较好，得分高低次序为劳动态度>劳动品德>劳动情感。

另一方面，大学生对劳动过程和劳动者的实践层面的价值判断总分及各分维度劳动习惯、劳动社会实践的总平均分（$M=3.909$，$SD=0.481$；$M=3.713$，$SD=0.184$；$M=4.105$，$SD=0.751$）表明，劳动实践价值判断的效果高于中等临界值，尤其是劳动实践层面的总体情况和劳动社会实践得分均位于3.75～4.25分之间，效果较好，得分高低次序为劳动社会实践>劳动习惯。

表6.3 大学生劳动价值观的总体情况（$N=551$）

变量及分维度	M	SD	变量及分维度	M	SD
劳动认知层面	3.920	0.491	劳动实践层面	3.909	0.481
劳动态度	4.135	0.511	劳动习惯	3.713	0.184
劳动情感	3.514	0.672	劳动社会实践	4.105	0.751
劳动品德	4.111	0.563			

（二）劳动价值观认知层面和实践层面的差异分析

1. 大学生劳动价值观认知层面在人口学变量上的差异

通过表6.4可见，大学生对劳动和劳动者在认知层面的价值判断在学科门类、政治面貌和是否担任学生干部上不存在显著差异，在性别、是否独生子女、家庭月平均收入、家乡上存在显著差异。

独立样本T检验结果显示，在劳动认知上，女生和男生的认知存在显著差异。女生的认知水平（$M=3.628$，$SD=0.605$）显著高于男生的认知水平（$M=3.483$，$SD=0.577$）（$t=2.753$，$p=0.006<0.05$），这是因为在她们承担家务劳动的同时，职业选择越来越开放，职场地位不断提升，女性的劳动认同度得到提高。非独生子女的认知水平（$M=3.562$，$SD=0.636$）高于独生子女的认知水平（$M=3.435$，$SD=0.632$）（$t=2.218$，$p=0.027<0.05$），来自乡村的大学生的认知水平（$M=3.541$，$SD=0.645$）高于来自城市的大学生的认知水平（$M=3.419$，$SD=0.618$）（$t=4.725$，$p=0.030<0.05$）。

　　单因素方差分析结果显示，家庭月平均收入在大学生劳动认知上存在显著差异。家庭收入低的学生的得分高于家庭收入高的学生得分（F=2.739，p=0.028<0.05），这说明生活环境和家庭经济情况对学生劳动认知的影响较大，非独生子女、乡村生源和家庭经济收入低的学生参加劳动的机会更多，对劳动的认识更深入，对劳动者的感情更亲近，更热爱劳动。

　　以上结果分析说明，性别、是否独生子女、家庭经济情况和家乡是影响大学生劳动认知的重要因素。

表6.4　有效调查样本人口学变量在劳动认知上的差异情况（N=511）

变量	种类	M	SD	t/F	p
学科门类	理工类	3.929	0.479	0.387	0.534
	非理工类	3.899	0.519		
性别	男	3.483	0.577	2.753	0.006
	女	3.628	0.605		
政治面貌	中共党员（含预备党员）	3.522	0.655	0.601	0.548
	非党员	3.479	0.632		
独生子女情况	独生子女	3.435	0.632	2.218	0.027
	非独生子女	3.562	0.636		
学生干部任职情况	未当学生干部	3.439	0.647	1.045	0.297
	担任学生干部	3.506	0.632		
家庭月平均收入	5000元及以下	4.780	0.537	2.739	0.028
	5001～10000元	4.754	0.648		
	10001～15000元	4.537	0.745		
	15001～20000元	4.539	0.803		
	20000元及以上	4.464	0.833		
家乡	城市	3.419	0.618	4.725	0.030
	乡村	3.541	0.645		

　　2. 大学生劳动价值观实践层面在人口学变量上的差异

　　由表6.5可见，大学生对劳动和劳动者在实践层面的价值判断在性别、是否担任学生干部上不存在显著差异，在学科门类、是否独生子女、家庭月平均收入、家乡上存在显著差异。

独立样本t检验结果显示，在劳动实践上，专业学科类别是一个显著影响因素，理工类（$M=3.045$，$SD=1.377$）高于非理工类（$M=2.740$，$SD=1.371$）（$t=5.275$，$p=0.022<0.05$），产生这一差异的主要原因可能是受制于专业特征影响，在不同学科的培养目标和培养方案中对于劳动技能和劳动实践的要求不同，且理工类的学生实践平台和实践机会更多，而非理工类如文学、经济学学生在此方面的情况则相反或较弱。大学生的劳动实践价值判断在政治面貌上也有差异，学生党员（$M=4.013$，$SD=0.334$）明显高于非党员学生（$M=3.885$，$SD=0.505$）（$t=3.024$，$p=0.003<0.05$）。这是因为：一方面在高校基层党建工作中，劳动教育日益成为加强学生党员党性教育和政治引领的新载体，劳动教育不仅有利于加深学生党员对党的性质、宗旨和纲领的理解，而且可以帮助学生党员在实践认知中科学理解党的性质，摆正自己的位置，回归无产阶级劳动人民的阶级属性[①]；另一方面学生党员是大学生中的先进分子和骨干，对于劳动的认识更成熟，参与劳动实践更积极热情。独生子女和非独生子女在对于劳动和劳动者实践层面的价值评价趋势与在认识层面的价值评价趋势一致，即非独生子女（$M=3.737$，$SD=0.348$）明显高于独生子女（$M=3.632$，$SD=0.430$）（$t=3.020$，$p=0.003<0.05$），这与独生子女比非独生子女受到更多关照，非独生子女需承担更多劳动量有关。在劳动实践层面，来自乡村的大学生（$M=4.044$，$SD=0.707$）的价值判断高于家庭月平均收入5001～10000元的大学生（$M=3.096$，$SD=1.449$），且明显高于来自城市的大学生的价值判断（$M=3.774$，$SD=0.828$）（$t=-3.987$，$p<0.05$）。

单因素方差分析结果显示，家庭月平均收入在大学生劳动实践上存在显著差异。家庭收入越低的学生的得分高于家庭收入高的学生得分，如收入不足5000元（$M=3.131$，$SD=1.348$）的明显高于收入超过20000元的（$M=2.439$，$SD=1.184$）（$F=2.620$，$p=0.034<0.05$），这说明大学生对劳动实践的价值判断与家庭经济收入情况直接相关，从经济收入低的家庭走出来的大学生从小参与劳动，对劳动的认识水平高，参与劳动实践的数量多、程度深，更勤于劳动、善于劳动。

　　以上结果分析说明，学科门类、是否独生子女、政治面貌、家庭经济情况和家乡都是影响大学生劳动实践的重要因素。

表6.5　有效调查样本人口学变量在劳动实践上的差异情况（N=511）

变量	种类	M	SD	t/F	p
学科门类	理工类	3.045	1.377	5.275	0.022
	非理工类	2.740	1.371		
性别	男	3.885	0.469	−1.203	0.230
	女	3.936	0.493		
政治面貌	中共党员（含预备党员）	4.013	0.334	3.024	0.003
	非党员	3.885	0.505		
独生子女情况	独生子女	3.632	0.430	3.020	0.003
	非独生子女	3.737	0.348		
学生干部任职情况	未当学生干部	3.849	0.550	3.027	0.082
	担任学生干部	3.932	0.451		
家庭月平均收入	5000元及以下	3.131	1.348	2.620	0.034
	5001～10000元	3.096	1.449		
	10001～15000元	3.080	1.338		
	15001～20000元	2.834	1.352		
	20000元及以上	2.439	1.184		
家乡	城市	3.774	0.828	−3.987	0.000
	乡村	4.044	0.707		

（三）大学生劳动价值观满意度调查

　　对大学生劳动价值观总体满意度的调查结果见图6.1。由图6.1可知，485名（占比94.91%）学生（即5分以上）对自己的劳动价值观总体满意，这一结果说明被测试的大学生对自己的劳动价值观持乐观、肯定态度。

　　对大学生劳动价值观满意度与学生所学专业学科门类、性别、是否独生子女、担任学生干部情况、政治面貌、家庭经济收入情况和家乡等人口变量学进行交叉分析，得到的结果列于表6.6中。由表6.6显示可知，大学生的劳动价值观满意度受到人口变量学的影响，如理工类学生得分在9～10分段高于非理工类学

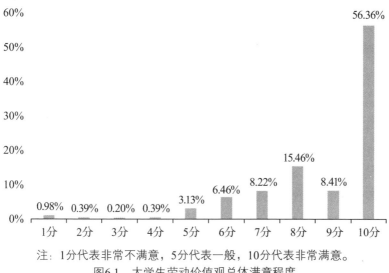

注：1分代表非常不满意，5分代表一般，10分代表非常满意。
图6.1　大学生劳动价值观总体满意程度

生，女生在3～8分段高于男生，学生党员在3～8分段高于非党员学生，独生子女在3～4分段和9～10分段均高于非独生子女，学生干部在1～6分段和9～10分段均高于非学生干部，城市生源在1～6分高于乡村生源。

表6.6　大学生劳动价值观满意度与有效样本人口变量学交叉分析（*N*=511）

变量	种类	1～2分		3～4分		5～6分		7～8分		9～10分		小计
		数量	占比/%	数量	占比/%	数量	占比/%	数量	占比/%	数量	占比/%	
学科门类	理工类	3	0.84	1	0.28	26	7.28	82	22.97	245	68.63	357
	非理工类	4	2.60	2	1.30	23	14.94	39	25.32	86	55.84	154
性别	男	4	1.47	1	0.37	18	6.62	54	19.85	195	71.69	272
	女	3	1.26	2	0.84	31	12.97	67	28.03	136	56.90	239
学生党员	是	1	1.05	2	2.11	12	12.63	25	26.32	55	57.89	95
	否	6	1.44	1	0.24	37	8.89	96	23.08	276	66.35	416
独生子女	是	2	0.95	3	1.43	19	9.05	45	21.43	141	67.14	210
	否	5	1.66	0	0.00	30	9.97	76	25.25	190	63.12	301
学生干部	是	6	1.62	3	0.81	41	11.05	78	21.02	243	65.50	371
	否	1	0.71	0	0.00	8	5.71	43	30.71	88	62.86	140
家庭月平均收入	5000元及以下	3	1.69	1	0.56	28	15.73	40	22.47	119	66.85	178
	5001～10000元	2	1.10	1	0.55	20	11.05	39	21.55	119	65.75	181
	10001～15000元	1	1.64	1	1.64	5	8.20	16	26.23	38	62.30	61
	15001～20000元	0	0.00	0	0.00	4	9.76	14	34.15	23	56.10	41
	20000元及以上	1	2.00	0	0.00	5	10.00	12	24.00	32	64.00	50

变量	种类	1~2分		3~4分		5~6分		7~8分		9~10分		小计
		数量	占比/%	数量	占比/%	数量	占比/%	数量	占比/%	数量	占比/%	
家乡	城市	4	1.39	3	1.05	32	11.15	66	23.00	182	63.41	287
	乡村	3	1.34	0	0.00	17	7.59	55	24.55	149	66.52	224

（四）大学生乐意接受的劳动教育形式

无论是教育还是教学，都不能一味地单向灌输，而应该是双向互动的过程。既要有教师的"教"，也要有学生的"学"。若要学生在"学"的过程中积极主动地接受，就要多征求学生意见，了解学生内心想法，掌握学生特点，采用学生乐于接受的教育形式，劳动教育亦是如此。为了解决高校劳动教育中存在的问题，纾解学生"学"的困难，问卷调查了学生关于如何接受劳动教育的意愿。对于这一部分的考察，问卷中设置了两个题项。

由图6.2所示，当被问及"更愿意接受下列哪种形式的劳动教育"时，被测评大学生更希望"中小学时期能有机会多参加劳动教育课程"（346人，67.71%），这说明一方面大学生深切感受到劳动教育作为中小学生基础教育的一环，应该从早抓起；另一方面，中小学时期的劳动教育尚未满足学生成长的需要，还存在一定程度的缺失。大学生另一强烈的愿望是能"向家长学习，从小参加家务劳动等，养成良好劳动习惯"（339人，66.34%），这一现象不仅说明大学生非常愿意将家长作为劳动榜样，向他们学习劳动知识和劳动技能，而且认为良好的劳动习惯需要从小培养，家长应该多支持孩子参加家务劳动，并给予指导。"体验式""沉浸式"的劳动教育也是备受大学生欢迎的形式，他们希望通过"主动参与各类义务劳动，体现劳动价值"（278人，54.40%）。41.88%的学生（214人）认为榜样就在身边，他们愿意"向身边的同学朋友学习"，乐于接受朋辈引领。

从图6.3所示可知，对于"如何帮助大学生树立正确的劳动价值观"，大学生给出的建议里高频出现家庭、学校、社会风气、榜样等主题词，说明它们是帮助大学生树立正确劳动价值观的重要因素。学生作为受教育的主体，他们的建议是劳动教育的需要的直接反映。为了充分调动大学生参与劳动教育的积极性和创造性，提升他们在劳动教育中的参与度，有针对性地提升劳动教育成效，高校劳动教育的深入开展和有效提升应充分发挥高校的主体能动性，融合家庭教育和社会教育，营造浓厚的劳动教育氛围，形成强劲的劳动教育合力。

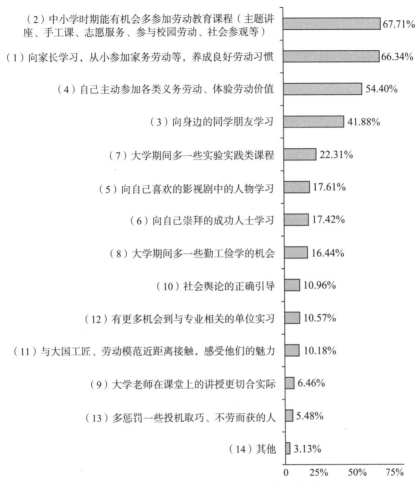

图6.2　大学生更愿意接受的劳动教育形式

图6.3　对帮助大学生树立正确的劳动价值观的建议

第二节　高校劳动教育中存在的问题

高校作为大学生学习、生活的主要场所，也是大学生接受劳动教育的重要场域，担负着对大学生开展劳动教育的主体作用。长期以来，尤其是《意见》印发后，各高校都在积极探索劳动教育的新方法、新途径，取得了一定成效，但也反映出一些问题，其中大学生劳动价值观在认知和实践层面存在的问题，制约了高校劳动教育向纵深推进。对这些问题进行原因分析，可以从个人、高校、家庭、社会四个方面开展。提出问题并对问题进行归因分析，有利于加强和改进高校劳动教育，并为提升劳动教育实效奠定基础。

一、高校劳动教育中存在的问题

（一）大学生在劳动价值上存在模糊认识

为了直观分析大学生劳动价值观方面存在的问题，问卷中设置了相关题目，先是通过被测评对象直接作答的形式予以考察。问卷设置的题项为"基于您的经历和认知，您认为当代大学生在劳动价值观方面有哪些突出问题"，制定选项13个，每人限选3～5项，作答结果见图6.4。

由图6.4可知，在列举出的13个选项中，被测评对象认为大学生劳动价值观最突出的问题是"没有良好的劳动习惯"（258人，占比50.49%），劳动习惯是制约大学生劳动价值观的重要因素，而劳动习惯的养成是一个长期的过程，需要从小抓、从早抓、从家庭教育抓起。其次是"好逸恶劳，缺乏积极的劳动态度"（237人，占比46.38%）、"存在铺张浪费的现象"（221人，占比43.25%）、"缺乏艰苦奋斗的精神"（181人，占比35.42%）等。这四个选项分别代表劳动价值观的四个结构组成，即劳动习惯、劳动态度、劳动品德和劳动精神，其他9个选项分别是这四个方面的具体问题表现，如"看不上体力劳动"（173人，占比33.86%）、"不尊重他人劳动成果"（159人，占比31.12%）、"生活自理能力较差"（124人，占比24.27%）、"做事马虎，不精益求精"（119人，占比23.29%）、"太看重物质报酬"（115人，占比22.50%）、"存在投机取巧心理，渴望不劳而获"（105人，占比20.55%）、"奋斗目标不明确，荒废时光"（100人，占比

19.57%）、"独生子女娇生惯养，抗挫能力差"（64人，占比12.52%）及"其他"（27人，占比5.28%），不同程度地反映了大学生存在着重脑力劳动、轻体力劳动，不劳而获，劳动技能和劳动实践匮乏等不良劳动思想和劳动行为。

基于以上数据结果的反映，再结合文献研究，我们认为大学生劳动价值观存在的突出问题也可以从个人、家庭、高校、社会四个大的维度，以及劳动态度、劳动情感、劳动品德、劳动习惯和劳动社会实践五个具体方面进行剖析。

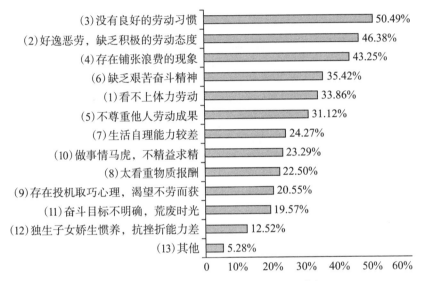

图6.4　当代大学生在劳动价值观方面的突出问题

（二）劳动认知上未能足够重视劳动教育

思想是行为的先导，大学生只有在思想上对劳动教育足够重视，高校才能顺利开展劳动教育，劳动教育才能发挥其应有的育人作用。目前，大学生的劳动态度、劳动情感和劳动品德仍存在不足之处，高校需要在此方面着重加强。

1. 不正确的劳动态度及价值判断仍存在

问卷先是通过对"在您看来，对您个人发展意义重大的思想观念是……"和"在您看来，目前您周围大多数大学生的思想追求倾向于……"两个问题的设定，考察了大学生的思想观念和价值取向，调研结果见图6.5、图6.6。由图6.5可知，在所列选项中，学生认为效率观念、诚信观念和实干观念是对他们发展意义最重大的思想观念，分别占比63.01%（322人）、59.49%（304人）和57.73%（295人），这体现了学生对劳动效率、诚实劳动、实干笃行的重视。与此同时，节约观念和创新观念的占比较低，分别为19.37%（99人）、16.63%

（85人），可见，节俭的劳动美德被弱化，创新劳动在大学生中还未受到足够重视。

由图6.6可知，爱国主义、集体主义、实用主义和乐观主义是大学生最显著的思想追求倾向，分别占比62.62%（320人）、52.64%（269人）、51.27%（262人）和43.84%（224人），但是一些不正确的劳动观念，如享乐主义（164人，占比32.09%）、功利主义（155人，占比30.33%）、利己主义（147人，占比28.77%）、消费主义（114人，占比22.31%）仍在大学生的思想观念中占比较高。

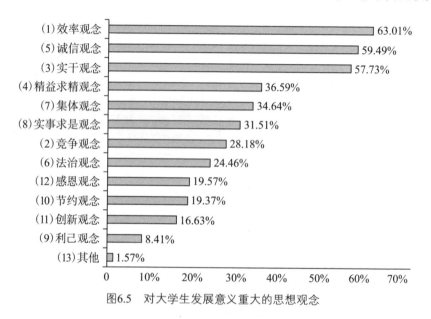

图6.5　对大学生发展意义重大的思想观念

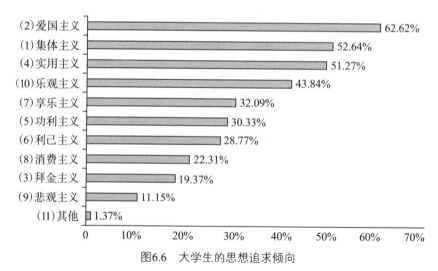

图6.6　大学生的思想追求倾向

　　然后问卷考察了大学生对劳动知识的掌握情况，对该部分内容的调研设计了两个问题，即"请您对下列古代劳动相关说法进行评价"和"请您对当代劳动相关说法进行评价"，主要考察大学生对劳动相关文化知识的认知态度和行为指向。调查结果见表6.7和表6.8。由图6.1、表6.7、表6.8可见，当前大学生对自己的劳动价值观整体满意，且对主流的劳动观持认同态度。

　　面对"请您对下列古代劳动相关说法进行评价"时，由表6.7中数据可知，对题目所列内容中的第1、2、3、4、5、7选项，80%以上的学生选择了非常认同和比较认同。但是对于选项6"万般皆下品，唯有读书高"的评价，学生意见较为分散，44.81%的学生（229人）非常认同，14.29%的学生（73人）比较认同，但也有102名（占比21.92%）学生不太认同或非常不认同，这也体现了新时代大学生的读书观及价值观的多元化取向。但是表6.7中关于第4、5选项的测量结果显示，416人（占比81.41%）比较认同或非常认同"学而优则仕"的说法，425人（占比83.17%）比较认同或非常认同"劳心者治人，劳力者治于人"的说法，这一现象反映了学生对于体力劳动和脑力劳动态度的不同，部分学生重脑力劳动、轻体力劳动。而对于表6.8中关于第5、6、7、8选项的调查结果显示，99人（占比19.37%）比较认同或非常认同"新时代不需要弘扬艰苦奋斗精神了"的说法，99人（占比19.37%）比较认同或非常认同"有钱了，就不用劳动了"的说法，95人（占比18.59%）比较认同或非常认同"劳动会耽误学习"的说法，90人（占比17.61%）比较认同或非常认同"家务活是家长的事，不需要孩子插手"的说法，这一结果与我们倡导的马克思主义劳动价值观相违背，暴露了大学生中仍有不少人还持有错误的劳动价值观，对待劳动的态度不端正，认为劳动仅是为了挣钱，未能清楚认识劳动的本质，也没有在学习中体会劳动的快乐，同时还具有劳动依赖性，将家务活推在父母身上，忽略了劳动教育的重要性，否认了劳动教育是我们人人需要的终身教育。在该部分内容的考察结果中，对于优秀传统劳动文化的认同情况与李珂课题组的调研结果基本一致，但是对消极劳动文化观点的认同情况出现差异，凸显了测评对象的差异性。①

　　面对"请您对下列当代劳动相关说法进行评价"时，由表6.8中数据可知，

---

　　① 李珂. 嬗变与审视——劳动教育的历史逻辑与现实重构［M］. 北京：社会科学文献出版社，2019：136-137.

90%以上的学生对"劳动是财富的源泉，也是幸福的源泉""劳动可以磨炼人
的意志品质""劳动最美丽、最光荣、最伟大、最崇高""全社会应树立辛勤劳
动、诚实劳动、创造性劳动的理念"等观念持比较认同和非常认同的态度，说
明新时代大学生的主流劳动价值观是重视劳动、崇敬劳动的。但是，也要看
到，在对"新时代不需要弘扬艰苦奋斗精神了""有钱了，就不用劳动了""劳
动会耽误学习""家务活是家长的事，不需要孩子插手"等题目的选择上，不少
学生持非常认同或比较认同的态度。

表6.7　对古代劳动相关说法的评价

题目/选项	非常认同	比较认同	一般	不太认同	非常不认同
1. 一粥一饭当思来之不易，半丝半缕恒念物力维艰	86.89%（444）	8.61%（44）	2.15%（11）	0.20%（1）	2.15%（11）
2. 人生生勤，不索何获？	84.15%（430）	10.76%（55）	2.54%（13）	0.39%（2）	2.15%（11）
3. 庖丁解牛，技进乎道	79.84%（408）	11.94%（61）	4.7%（24）	0.98%（5）	2.54%（13）
4. 学而优则仕	65.56%（335）	15.85%（81）	11.55%（59）	3.72%（19）	3.33%（17）
5. 劳心者治人，劳力者治于人	66.93%（342）	16.24%（83）	8.61%（44）	3.91%（20）	4.31%（22）
6. 万般皆下品，唯有读书高	44.81%（229）	14.29%（73）	18.98%（97）	11.35%（58）	10.57%（54）
7. 宝剑锋从磨砺出，梅花香自苦寒来	81.02%（414）	12.72%（65）	3.72%（19）	0.59%（3）	1.96%（10）

表6.8　对当代劳动相关说法的评价

题目/选项	非常认同	比较认同	一般	不太认同	非常不认同
1. 劳动是财富的源泉，也是幸福的源泉	78.67%（402）	13.70%（70）	5.09%（26）	0.59%（3）	1.96%（10）
2. 劳动可以磨炼人的意志品质	82.19%（420）	11.74%（60）	3.72%（19）	0.59%（3）	1.76%（9）
3. 劳动最美丽、最光荣、最伟大、最崇高	80.04%（409）	11.74%（60）	5.68%（29）	0.78%（4）	1.76%（9）

题目/选项	非常认同	比较认同	一般	不太认同	非常不认同
4. 全社会应树立辛勤劳动、诚实劳动、创造性劳动的理念	81.60% （417）	12.33% （63）	3.72% （19）	0.59% （3）	1.76% （9）
5. 新时代不需要弘扬艰苦奋斗精神了	16.63% （85）	2.74% （14）	3.72% （19）	7.05% （36）	69.86% （357）
6. 有钱了，就不用劳动了	16.24% （83）	3.13% （16）	5.09% （26）	8.22% （42）	67.32% （344）
7. 劳动会耽误学习	15.85% （81）	2.74% （14）	4.70% （24）	12.72% （65）	63.99% （327）
8. 家务活是家长的事，不需要孩子插手	15.46% （79）	2.15% （11）	4.31% （22）	8.22% （42）	69.86% （357）

问卷还调查了大学生对于"付出与收获"思维关系的接受态度，结果列于表6.9中。由表6.9可见，对于"有付出，有收获"这一正向关系，超95%的学生能接受，但是对于"没付出，没收获"这一正向结果，却有23.87%的学生（122人）无法接受，而对于"没付出，有收获"的情况，超半数（262人，占比51.27%）的学生乐于接受，只有12.13%的学生（62人）持否定态度，无法接受。这在一定程度上，反映了不少学生存在不劳而获的想法，其劳动价值观偏离正确的风向标。另外，面对"有付出，没收获"的情况，32.29%的学生（165人）选择无法接受，这要求高校在劳动教育中引导学生不仅要树立正确的得失观，还要端正劳动态度，树立科学的劳动理念，展现良好的劳动精神风貌。

表6.9　大学生对于付出与收获的四种关系的接受态度

题目/选项	乐于接受	还能接受	无所谓	勉强接受	无法接受
1. 有付出，有收获	88.85% （454）	7.24% （37）	2.15% （11）	0.98% （5）	0.78% （4）
2. 没付出，有收获	51.27% （262）	18.00% （92）	12.13% （62）	6.46% （33）	12.13% （62）
3. 有付出，没收获	20.94% （107）	18.00% （92）	9.39% （48）	19.37% （99）	32.29% （165）
4. 没付出，没收获	39.33% （201）	15.85% （81）	16.83% （86）	4.11% （21）	23.87% （122）

2. 浓厚的劳动情感仍需不断激发

劳动模范和大国工匠拥有积极向上、昂扬奋进的劳动精神面貌，他们立足平凡的岗位，爱岗敬业、执着坚守、艰苦奋斗、辛勤劳动、一丝不苟。劳模精神和工匠精神作为新时代高校大学生劳动教育的一种价值指向，对大学生劳动教育具有重要意义。为了测量大学生对于劳动过程和劳动者的情感，问卷设置了有关劳动模范和大国工匠的议题。

对"您最崇拜的偶像是谁""在您眼中，最成功的人是谁""请您写出您知道的劳模或大国工匠的名字"三个问题的调查结果显示，大学生的崇拜对象既有国家领导人如毛泽东、周恩来、习近平，又有科学家袁隆平、邓稼先、钱学森，还有人民公仆焦裕禄，也有时代楷模钟南山、张定宇、张桂梅，以及文体工作者和企业家等，涉及社会各行各业。

对劳模精神和工匠精神的调研分别设置了两个问题。当被问到"劳模精神的内涵是爱岗敬业、争创一流，艰苦奋斗、勇于创新，淡泊名利、甘于奉献。您觉得劳模精神距离自己的日常生活……"时，答案如图6.7所示。311人（占比60.86%）认为劳模精神就在身边，104人（占比20.35%）认为距离自己不太遥远，39人（占比7.63%）认为劳模精神离自己比较遥远（6.46%）或非常遥远（1.17%），还有57人（超1/10）选择了一般遥远。如图6.8所示，面对"您对自己在日常学习生活中践行劳模精神的态度是……"时，443人（占比86.70%）比较愿意或非常愿意，57人（占比11.15%）一般愿意，11人（占比2.15%）不愿意践行劳模精神。这两个题项的调查结果说明，一方面大学生对劳模怀有高度的崇敬之情，对劳模蕴含的精神力量感受力较强，对劳模精神认

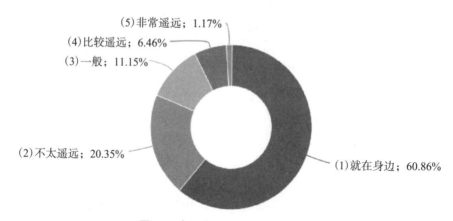

(5)非常遥远；1.17%
(4)比较遥远；6.46%
(3)一般；11.15%
(2)不太遥远；20.35%
(1)就在身边；60.86%

图6.7　大学生对劳模精神的距离感

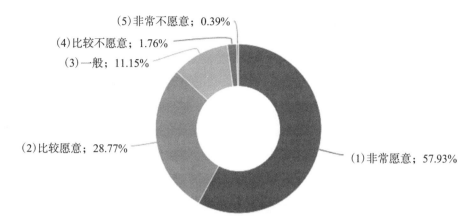

图6.8　大学生践行劳模精神的态度

同度较高，大部分学生愿意在日常学习生活中践行劳模精神，另一方面也有不少学生存在非坚定态度（即一般愿意），个别学生存在否定之情（即不愿意）。

如图6.9所示，当被问及"中央电视台曾播出了五季《大国工匠》专题片，对这些大国工匠，您怎么看"时，学生中有451人（占比88.26%）认为大国工匠非常了不起，是国家和民族的骄傲，同时有250人（占比48.92%）认为大国工匠是行业内的精英群体。这说明，对大学生而言，大国工匠首先是价值取向，是国家精神和民族精神的承载，在思想、道德、精神上给人以引导。问卷还对工匠精神的重要性做了调研，具体问题为"工匠精神是一种追求极致，精益求精的精神。在您看来，工匠精神对您学习或工作的重要性是……"，结果见图6.10。由图6.10所示，大部分学生（473人，92.56%）认为工匠精神对自身学习和工作具有比较重要或非常重要的作用，与他们对劳模精神的认同基本持

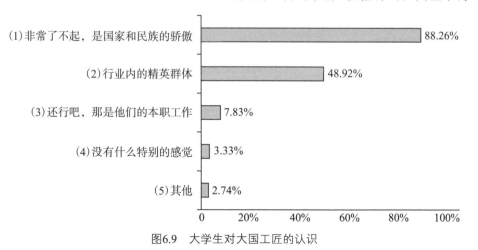

图6.9　大学生对大国工匠的认识

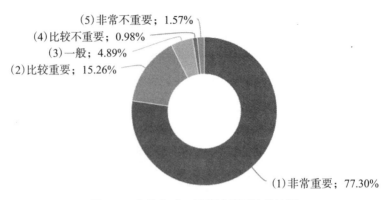

图6.10　大学生对工匠精神重要性的认识

平。可见，劳模精神和工匠精神在大学生的思想、学习、生活和工作中，正发挥着积极示范引领作用。同时也要看到，对于这两个问题，仍有6%~8%的学生持不坚定态度或否定情感，如40人（占比7.83%）认为大国工匠只是履行了自身本职工作，25人（占比4.89%）认为工匠精神对于个人的学习或工作只有一般重要性，另有13人（占比2.55%）认为不重要，这对高校劳动教育提出了挑战。

由此可见，在大学生中弘扬劳模精神和大国工匠精神仍任重道远。

3. 高尚的劳动品德有待持续磨砺，正确的就业观、择偶观需要确立

就业观和择偶观从道德层面反映着劳动价值观，是劳动价值观在就业和择偶过程中的具体表现形式。通过有关就业观、择偶观的题项设置，来进行大学生的劳动品德评价。

（1）大学生的就业观

对于大学生就业观的考察从就业去向、职业类型、影响因素、就业地点、薪酬等方面进行。

图6.11给出的数据是大学生面对"如果您明年毕业，您明年毕业后的选择是……"时的选择结果。由图示可知，绝大部分毕业生（344人，占有效测试样本的67.32%）选择毕业后继续深造，只有81人（占比15.85%）选择参加工作，这为当下的考研热潮提供了数据支撑。值得注意的是，还有43人（占比8.41%）对职业规划迷茫，需要高校从低年级开始就要对大学生加强职业生涯规划教育，并引导学生树立正确的就业观。

而当深究其毕业后继续深造的主要原因时，结果如图6.12所示。大学生毕业后选择继续深造的影响因素中，排在前五位的依次是个人学业追求（285人，

占比73.64%）、增加就业筹码（228人，占比58.91%）、父母的期望（144人，37.21%）、就业压力大（138人，35.66%）和换一个心仪的国内高校读书（117人，30.23%）。由此可见，第一，无论是对于学生个人还是学生家长而言，继续深造都是学生追求高学历、学习新知识、提升自我、增强社会竞争力、打造美好生活的较好选择；第二，当下突出的就业压力也使得大学生们不愿过早进入社会，走上工作岗位，这其中不乏慢就业和不就业的例子；第三，继续深造对一些人尤其是高考失利的学生而言，是一次可以进入名校或心仪学校以及重新选择专业的机会。

关于向往的职业类型，由图6.13所示可知，自由型（172人，占比33.66%）、技术型（104人，占比20.35%）和稳定型（76人，占比14.87%）是大学生选择的前三位职业类型，强烈程度依次递减，可见大学生在选择职业时更看重时间和环境自由，其次是工作和专业是否对口，然后是职业稳定性和风

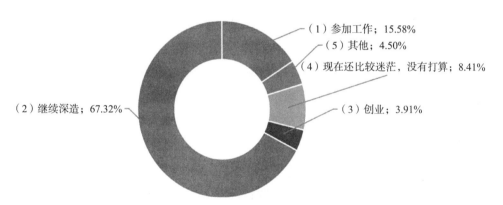

图6.11　大学生毕业后的选择

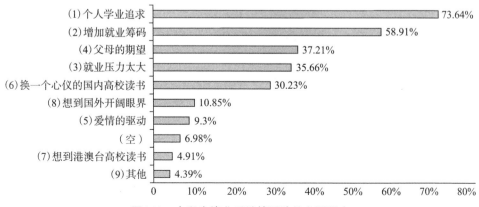

图6.12　大学生毕业后继续深造的主要理由

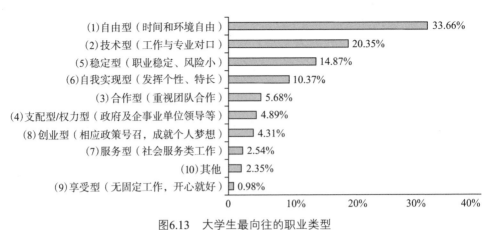

图6.13　大学生最向往的职业类型

险小，对于个人个性和特长的发挥并没有提到较高地位（自我实现型，53人，占比10.37%）。被测试学生中，选择服务型（社会服务类工作）的人数则非常少，仅有13人（占比2.54%）。可见，多数大学生不愿意从事服务行业。对于创业型的选择（4.31%）和图6.11中创业选择的占比基本一致。

　　如图6.14所示，在回答"在您看来，对您的就业起到决定性影响的因素是……"这一问题时，在所列选项中影响因素由高到低依次为个人实力（411人，占比80.43%）、机遇运气（263人，占比51.47%）、就业行情（233人，占比45.60%）、家庭背景（226人，占比44.23%）、专业背景（159人，占比31.12%）、学校名气（114人，占比22.31%）、老师推荐（73人，占比14.29%）、同学或朋友帮助（41人，占比8.02%）和其他（13人，占比2.54%）。由此可见，虽然大学生普遍认同个人实力是决定就业的第一影响因素，但是也有超半数的学生把机遇运气的重要性提到了就业行情、专业背景等

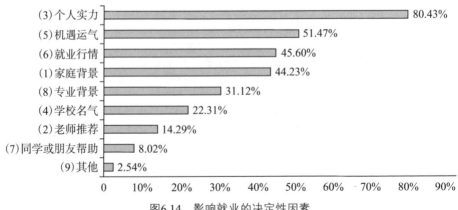

图6.14　影响就业的决定性因素

影响因素之上，一定程度上存在着机会主义思想。这就要求高校在教育教学活动中分析就业行情，把握就业趋势，并引导学生深化专业认识，扎实专业技能，坚定专业自信，树立勤奋务实的就业观和踏实肯干的劳动观。同时，家庭背景也是学生认为影响就业的重要因素，这对于就业中加强家校合作提供了数据支撑和思路参考。

面对"影响您就业选择的主要因素是……"时，学生的选择具有明显的差异性，结果见图6.15。超过八成的学生（424人，占比82.97%）将劳动报酬（工资待遇）作为第一选择，其次是福利制度（是否有五险一金等）、升值空间，选择人数分别占比47.16%、45.79%，然后才是公司/单位实力（159人，占比31.12%）、是否符合个人兴趣或发挥专长（149人，占比29.16%）、公司/单位所在城市（141人，占比27.59%）。这与图6.13中大学生最向往自由型职业（时间和环境自由）存在一定偏差，可见理想和现实之间存在较大差异。在现实生活面前，多数人还是更注重劳动报酬和福利制度的优异，自我价值的实现则位居其次，不再被坚持。

而对于"假如毕业时，暂时还没有找到理想工作，现在有一份以体力劳动为主、报酬一般的工作岗位，您也符合招录条件，您的态度是……"这一问题的回答，更是呼应了上述观点。如图6.16所示，该情况下，选择接受的人数超过被测试总人数的3/4，总体乐观，但是也要看到只有不足一半的人数（227人，占比44.42%）选择乐于接受，踏踏实实地干，还有超三成的学生（165人，占比32.29%）只是勉强接受，先干着再找其他工作机会，这势必对劳动热

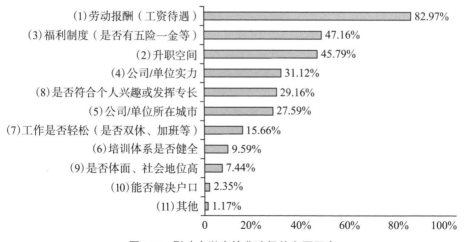

图6.15　影响大学生就业选择的主要因素

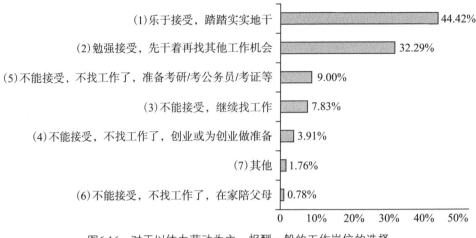

图6.16 对于以体力劳动为主、报酬一般的工作岗位的选择

情和劳动效率产生消极影响。同时，还要清楚地看到，有119人（占比21.52%）不能接受，这其中虽然不乏40人（占比7.83%）继续找工作，创业或为创业做准备的20人（占比3.91%），备考研究生、公务员等的46人（占比9.00%），他们想通过更优质的资源积累实现更高平台的跨越，但是也为懒就业和慢就业找到了借口。

就业中对一些认识的看法和观点构成了就业态度，它对最终就业选择起着重要的影响作用。表6.10给出了大学生对几种就业观点的评价。由表6.10可见，对于选项（1）（2）（3）（6）（7）（8）（9），大学生普遍给出了肯定性评价（非常认同和比较认同），可以看出在认知层面上，大学生对于就业和未来职业普遍呈积极态度，劳动思想教育情况总体乐观向上。但是对于去农村或偏远的基层就业（选项4）持肯定性评价的学生刚过半数（281人，占比54.99%），一般性认同人数不在少数（144人，占比28.18%），说明在实践层面上，不少学生对于从事艰苦劳动还存在畏难情绪和消极思想。这也要求高校在劳动教育中引导学生培养吃苦耐劳的品格，将青春绽放在祖国最需要的地方。关于"毕业5年内我会创业"（选项5）的调查结果显示，有创业热情的人占被测试人员的近七成（非常认同148人，比较认同57人，一般认同147人），彰显了"大众创业，万众创新"理念已经深入人心，大学生普遍能接受且愿意在积累一定经验和资本后从事创新性劳动，这与前文关于创业人数少的结果不冲突。对于选项10的作答结果显示了多数大学生（350人，占比68.49%）对人工智能等新兴行业的忧虑。

表6.10 对以下就业方面描述的评价

题目/选项	非常认同	比较认同	一般	不太认同	非常不认同
1. 大学几年的学习和生活对我未来发展很有帮助	69.47%（355）	20.55%（105）	7.63%（39）	1.37%（7）	0.98%（5）
2. 我肯定能找到一份满意的工作	51.66%（264）	23.68%（121）	21.14%（108）	2.35%（12）	1.17%（6）
3. 我对未来职业发展充满信心	53.42%（273）	24.66%（126）	19.57%（100）	1.37%（7）	0.98%（5）
4. 我愿意去农村或偏远的基层工作	36.01%（184）	18.98%（97）	28.18%（144）	11.15%（57）	5.68%（29）
5. 毕业5年内我会创业	28.96%（148）	11.15%（57）	28.77%（147）	20.94%（107）	10.18%（52）
6. 三百六十行，行行出状元	64.77%（331）	23.09%（118）	9.78%（50）	1.17%（6）	1.17%（6）
7. 职业不分高低贵贱，无论是体力劳动还是脑力劳动，都值得尊重和鼓励	72.99%（373）	17.42%（89）	7.44%（38）	0.98%（5）	1.17%（6）
8. 将来即使做不了精英，我也甘愿当普通人	48.73%（249）	22.11%（113）	19.77%（101）	6.65%（34）	2.74%（14）
9. 大学生毕业后不工作，啃老可耻	69.47%（355）	16.24%（83）	8.02%（41）	1.76%（9）	4.50%（23）
10. 不久的将来（10~20年），我将从事的行业/职业会因为人工智能而出现大面积失业	31.70%（162）	12.72%（65）	24.07%（123）	19.96%（102）	11.55%（59）

2. 大学生的择偶观

在全部调研对象中，有321名学生恋爱过，占比62.82%。对于择偶观的考察，设置了两个题项，考察结果分别见表6.11和图6.17。

由表6.11可见，大部分学生（376人，占比73.59%）对婚姻持积极态度（非常认同、比较认同和一般认同），认同"婚姻对我来说是不可缺少的"，但是也有不少学生（135人，占比26.42%）持否定态度，这一现象一定程度上迎合了时下年轻人晚婚、不婚的现象。很多学生（354人，占比69.27%）在恋爱中属于被动接受（非常认同、比较认同和一般认同），遇到自己心仪的异性时，不会主动追求对方。98.04%的学生（501人）选择与自己人生观、价值观相似的人做配偶，并且非常认同该观点的学生数（405人，占比79.26%）远高于其他四个选项。同时，超过95%的学生（481人）会选择与自己社会经济地位相似的配偶，503人（占比98.43%）愿意和配偶一起努力奋斗，同甘共苦。可见，人生观、价值观和社会经济地位是大学生择偶的重要考虑因素，大家更愿意和自己各方面相匹配、相契合的人结成伴侣，共同生活。

但是值得关注的是选项4"宁在宝马车上哭，不愿在自行车上笑"的调研结果，非常不认同和不太认同人数只占56.36%（288人），刚过半数；有43.64%的学生（223人）认同该观点。在此，有超四成的大学生认同该观点，与表6.9中关于"没付出，有收获"的考察结果相一致（262人乐于接受）。不得不承认，学生中仍充斥着拜金主义、不劳而获等错误的劳动价值观，对于高校劳动教育又是一个不小的挑战。

图6.17给出了大学生择偶标准的先后顺序，可见居于前三位的分别是性格（309人，占比60.47%）、价值观（285人，占比55.77%）和相貌（235人，占比45.99%），除其他外，居后三位的分别是学历（47人，占比9.20%）、家庭背景（63人，占比12.33%）和社会地位（68人，占比13.31%）。可见，性格相投、价值观一致、相貌是大学生择偶最看重的标准，是情感稳定的基础。和选项中所列其他择偶标准相比，学历、家庭背景和社会地位等现实标准的重要性就没有那么明显了。此处的结果与前文关于"我会选择与自己社会经济地位相似的配偶"看似矛盾，实则不矛盾，前文反映的是强烈程度问题，该处表达的是先后次序问题，非同一考察维度。

表6.11　大学生对关于择偶方面说法的认同情况

题目/选项	非常认同	比较认同	一般认同	不太认同	非常不认同
1. 我会选择与自己人生观、价值观相似的配偶	79.26%（405）	14.87%（76）	3.91%（20）	1.17%（6）	0.78%（4）
2. 我会选择与自己社会经济地位相似的配偶	57.93%（296）	21.53%（101）	14.68%（75）	4.50%（23）	1.37%（7）
3. 我愿意和配偶一起努力奋斗，同甘共苦	77.69%（397）	15.85%（81）	4.89%（25）	0.78%（4）	0.78%（4）

续表

题目/选项	非常认同	比较认同	一般认同	不太认同	非常不认同
4. 宁在宝马车上哭，不愿在自行车上笑	17.42% （89）	5.87% （30）	20.35% （104）	23.68% （121）	32.68% （167）
5. 遇到自己心仪的异性时，我不会主动追求对方	25.05% （128）	19.37% （99）	24.85% （127）	18.98% （97）	11.74% （60）
6. 婚姻对我来说是不可缺少的	36.01% （184）	17.42% （89）	20.16% （103）	13.70% （70）	12.72% （65）

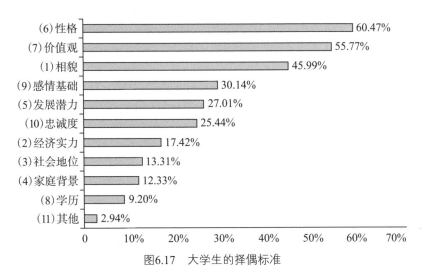

图6.17　大学生的择偶标准

（三）劳动实践上大学生劳动参与度有待提升，科学的消费观有待树立

实践是最好的试金石，在对大学生劳动态度、劳动情感和劳动品德进行了解的前提下，继续从劳动习惯和劳动社会实践两个实践维度考察大学生对劳动和劳动者的价值判断。

1. 大学生参加家务劳动情况

调研了大学生寒暑假做家务劳动的日均时长、在校期间对脏衣服的处置情况和寝室卫生的打扫情况，各设置了一个题项，调研结果见图6.18、图6.19和图6.20。

如图6.18所示，面对"大学寒暑假，您在家平均每天做家务劳动的时长大约是……（主要包括洗衣做饭、打扫卫生、家庭采购、干农活等体力劳动）"的题项，并不是所有被调研的学生都参加过家务劳动，498名学生（占比

97.46%）表示参加过家务劳动，13名学生（占比2.54%）不做家务劳动。在做家务的学生中，日均时长居前三位的是半小时～1小时、10分钟～半小时和2小时以上，分别占28.38%（145人）、23.87%（122人）和23.09%（118人）。将参加家务劳动半小时以上的人数加和统计得出，参加家务劳动日均半小时及以上的学生不足所有测试对象的七成（344人，占比67.38%）。

如图6.19所示，面对"大学在校期间，您常怎么处理脏衣服"的题项，自己手洗和用校园的洗衣机洗是广大大学生优先选择的处理方式，分别为432人（占84.54%）和412人（80.63%），有56人（占比10.96%）选择到专门洗衣店洗。这一方面反映了当代大学生生活的自主性，另一方面也反映了随着科技的发展，人们生活更便捷，大学生的生活方式更加丰富多样。不可忽略的是，还有70人会将脏衣服寄回家、带回家洗或从来不洗。这一现象不仅暴露了一些大学生的独立性差，同时也反映了从小未培养起良好的劳动习惯，反而养成了"衣来伸手、饭来张口"的不良习惯，并且在洗衣店已经遍布街头或者校园里、宿舍楼里已经安装智能洗衣机的情况下，还将脏衣服邮寄回家，造成劳动成本增加，劳动资源浪费。

如图6.20所示，面对"当您多次发现寝室里很乱，但又没轮到您值日时，您最经常的处理方式"的题项，42.27%的学生（216人）选择自己主动打扫，25.83%的学生（132人）会邀请室友一起打扫，即超2/3的学生（348人，占比68.10%）会在非值日时间，选择参与到宿舍卫生打扫中，另有20.94%的学生（107人）会提醒值日同学打扫，这体现了当代大学生积极生活、积极劳动、友善助人的一面。

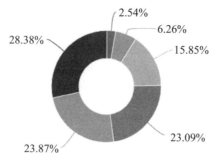

● (1)不做　　　● (2)10分钟以内　　● (5)1小时~2小时
● (6)2小时以上　● (3)10分钟~半小时　● (4)半小时~1小时

图6.18　寒暑假，大学生做家务劳动的日均时长

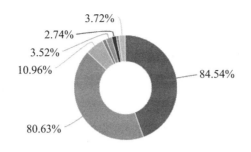

- (1)自己手洗　　● (2)用校园的洗衣机洗　　● (3)到专门洗衣店洗
- (4)请别人帮忙洗　　● (5)寄回家洗　　● (6)攒一起带回家洗
- (7)从来不洗　　● (8)其他

图6.19　在校期间，大学生处理脏衣服情况

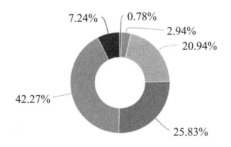

- (1)发牢骚、抱怨　　● (2)视而不见　　● (3)提醒值日同学打扫
- (4)邀请室友一起打扫　　● (5)自己主动打扫　　● (6)其他

图6.20　非值日生期间，对寝室卫生的处理方式

以上数据说明大学生参加家务劳动的态度和行为是普遍积极的，但是也存在部分学生家务劳动时间短、对他人的依赖性强、消极怠工的现象，还需持续加强劳动教育引领和劳动技能培训。

2. 大学生的消费情况

移动互联网、大数据等信息技术的飞速发展和计算机、智能手机等科技电子产品的广泛应用，打破了时间、空间的局限，让消费行为变得更加畅通无阻，无所不在，促使青年学生日渐成为消费群体的新生力量和主力军。调研大学生的消费观有利于厘清消费与劳动之间的关系，进而通过引导青年学生自觉树立科学消费理念，拓展劳动教育途径，提升劳动教育成效。

调研对象对于消费观的选择结果见图6.21。由图6.21可知，在被调研的大学生中，实际型（看有多少钱）和经济实惠型（质量一般就行）是主流消费观，分别占比40.90%（209人）和37.18%（190人）。同时，节俭型（能不买

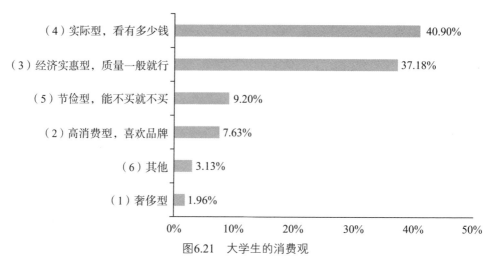

图6.21　大学生的消费观

就不买）占比9.20%（47人），与高消费型（39人，7.63%）和奢侈型（10人，1.96%）加和相近，说明了当代大学生的消费观念以务实为主，部分学生存在高消费行为，喜欢品牌，追求奢侈享乐，形成消费异化现象。

大学生对待浪费态度的考察结果如图6.22所示。面对"在学校食堂里，当看到有同学浪费食物，您最倾向于怎么处理"的题项，我们看到只有不足三成的被调研的学生（125人，占比24.46%）会主动上前提醒别浪费食物，59名（11.55%）认为浪费食物可耻的学生也只是在心中进行鄙视，当浪费严重时，有88名学生（占比17.22%）会向相关老师或管理人员反映。做出以上三种正向选择的学生共有272人，占比53.23%，刚过总测评人数的一半。

与之相反，有25名学生（占比4.89%）因为自己也有浪费现象发生，认为别人浪费情有可原；有18名学生（占比3.52%）感觉无所谓，持漠视态度；在

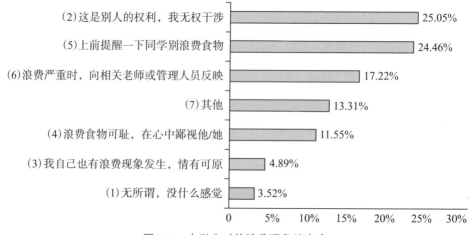

图6.22　大学生对待浪费现象的态度

所有选项中，被认同最多的则是选项（2）"这是别人的权利，我无权干涉"，128人（占比25.05%）对该选项投了赞同票，看似是对别人的尊重，实则是对劳动成果被浪费现象的无视和麻木。这组数据一方面体现了当代大学生更为民主的生活方式，另一方面也暴露了在校园里浪费时有发生，尤其是餐桌上的浪费已经不被普遍认为是一种可耻的行为，并且大学生抵制不良消费行为的勇气明显不足，亟须高校引导学生树立正确的消费观，教育大学生珍惜劳动成果，发扬劳动精神，营造"浪费可耻、节约为荣"的校园氛围。

问卷考察了大学生每月的消费情况，设置题项为"大学期间，您每个月的平均花费（含生活费、买衣服、往返家里、旅游、培训等所有花费）为……"和"大学期间，如果当月生活费已经花完，还不到父母给下个月生活费的时间，您常通过哪些途径解决困难"。被测试对象对这两个问题进行了回答，结果见图6.23、图6.24。

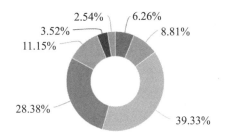

2.54%　6.26%
3.52%　8.81%
11.15%
28.38%
39.33%

● (1)500元以下　　● (2)500~999元　　● (3)1000~1499元　　● (4)1500~1999元
● (5)2000~2999元　　● (6)3000~4999元　　● (7)5000元及以上

图6.23　大学生的月均消费

由图6.23可见，大学生每个月平均消费主要集中在1000~1499元（201人，占比39.33%）和1500~1999元（145人，28.38%）两个范围内，低于500元的低消费者和高于3000元的高消费者较少（总计63人，占比12.33%），消费水平处于2000~2999元的学生约占被测评总人口的一成（57人，占比11.15%）。消费水平受制因素较多，主要受学校驻地的经济发展水平、物价、学生家庭经济情况和个人消费理念等因素影响。这些数据一定程度上反映了驻青高校大学生的经济消费状况，月均消费额普遍处于1000~3000元。

由图6.24可知，大部分大学生经济上尚不能独立，其生活费的主要来源还是父母。当生活费花完时，他们最先想到的还是向父母要钱（291人，占比56.95%），其次才是依靠兼职等参加生产劳动的途径自己挣钱来维持生活所需（182人，占比35.62%）。也有学生会向亲朋好友（同学）借钱以解燃眉之急（86人，占比16.83%），直到父母给下个月生活费。有超过16%的学生（82人）希望通过消费贷（30人，占比5.87%）、校园贷等借贷类软件（23人，占比4.50%）和透支信用卡（29人，占比5.68%）来满足生活消费，这些行为不仅为大学生埋下安全隐患，而且是"不爱劳动、不会劳动、不珍惜别人劳动成果"的具体表现。解决这些问题，只能靠劳动教育，通过劳动教育帮助大学生树立正确的消费观。

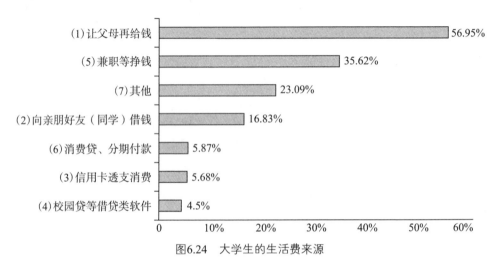

图6.24　大学生的生活费来源

　　问卷通过一些消费观点评价，调研大学生的消费观。调研结果见表6.12。由表6.12可知，大学生对于选项1、3、4、5、6普遍持认同态度（含非常认同、比较认同和一般认同），他们支持适度消费，不超前过度消费（497人，占比97.26%）；他们崇尚光盘行动，节约粮食（501人，占比98.04%）；他们在日常学习生活或工作中努力做到极致，精益求精（499人，占比97.65%），他们珍惜资源，重视劳动成果，当学校水龙头坏了，为避免资源浪费，劳动成果付诸东流，他们会及时报告，寻找相关人员修理（493人，占比96.48%）；他们还经常参加力所能及的公益活动，如扶贫济困、保护生态环境、帮助弱势群体、支教（492人，占比96.28%）。这些数据反映了大学生的消费观普遍与主流消费观一致，既展示了劳动教育的优秀成果，又是大学生的消费观的整体反映。然而，另一个选项的测评结果却不容乐观，即对于"过生日时即使我钱不够，我也会借钱请客"这一选项的回答，不认同的共310人，占到总人数的60.66%，另有约40%的测评对象（201人，占比39.33%）会或者可能会选择借钱请客。生日消费属于人情消费，大学生宁愿借钱或者借贷也要过生日，表明大学生不能根据自己的实际情况合理地、有计划地安排消费，消费结构不合理，易造成过度消费、畸形消费。

表6.12　大学生对一些消费观点的评价

题目/选项	非常认同	比较认同	一般认同	不太认同	非常不认同
1. 我适度消费，不超前过度消费	71.82%（367）	17.61%（90）	7.83%（40）	1.76%（9）	0.98%（5）
2. 过生日时即使我钱不够，我也会借钱请客	18.4%（94）	8.61%（44）	12.33%（63）	28.96%（148）	31.7%（162）
3. 崇尚每日光盘行动，节约粮食	65.75%（336）	21.92%（112）	10.37%（53）	0.98%（5）	0.98%（5）
4. 日常学习生活或工作中，我努力做到极致，精益求精	55.77%（285）	27.01%（138）	14.87%（76）	1.17%（6）	1.17%（6）
5. 学校宿舍教室食堂水龙头坏了，水哗哗外流，我会及时报告，寻找相关人员修理	61.84%（316）	20.16%（103）	14.48%（74）	1.96%（10）	1.57%（8）
6. 我经常参加力所能及的公益活动（扶贫济困、保护生态环境、帮助弱势群体、支教等）	57.93%（296）	23.68%（121）	14.68%（75）	2.15%（11）	1.57%（8）

这就需要学校教育和家庭教育融合，一方面要有意识地通过家庭劳动、校园实践活动培养学生正确的消费观，做到理性消费，不铺张、不浪费，并开展安全警示教育，谨防上当受骗，落入"套路贷"；另一方面教育引导学生养成爱劳动、会劳动、能劳动的劳动观念和劳动习惯，帮助他们掌握生活需要的劳动技能，以确保其养成自立自强的生活习惯。

3. 劳动社会实践情况

从大学生参加社会实践活动的意义和类型两个方面进行调研，结果见图6.25和图6.26。通过图6.25所示可知，面对"您认为在大学期间参加实践活动的主要意义是什么"的题项，五成以上的学生将参加实践活动作为丰富课余生活（379人，占比74.17%）、积累工作经验（373人，占比64.77%）、增加生活体验（331人，占比64.77%）和实现个人价值（270人，占比52.84%）的途径。42.66%的学生（218人）期待通过社会实践赚取生活费或零花钱，而只有32.29%的学生（165人）认为通过实践活动可以培养吃苦耐劳的精神，27.01%的学生（138人）认为社会实践可以深化所学知识。这在一定程度上反映了，通过社会实践培养吃苦耐劳精神的说法尚不能得到大学生的充分认可，大学生在社会实践中的劳动体会、劳动收获还不够强烈。

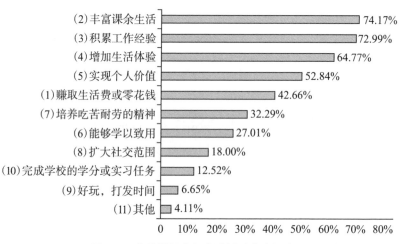

图6.25　大学期间参加实践活动的主要意义

由图6.26所列数据可知，面对"大学期间，学习之余，您还参加了哪些社会实践活动"的题项，志愿服务/公益性活动是大学生的首选（347人，占比67.91%）；其次是社会调查（202人，占比39.53%）、勤工俭学（189人，占比36.99%）、兼职打工（174人，占比34.05%）和"三下乡"活动（169人，占比33.07%），作答人数占比均在30%~40%之间；而到公司/单位实习（101人，占比19.77%）、创业实践（94人，占比18.40%）和从事生产劳动（68人，占比13.31%）占比相对较小。这说明大学生在参加社会实践活动时，主要还是倾向于成本低、投入精力少、易于开展的类型，而对于劳动难度较大、与专业知识结合紧密的实践活动参与较少。

然而，创新型人才是当今世界最重要的战略资源，国家对创新型人才的需求不断扩大，高校应深入开展创新性劳动教育，不断激发大学生的创新意识，加强创新技能培训，引导大学生积极参加劳动实践活动，将理论知识转化为实践能力。

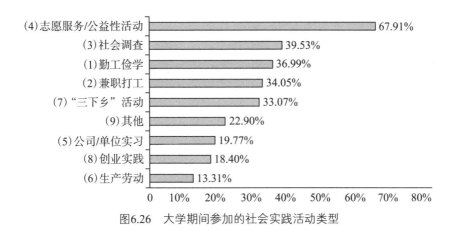

图6.26 大学期间参加的社会实践活动类型

二、高校劳动教育的问题成因分析

在问卷题项设置中，我们将个人、家庭、学校、社会等方面作为影响因子设计其中，考察诸方面对大学生劳动价值观的影响，通过IBM SPSS Statistics 23软件和Excel软件对问卷调查结果进行数据分析，结果见图6.27。

由图6.27可知，被调研的学生认为，对大学生劳动价值观影响较大的因素中，父母的影响最大（429人，占比83.95%），其次才是学校（325人，占比63.60%）、社会风气（228人，占比44.62%）和个人喜好（152人，占比26.61%），这再次证实了家庭、学校、社会和个人是大学生劳动价值观形成的主要影响因素，家庭教育、学校教育、社会教育和自我教育是劳动教育的四个重要环节，分别承担着不同的角色和功能定位，对于大学生劳动价值观影响的强烈程度不同：家庭教育>学校教育>社会教育。同时，对大学生劳动价值观影响较大的是朋辈群体（136人，占比26.61%）和包括报纸杂志（62人，占比12.13%）、书籍（62人，占比12.13%）、电视电影（53人，占比10.37%）、微博和微信（34人，占比6.65%）在内的社会宣传媒体。这一情况反映了父母是孩子的第一任老师，家庭是孩子成长的摇篮，父母的言传身教是最好的教育方式，在培养学生的劳动精神和劳动价值观的过程中，父母应主动承担起"第一教师"的任务，家庭应主动承担"第一课堂"的任务；高校应加强与家庭的合作，充分调动社会资源和媒体平台，引导学生热爱劳动、参与劳动；社会应营造尊重劳动、热爱劳动、学习劳模、争当劳模的良好氛围。

以上数据说明，高校、家庭和社会是推动劳动教育的主导因素。无论是对社会期待还是学生个人需要而言，家长是对学生影响深远的因素，家庭是学生接受劳动教育的第一阵地；社会风气是影响劳动教育的又一重要因素，起着浸润和熏陶的作用；高校作为劳动教育的主阵地，同时也是学生从家庭走向社会的中转站，高校应积极发挥桥梁优势，将家庭教育和社会教育连接起来，连同高校教育形成劳动教育共同体，促进大学生德智体美劳全面发展。因此，对于高校劳动教育存在的突出问题的原因分析，将从个人、高校、家庭和社会四个方面进行。

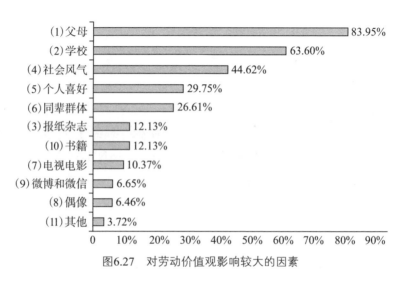

图6.27　对劳动价值观影响较大的因素

（一）大学生劳动主观能动性不足

大学生作为高校劳动教育的主体，因其自身在劳动认知和实践层面上存在主观能动性不足的情况，削弱了高校劳动教育实效，成为大学生劳动价值观产生问题的内生因素。一方面，主观能动性不足影响了大学生对劳动知识和劳动技能的掌握。如图6.2所示，在回答大学生劳动价值观存在的突出问题的13个选项中，"缺乏积极的劳动态度"成为众多学生选择的对象。熟练掌握劳动知识和劳动技能可以提升大学生对劳动的认识，涵养其对劳动和劳动者的情感，增强劳动自信。由表6.2和表6.3可见，大学生对于古代和当代的劳动说法的评价与主流劳动价值观不完全一致；没有完备的劳动知识和劳动技能，大学生对劳动的认知就会产生偏差，导致他们的劳动观念弱化，劳动价值取向异化，在劳动积极性降低的同时，渴望不劳而获的思想就可能产生，这也就能更好地理解表6.9中反映的有超半数的学生会接受"没付出，有收获"了。另一方面，主观能动性不足影响大学生参加劳动实践。如图6.2所示，即使在寒暑假有大量空闲时间的情况下，仍有学生不参加家务劳动，且约30%的学生日均家务劳动时间不足半小时。不参加劳动实践，将劳动看成生活的负担，就不能深刻理解"劳动是人的本质"，认识不到劳动可以促进人全面发展，劳动光荣，而衣服脏了寄回家、花钱靠爸妈也就成了"情理之中"的事。

（二）高校对劳动教育重视不够

问卷设置了"在您看来，学校在劳动价值观教育方面存在的主要问题是什么"这一题项，总共8个选项，每人限选3项，结果如图6.28所示。由图6.28所示，大学生认为高校对劳动价值观教育产生负面影响的因素按强烈程度高低，依次为劳动教育实践课程少（311人，60.86%）、有的学生靠投机取巧实现了不劳而获（282人，55.19%）、老师的榜样示范性不足（263人，51.47%）、学生违纪后未受到惩罚（196人，38.36%）、学校不重视劳动教育（168人，32.88%）、有的学生靠不正当手段得到更多机会（139人，27.20%）、校园文化中缺乏劳动教育内容（114人，22.31%）等。

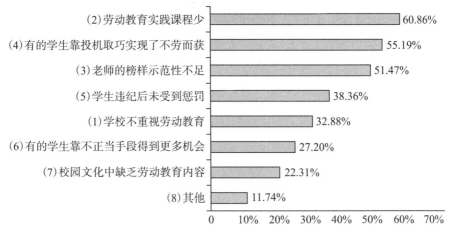

图6.28　学校在劳动价值观教育方面存在的主要问题

下面从高校劳动教育课程设置、师资队伍、教育内容和校园文化四个方面进行着重分析。

1. 课程体系建设不完备

课程是人才培养的重要抓手，课程体系化是将课程内容通过条理化、系统化、有序化的方式传授给教育对象而实现教育目标的途径。劳动教育课程体系化是高校贯彻落实党的劳动教育方针，培养德智体美劳全面发展的社会主义建设者和接班人的必然选择。虽然《意见》对劳动教育课程体系化的方法和内容已经指明了方向，不仅要"将劳动教育纳入中小学国家课程方案和职业院校、普通高等学校人才培养方案，形成具有综合性、实践性、开放性、针对性的劳动教育课程体系"，还要"根据各学段特点，在大中小学设立劳动教育必修课程……职业院校以实习实训课为主要载体开展劳动教育，其中劳动精神、劳模精神、工匠精神专题教育不少于16学时。普通高等学校要明确劳动教育主要依托课程，其中本科阶段不少于32学时"。但是，在问卷调查中仍有学生反映劳动实践课程设置少，这可能是因为：一是学校决策层面还没有对劳动教育统一思想、达成共识，对劳动教育存在模糊的认识，对劳动教育体系设置还没有清晰的思路和方案，对劳动教育的重视只停留在思想上和通知宣传上，这将直接影响师生对劳动教育的认同和对培养目标的肯定，产生"劳动教育不重要""劳动教育可有可无"的错误思想，影响大学生养成良好的劳动品格和树立正确的劳动价值观。二是部分高校对劳动教育课程的设置不合理，未划分学科分类，未制定课堂教学和实践教学的学分设置。劳动教育仍处于碎片化、零散化状态，学生感受不到劳动教育的必要性和重要性（32.88%的学生认为高校不重视劳动教育）；未澄清"第一课堂"和"第二课堂"的界限，高校教育活动分散在日常生活劳动、与专业相关的生产劳动、志愿服务和社会实践等活动中，混淆了劳动教育与生产劳动、志愿服务和社会实践的概念和关系，学生缺乏对劳动教育文化知识的系统学习，缺乏对劳动教育的内涵和外延的准确把握，学生感受不到劳动教育的专业性、系统性和体系性。

2. 劳动教育教师队伍混杂

劳动是人的本质需要，劳动教育应该是从娃娃抓起。劳动教育在人的各个成长阶段的目标不同，学校阶段学生应该接受专业的、系统的学习，应该有专业的、专门的劳动教育教师教授。教师在高校劳动教育中起着至关重要的作用，但是目前高校劳动教育专业师资普遍匮乏，无论是"第一课堂"的劳动教育的必修课、选修课，还是"第二课堂"的劳动教育的实践课，主讲教师往往是"抽调"过来的马克思主义学院、经济管理学院、创新创业学院的教师，或者全校范围"招募"上来的管理岗兼职教师、辅导员来承担部分课堂教学或实践教学任务。由于高校对劳动教育有所研究的教师本身较少，部分教师对劳动教育未有较为系统的学习研究，在知识理论水平和教学方式的专业性方面均有所不足。

调研显示，不少学生（51.47%）认为"老师的榜样示范性不足"。教师自身没有正确的劳动观念、劳动精神，导致学生对劳动教育内涵的理解出现偏差，难以在劳动教育活动中树立正确的、深层次的劳动价值观。学高为师，德高为范。教师是传授学生知识的人，也是学生争相效仿的对象。古人云，信其师，亲其道；尊其师，奉其道；敬其师，效其行。教师是学生道德修养的镜子。若要教出好学生，引导学生树立正确的劳动价值观，教师首先要端正品格和言行，要先接受劳动教育，掌握扎实的劳动教育文化知识和劳动技能，不做纸上谈兵者、不做夸夸其谈者，言行一致，尊重劳动、热爱劳动，积极参加劳动，在学生中树立劳动榜样，在劳动中引领学生、教导学生。

3. 高校劳动教育培养目标不清晰

《意见》指出，劳动教育的培养目标是"培养学生正确的劳动价值观和良好的劳动品质"。部分高校劳动教育的形式以体力劳动为主，开展过程以劳动体验为主，未能深挖劳动使人成为人、劳动创造财富、劳动促进人全面发展、劳动使人幸福等深层价值。此外，还有部分高校为提升学生参与的积极性，开展几乎与劳动主题无关且娱乐化倾向明显的活动或与德、智、体、美等活动简单拼接杂糅的活动，脱离了劳动教育的基本内涵和总体目标，高校劳动教育的基本内涵窄化。还有部分高校的劳动教育调研机制缺失，究其原因，正是高校未能充分调研大学生的劳动观、劳动现状以及大学生对劳动教育的看法，未能积极发挥大学生的主体作用，未能及时跟进学生的活动评价和学生反馈意见，在某种程度上也削弱了高校开展劳动教育的有效性、丰富性、针对性。

此外，高校应在诚实劳动、合法劳动方面对学生予以重点引导。调研显示，不少学生（55.19%）认为"有的学生靠投机取巧实现了不劳而获"是学校劳动教育存在的第二大问题。这在一定程度上暴露了学校存在着不诚实劳动甚至是非法劳动现象，诸如学术抄袭剽窃、评奖评优材料弄虚作假、考试作弊现象时有发生。还有些学生（38.36%）认为"学生违纪后未受到惩罚"，说明部分高校中尚未建立完善的劳动教育监督机制、评价机制。究其原因，是高校未能将劳动教育完全融入德智体美教育体系中，未能将劳动教育作为"五育并举"的有力支撑点，阻碍了"五育融合"的效度提升。

4. 高校劳动教育校园文化不浓厚

正如智育要在校园设立名人名言宣传栏、建设前沿的学习研究场所，德育要展出榜样事迹、立碑明德，体育要建立体育场、拉出标语横幅，美育要优化校园环境和设计布置建筑楼，劳动教育也应在校园的可见处有所体现。《纲要》

指出，要通过制定劳动公约、每日劳动常规、学期劳动任务单，组建与劳动教育有关的兴趣小组、社团等，利用植树节等节假日开展丰富的劳动主题教育，组织劳动技能和劳动成果展示、人物宣传等活动，营造劳动光荣、劳动创造伟大的校园文化，从而陶冶学生的劳动情操，提高学生的劳动素质，培养学生健全的人格。

调查显示，22.31%的调查对象认为校园文化中缺乏劳动教育的相关内容。目前，高校劳动教育校园文化不够鲜明，劳动之风未形成氛围。主要表现在：高校里鲜见对劳动教育的标语宣传和氛围营造，在标语横幅、宣传栏、文化墙上，很少见到关于劳动教育的文字宣传、实物展出，只有少数高校的部分建筑里有关于劳模的介绍和展示等。环境育人是高校重要的育人方式，高校劳动教育校园文化的氛围不足将严重阻碍学生形成正确劳动观念、养成良好劳动习惯。尤其是在"五一"劳动节、学雷锋纪念日等重大节日，以及平时的社团活动与校园文化宣传中，关于"劳动教育"的字眼屈指可数，从而导致没有形成良好的劳动教育氛围。

（三）家庭对劳动教育重视不够

父母是孩子的第一任老师，家庭是孩子的第一所学校，父母的言行举止和家庭成长环境对孩子的成长有潜移默化的影响。正如前文所说，83.95%的学生认为父母是对他们劳动价值观养成的第一关键要素。这说明大部分学生良好劳动习惯的养成都得益于父母的教导和亲身示范。事实上，父母在与孩子交流劳动问题、带孩子参与劳动活动以及要求孩子做家务的过程中，通常会基于他们丰富的劳动经验，教导孩子进行创造性劳动。

问卷设置题项"在您看来，家庭在劳动价值观教育方面存在的主要问题是什么（限选3项）"，借此考察家庭劳动教育中的突出问题，结果如图6.29所示。大学生认为在家庭劳动教育中最突出的三个问题依次是"在家长眼里，学习是孩子的天职，成绩是第一位的，干不干家务无所谓"（351人，占比68.69%）、"家长缺乏正确的劳动教育理念"（324人，占比63.41%）和"家长对我的成长干预太多，甚至是包办"（203人，占比39.73%）；其次，48.53%的学生（248人）认为"家长没有起到榜样示范作用"，还有一部分学生认为"家长很忙，没时间、没精力教育我"（142人，占比27.79%）、"家庭结构不完善（父母离婚），没有良好的成长环境"（67人，占比13.11%）。

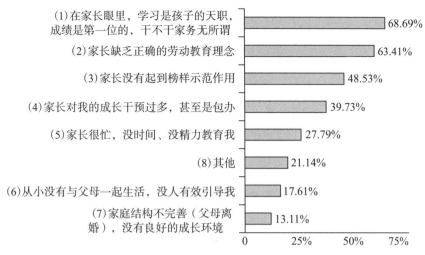

图6.29　家庭在劳动价值观教育方面存在的主要问题

如表6.13、表6.14所列，通过SPSS软件对家乡、家庭月经济收入与"家庭在劳动价值观教育方面存在的主要问题是什么"分别进行交叉分析得知，大学生的家庭经济收入不同、家乡不同，其家庭劳动教育问题不同。如城市家庭的学生认为家庭劳动教育最大的问题是"在家长眼里，学习是天职，成绩是第一位的，干不干家务无所谓"，乡村家庭的学生则认为家庭劳动教育最大的问题是"家长缺乏正确的劳动教育理念"，"从小没有与父母一起生活，没人有效引导我"则成了乡村家庭学生另一突出问题。分析表明随着城镇化的发展，当代大学生多为独生子女，很多力所能及的劳动都被家人所代劳，这在无形之中剥夺了学生成长所必需的劳动意识和劳动权利。同时，受应试教育的影响，很多学生被书本、教室所限制，父母觉得他们的主要任务就是学习，做家务会耽误他们宝贵的学习时间。还有的父母因自身缺乏正确的劳动理念和缺乏良好的劳动习惯，以致在教育子女时，将错误的理念传授给了孩子，或者孩子在同父母共同生活中耳濡目染，使其养成不良劳动习惯和错误的劳动价值观。再有就是父母因为工作忙无暇管教孩子或者因生活所迫无法与孩子共同生活在一起，导致对孩子缺乏教育或者没有机会教育孩子，削弱了家庭在劳动教育中的作用。一些学生参加劳动、接触社会实践的机会少之又少，以至于很多学生甚至分辨不清基本的生活用品，少数学生生活不能自理，如17岁考上中科院硕博连读研究生的"天才少年"魏永康，因生活不能自理而被退学；北大高才生因生活不能自理退学，再次考入浙大后，母亲辞去工作跑到浙江伴读照顾；还有之前被劝退的清华学霸，书本上的知识他比谁都懂，但生活里的常识他却一点没有，比如他没有见过带壳的鸡蛋，原因是他从小吃的鸡蛋都是不带壳的。还有些学生对工人、农民等创造社会财富的艰辛知之甚少，不懂得珍惜劳动人民辛苦创造的劳动成果，浪费粮食、乱扔垃圾、宿舍卫生杂乱等现象时常发生。

表6.13　家乡与家庭教育问题交叉分析表

家庭劳动价值观教育中存在的问题	（1）城市		（2）县城		（3）乡镇		（4）农村		小计
	数量	占比/%	数量	占比/%	数量	占比/%	数量	占比/%	
（1）在家长眼里，学习是孩子的天职，成绩是第一位的，干不干家务无所谓	146	41.60	62	17.66	34	9.69	109	31.05	351
（2）家长缺乏正确的劳动教育理念	124	38.27	57	17.59	33	10.19	110	33.95	324
（3）家长没有起到榜样示范作用	102	41.13	41	16.53	27	10.89	78	31.45	248
（4）家长对我的成长干预过多，甚至是包办	86	42.36	43	21.18	15	7.39	59	29.06	203
（5）家长很忙，没时间、没精力教育我	54	38.03	23	16.20	16	11.27	49	34.51	142
（6）从小没有与父母一起生活，没人有效引导我	23	25.56	13	14.44	14	15.56	40	44.44	90
（7）家庭结构不完善（父母离婚），没有良好的成长环境	25	37.31	8	11.94	10	14.93	24	35.82	67
（8）其他	34	31.48	20	18.52	10	9.26	44	40.74	108

表6.14　家庭经济收入与家庭教育问题交叉分析表

家庭劳动价值观教育中存在的问题	（1）5000元及以下		（3）5001~10000元		（5）10001~15000元		（5）15001~20000元		（6）20000元以上		小计
	数量	占比/%	数量	占比/%	数量	占比/%	数量	占比/%	数量	占比/%	
（1）在家长眼里，学习是孩子的天职，成绩是第一位的，干不干家务无所谓	120	34.18	116	33.05	44	12.54	30	8.55	41	11.68	351
（2）家长缺乏正确的劳动教育理念	109	33.64	113	34.89	42	12.96	26	8.02	34	10.49	324
（3）家长没有起到榜样示范作用	85	34.28	97	39.11	26	10.48	15	6.05	25	10.08	248
（4）家长对我的成长干预过多，甚至是包办	71	34.98	73	35.96	19	9.36	21	10.34	19	9.36	203

家庭劳动价值观教育中存在的问题	（1）5000元及以下		（3）5001～10000元		（5）10001～15000元		（5）15001～20000元		（6）20000元以上		小计
	数量	占比/%	数量	占比/%	数量	占比/%	数量	占比/%	数量	占比/%	
（5）家长很忙，没时间、没精力教育我	45	31.69	56	39.44	21	14.79	10	7.04	10	7.04	142
（6）从小没有与父母一起生活，没人有效引导我	34	37.78	31	34.44	10	11.11	7	7.78	8	8.89	90
（7）家庭结构不完善（父母离婚），没有良好的成长环境	26	38.81	20	29.85	174	20.90	5	7.46	2	2.99	67
（8）其他	44	40.74	37	34.26	7	6.48	9	8.33	11	10.19	108

（四）社会对劳动教育引导不到位

社会劳动教育对学生劳动价值观具有显著的正向影响，学生所接触的来自社会的正向劳动教育越多，越有助于树立科学的劳动价值观。然而，我国传统文化中"学而优则仕"的思想时至今日仍然具有较大的市场，社会上仍然存在重脑力劳动而轻体力劳动的不良思想。同时，伴随我国的改革开放，西方资本主义国家的腐朽文化和价值观也乘虚而入并影响青少年的思想观念，表现在劳动价值观方面，就是部分大学生贪图享受、爱慕虚荣，功利化倾向明显，追求"短平快"。

问卷设置题项"在您看来，社会在劳动价值观教育方面存在的主要问题是什么（限选3项）"，借此考察社会劳动教育中存在的突出问题，结果如图6.30所示。图6.30表明，社会劳动价值观教育方面存在的主要问题首先是"经常能在社会中看到不尊重体力劳动者的现象"（62.04%），其次是"影视作品、娱乐综艺节目的价值导向存在偏差"（58.32%），以及"媒体关于科学家、大国工匠、劳动模范等榜样的宣传有限"（56.56%）。54.79%的学生认为"社会氛围急功近利，追求'短平快'"也是比较突出的问题，亟须廓清。

我国社会存在很多劳动教育资源，如公益组织、各行各业的能人巧匠、劳动实践基地。学校未能有效与社会公益组织对接，到劳动实践基地开展劳动教学少，也很少邀请劳动模范为学生们开设讲座。诸如此类社会劳动教育资源并未得到全面的挖掘与利用，而且零零散散，没有得到有效整合，导致社会劳动教育难以发挥其作用，大大降低了高校劳动教育质量。此外，偶像剧、言情剧

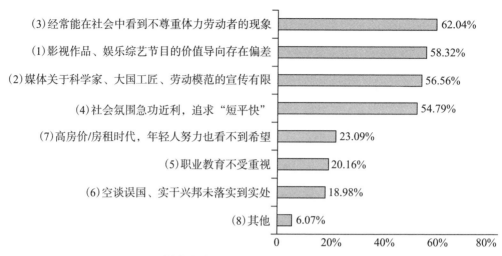

(3)经常能在社会中看到不尊重体力劳动者的现象　62.04%

(1)影视作品、娱乐综艺节目的价值导向存在偏差　58.32%

(2)媒体关于科学家、大国工匠、劳动模范的宣传有限　56.56%

(4)社会氛围急功近利，追求"短平快"　54.79%

(7)高房价/房租时代，年轻人努力也看不到希望　23.09%

(5)职业教育不受重视　20.16%

(6)空谈误国、实干兴邦未落实到实处　18.98%

(8)其他　6.07%

图6.30　社会在劳动价值观教育方面存在的主要问题

的盛行，尤其是剧中生活优越的人物给部分学生带来了一定的负面影响，他们羡慕剧中人的生活，对自己现有的生活很不满足，存在很多抱怨。更甚者，轻视体力劳动，导致毕业之后眼高手低，慢就业或不就业。

（五）高校劳动教育的融合力较弱

劳动教育应该包括学校教育、家庭教育和社会教育。只有涵盖这三方面教育，劳动教育才能被称为完整的教育。家庭劳动教育是人们自幼接受的教育，人们在家人的言传身教中习得教育。家庭劳动教育有自身独特的优势，因为孩子和父母的亲密关系，孩子愿意将父母作为自己学习的榜样，并且会有意地模仿父母的言行举止，这种方式会影响孩童时代，甚至在成年以后也会有意无意地效仿父母。高校劳动教育是人们在课堂内外，通过书本教学或者实验教学，系统地、规范地习得教育。社会劳动教育是一个宏观的概念，包括的内容比较广泛。社会具有丰富的劳动教育资源，人们在毕业后到社会中参加生产劳动，并在社会生产劳动中锻造自己、锤炼自己，使自己成为更全面、自由的人。

家庭和社会作为开展劳动教育的重要场域，对提升高校劳动教育质量的重要性不言而喻。家庭劳动教育和社会劳动教育又是最容易被忽视的环节，人们在学生时代结束前，生活在比较纯粹的家庭环境和校园环境中，即使走上社会，也更习惯于扮演学生角色接受教育。然而很多学校却没有抓住这一点，在劳动教育实际开展的过程中，学校与家庭、社会基本上是处于相互孤立的状态，针对劳动教育的开展，三者几乎没有任何的交流或者合作，因此，在大学生劳动价值观的培养过程中，家庭劳动教育资源和社会劳动教育资源未被挖掘，家庭劳动教育和社会劳动教育作用难以发挥，使得劳动教育效果大打折扣。

第三节　高校劳动教育的路径探索

针对高校实际和大学生在劳动教育中存在的问题，近年来，国内高校纷纷就劳动教育积极开展实践探索。探索路径主要从课堂内外（即课堂教育与课外教育）两个维度展开。课堂教育是指劳动教育的课堂教学，教师依托课堂讲授劳动科学知识和劳动技术技能，大学生通过课堂学习熟练掌握劳动知识、劳动方法和劳动法规等；课堂教育是劳动教育的第一阵地。课外教育是指课堂之外的劳动教育活动，往往将劳动教育融入思想政治教育、校园文化和实训实践等过程中，实现劳动教育与它们的有机融合，相互推动、相互促进；课外教育是劳动教育的第二阵地。

一、劳动教育的第一课堂建设

课程是人才培养的核心要素，学生从大学里受益的最直接、最核心、最显效的是课程。目前，一些高校将劳动教育融入了教学体系，设置了专门的劳动教育课程。如中国劳动关系学院开设了"劳动通论"通识必修课，按32学时2学分的标准，面向全体大一学生开设，系统进行马克思主义劳动观和社会主义劳动关系教育；开设"大国工匠面对面"思政公选课，邀请行业领域的劳动模范走进课堂，讲述从业经历，演示精湛技艺，阐释工匠精神；开设"劳动实践创新"实践类公选课，以劳动—创新—实践为主线，引导大学生树立"劳动光荣、技能宝贵"的观念。中国矿业大学立足行业特色推进劳动教育，设置"劳动教育与实践"必修课，并写入本科培养方案，其中包括6学时"理论教学"和26学时"劳动实践"。上海交通大学开设本科生劳动教育必修课，积极完善第一课堂和第二课堂共计48学时的劳动教育课程体系。西南交通大学建立"通识教育必修课+专业实践必修课+综合实践必修课+劳动教育特色选修课"四位一体的劳动教育课程群，将劳动教育纳入各学科专业培养目标、毕业要求和课程体系，在毕业要求上明确劳动能力和劳动素养要求。课程化建设为高校开展劳动教育提供了系统化思维和专业化手段，已在国内高校中逐渐掀起热潮。

二、劳动教育的第二课堂建设

（一）劳动教育与思想政治教育相结合

劳动教育作为高等教育的重要组成部分，具有独特的思想政治教育的价值属性，在教育目标上突出价值引领与价值培育。[①]加强劳动教育，将社会主义核心价值观融入其中，强化在劳动教育中发挥思想政治教育功能和在思想政治教育中进行劳动教育的功能[②]，激发大学生的劳动热情，塑造大学生的劳动品德，锤炼大学生的劳动体魄，培养不仅"爱劳动""会劳动"，而且"懂劳动""善劳动"的大学生，是新时代党和国家对高校立德树人的重要要求。山东科技大学利用新学期开学第一课，邀请全国劳动模范、大国工匠管延安到校现身说法，为师生讲授"以工匠精神之道夯实责任与担当"，引导师生弘扬劳模精神、工匠精神，树立"劳动光荣"的时代风尚。东北林业大学结合植树节、学雷锋纪念日、"五一"劳动节、农民丰收节等时间节点，集中开展专项主题教育，举办"奋斗青春，劳动美丽"主题团日、"劳模工匠面对面"等活动，广泛开展劳动教育宣讲，宣传先进典型事迹，发挥示范引领作用，大力弘扬劳动精神、劳模精神、工匠精神，培养学生正确的劳动价值观和良好的劳动品质。东北大学组织开展"名家讲坛""领导干部上讲台——国企公开课"等讲座报告，邀请校内外专家学者，与广大青年学生分享通过劳动实现人生理想的经历，将劳动精神深植学生心中。华东师范大学孟宪承书院成立劳模工作室，举办"话劳模工匠精神，筑教育强国梦"主题教育、长三角高校劳育专题论坛、"走进'和谐号'，走进劳动模范"等活动，多渠道开展劳动教育。劳动模范走进校园，走上讲台，走到大学生身边，通过现身说法的形式对大学生起到思想引领的作用，以榜样示范引导学生争做新时代奋斗者。

（二）劳动教育与校园文化活动相结合

高校校园文化作为文化的一种样态，同样具有复合性、传承性和创新

---

① 冯刚，刘伟亮.新时代加强大学生劳动教育的时代价值与实践路径［J］.中国高等教育，2019，（12）：22-24.

② 刘洋，钟飞燕.劳动教育融入课程思政的审思［J］.学校党建与思想教育，2022（7）：68-70.

性。①以校园文化活动为载体加强劳动教育，充分发挥校园文化的引导、规范、激励、教育、凝聚功能，对于培养德智体美劳全面发展的社会主义建设者和接班人具有重要意义；将劳动教育融入校园文化活动，对于高校丰富校园文化内涵、创新校园文化内容、提升校园文化的引领力具有极大的促进作用。天津大学邀请劳动模范走进校园，选树身边先进典型，设立"学生劳动教育先进个人"荣誉称号。开展"自强之星""劳动模范班""文明示范宿舍""最美后勤人"等评比活动，选树先进典型，弘扬劳动精神。举办"奋斗青春最美丽""薪火相传，匠心筑梦"教育活动，加强正向引导，打造"爱劳动"的校园文化。武汉大学打造劳动教育校园文化，制定劳动公约、每日劳动常规、学期劳动任务单，组织开展"光盘行动"、"拾白——校园清理"、班级"校园卫生责任田"等活动，推动劳动教育生活化、常态化，引导学生在与他人合作劳动中体会劳动光荣，增强劳动能力。上海交通大学设立班级劳动委员，加强宿舍卫生管理，在班团组织中推广劳动公约、学期劳动任务清单，组织劳育量化记录等。依托学校融媒体中心，利用学校官方微博、官方微信以及校园电子屏等大力宣传劳动文化。将每年5月设为学校劳动月，集中开展劳动教育第二课堂实践活动。山东科技大学灵活发挥劳动教育对心理健康的促进作用，开展多项动手活动和义务服务活动，促进大学生实现人格发展完善。每学期开展以"手工制作"为主的"七个一校园心理成长计划"活动，包括"手账制作""涂鸦绘画""物品收纳"等主题，学生可以在活动中动手制作生活用品、创作艺术作品，选拔每期优秀参与者担任下期活动主持人，将心理发展成果反哺给更多大学生；组织学生开展社会公益实践服务活动，积极配合青岛市教育局"心理专家进校园"工作，带领大学生赴青岛市西海岸新区红军小学、青岛市开发区二中等10余家单位开展"心理健康服务进中小学"活动，为3000余名中小学生和家长做了10余次心理健康知识讲座。

（三）劳动教育与专业实践相结合

《意见》要求将劳动教育纳入学校人才培养方案，构建劳动教育课程体系，着重体现综合性、实践性、开放性、针对性。实践是检验真理的唯一标准，实践也是检验劳动教育的重要标准，劳动教育成效要在实践中检验，劳动

---

① 刘瑶瑶.将劳动教育融入高校校园文化建设的实践路径［J］.北京教育（德育），2019（7）：58-62.

教育要融入专业实践，发挥专业优势，打造具有专业特色的劳动教育名片。青岛大学构建"劳动+创新创业"融合课程体系，以创新创业作为劳动的高阶形式，建成"劳动+创新创业"融合课程40门，编制劳动教育教材和读本，开展劳动观念和劳动精神宣传教育，教育引导学生认识劳动、尊重劳动、参与劳动。上海交通大学在"工程实践"等专业课程中，结合学科特色将劳动教育融入专业教育，不断深化产教融合，强化劳动锻炼要求，开展服务学习、实习实训、毕业设计等各类劳动实践。北京化工大学昌平校区通过聚焦学生劳动实践与专业创新的融合，探索出一套以项目为抓手、"1+1+N"保障的全方位实践体系，让学生在投身劳动的同时提高专业认知，激发学生专业学习的创造力，并依托劳动实践平台开展科研创新。例如，柳湖环保实践基地依托化工学院的专业特色，采取开放招募志愿者的方式开展湖区环境清理和水质的监测及净化劳动，让学生体验用劳动改善校园环境带来的成就感，并且在劳动中加深对所学专业的思考与创新。青岛理工大学探索劳动教育与专业教育相融合：一方面将劳动教育融入大学生就业指导课、职业生涯规划课、心理健康教育课和创新创业课等，从就业、心理、创业等方面，对学生开展全方位、立体化的劳动教育；另一方面，专业任课教师深入挖掘专业课中的劳动教育元素，带领学生学习行业、专业领域的劳动模范与大国工匠精神，重在培养学生严谨认真、精益求精的敬业观念，依托校内外实习和实训场所，让学生在"做中学、学中做"，将劳动教育与实践有机融入教学课堂。

（四）劳动教育与社会实践相结合

社会实践活动具有教育功能，其核心价值在于助益学生的德育，是学校德育的重要途径之一。[①]劳动是一种特殊的社会实践活动形式，不仅具有常规教育的内涵与教育价值，而且具有独特内涵，重点指向劳动教育活动所要养成的素养目标，核心在于价值引领，助益学生德育。劳动教育是一种教育活动，其目的是以促进学生形成和确立正确的劳动观点、积极的劳动态度、热爱劳动和劳动人民等劳动价值观，具备一定的劳动知识与技能，形成良好的劳动习惯等。中国劳动关系学院探索建立"劳动与社会实践"小学期，推广劳模特色志愿服务，开展"大国工匠面对面"志愿服务，通过众创众筹众评的方式确定服

---

① 檀传宝.劳动教育的概念理解——如何认识劳动教育概念的基本内涵与基本特征［J］.中国教育学刊，2019（2）：82-82.

务项目，以"1名劳模志愿者+10名青年志愿者服务团队"的模式开展系列志愿服务活动。活动中，学生志愿者与劳模学员结伴走进军队、社区、医院、企业，通过劳模事迹宣讲、劳模技艺展示、劳模精神座谈等形式，弘扬劳模精神、劳动精神和工匠精神。青岛农业大学探索"三六六"社会实践育人模式，即依托"学生社团、志愿服务、'三下乡'活动"三个实践平台，重点推进六种类型实践活动，引领学生塑造劳动观念、传递劳动知识、传授劳动技能、培养劳动习惯。学校管理学院引导学生通过直播的方式，借助短视频平台，成功地帮助延安市辛户村宣传延安苹果，帮助农民树立品牌意识，让村民真切地感受到"网红+直播+电商"的力量。这一特色农产品助销实践为当地脱贫致富注入了新力量，团队获得"2019年全国'三下乡'社会实践优秀团队"荣誉称号。目前，学校已连续三年荣获团中央"社会实践活动优秀单位"称号，连续五年获"调研山东"优秀成果一等奖。广大学子在实践中践行"强农兴农"初心使命，在劳动中受教育、长才干、做贡献。青岛大学拓展劳动实践平台，强化劳动教育实践。学校与政产学研单位建立了360个创新创业实践教育基地、实习实训基地，与海尔、海信等200余家知名企业开通了"校企直通车"服务项目，为学生团队实践训练提供有效支持；每年组建社会实践、志愿服务、创新创业赛事团队3000余个，参与人数超过30000人，在实践中提升劳动能力和"双创"水平。"外事帮"青年志愿团获评中宣部、中央文明办"全国学雷锋志愿服务先进典型最佳志愿服务组织"称号，已累计向社会提供8000人次的志愿服务，受益人数超过6万人。

第七章
新时代高校劳动教育"五维一体"结构体系

第一节　高校劳动教育"五维一体"结构概述

　　任何一个有效的劳动教育实践活动，都离不开劳动教育的目标导向，这是劳动教育的方向；围绕劳动教育目标，保证劳动教育目标的实现，必须依赖于劳动教育内容来实施；而课程又是支撑劳动教育内容的重要渠道和载体；为确保劳动教育目标任务和内容的高质量完成，必须有一系列保障措施来助推；一项劳动教育任务完成后，其效果如何，有无偏移劳动教育的方向，是否完成了既定的目标任务，有哪些经验值得总结和推广，有哪些教训需要总结和加以克服，则必须对劳动教育的实践效果进行评价评估，评价评估是劳动教育高质量发展的推进器。

　　在高校劳动教育过程中，必须运用系统性和整体性思维把握好劳动教育目标体系、劳动教育内容体系、劳动教育课程体系、劳动教育保障体系、劳动教育评价体系这五个层面的相互关系，着力构建劳动教育"五维一体"结构体系。

一、高校劳动教育"五维一体"结构体系概述

（一）劳动教育目标是方向

　　在五个层面的体系构建中，劳动教育目标是整个劳动教育的关键，它引领着劳动教育的方向。劳动教育目标，简言之就是在一定时期内实施劳动教育活动所要达到的预期结果。劳动教育目标不是单一的，而是集合的，是一个目标系统，具有内在的结构。

满足受教育者和社会发展的双重需要，是确立劳动教育目标的客观依据。劳动教育是社会实践活动的重要组成部分，适应社会发展的需要是确立一定劳动教育目标的根本依据。一方面，中国特色社会主义进入新时代，新时代社会主要矛盾发生了质的变化，"人民日益增长的美好生活需要和不平衡不充分的发展之间的矛盾"①已成为我国现阶段的主要矛盾。"美好生活"是由劳动创造的，劳动是人的行为，是人类的"类"本质属性。另一方面，实现中华民族伟大复兴的中国梦，需要一代又一代有志青年接续奋斗。"中国梦"的实现不是靠敲锣打鼓就能实现的，劳动可以托起"中国梦"。高校劳动教育必须服从和服务于新时代党和国家总的奋斗目标和根本任务，才能做到科学制定和有效实施。

劳动教育不仅要促进新时代中国社会发展，而且要促进人的发展。适应和满足人的劳动需要是确定高校劳动教育目标的又一重要依据。《意见》指出："近年来一些青少年中出现了不珍惜劳动成果、不想劳动、不会劳动的现象，劳动的独特育人价值在一定程度上被忽视，劳动教育正被淡化、弱化。"②这说明，在全面发展的人培养过程中，劳动教育在某些方面尚不能满足受教育者的发展需要。因此，必须针对青少年在劳动教育中存在薄弱环节和短板问题，从劳动情感的培育、劳动认知的确立、劳动技能的培训等层次科学制定劳动教育的目标，促进人的全面发展。

劳动教育目标从空间看，具有系统性与层次性，从时间上看又具有顺序性与阶段性。劳动教育有近期目标、中期目标和远期目标之发展结构。

（二）劳动教育内容是保证

劳动教育包含丰富的内容，是一个完整的内容结构体系。《意见》要求，要根据教育目标，针对不同学段、类型的学生特点，以日常生活劳动、生产劳动和服务性劳动为主要内容开展劳动教育。结合产业新业态、劳动新形态，注重选择新型服务性劳动的内容。

新时代高校劳动教育的内容体系可分为核心内容、主要内容和拓展内容。

要突出马克思主义劳动观这个核心内容。在劳动教育过程中，要让学生了解马克思主义劳动观的内涵、马克思主义劳动观的核心，特别是把新时代马克

---

① 习近平. 习近平谈治国理政：第3卷［M］.北京：外文出版社，2020：9.

② 中共中央 国务院关于全面加强新时代大中小学劳动教育的意见［EB/OL］.（2020-03-20）［2022-08-09］. http://www.gov.cn/zhengce/2020-03/26/content_5495977.htm.

思主义中国化的劳动教育思想作为重点内容，对大学生进行教育。党的十八大以来，习近平总书记从实现"两个一百年"奋斗目标和中华民族伟大复兴的战略高度，就中国梦、劳模精神、劳动精神、工匠精神、劳动教育等发表了一系列重要论述，继承和发展了马克思主义劳动观，开辟了21世纪马克思主义劳动教育思想的新境界，这是大学劳动教育的一个核心内容，劳动教育首先要用这一核心内容培育新时代青年正确的劳动观。

要体现日常生活劳动、生产劳动和服务性劳动的主要内容。这是大学生开展劳动教育的基本内容，在设置这一劳动教育内容时，一方面要考虑到大学生的特点，另一方面要注重与中小学劳动教育内容的整体化设计，做到有机衔接。

要注重时代发展的拓展性内容。随着劳动教育纳入我国教育方针和"五育"并举措施的实施，劳动教育的内容呈现丰富多彩的态势，特别是随着科技的迅猛发展，出现了一些新的产业新业态、劳动新形态。劳动教育的内容要及时纳入人工智能、信息通信技术等方面的内容。社会生产的新工艺和新技术一诞生，就应通过现代信息技术纳入劳动教育内容体系，使得劳动教育的内容与时代的发展、技术的进步同步，实现劳动教育内容结构的升级。

（三）劳动教育课程是核心

课程在高校劳动教育中地位十分重要，劳动教育目标、内容等主要是通过课程来体现和实施。

当代课程从实质上突破了非此即彼的单一性形式。其基本形式有学科课程、活动课程、潜在课程等。[①]

学科课程是依据教育目标和受教者的发展水平，从各门学科中选择内容组成学科，以学科的逻辑体系制定标准，编写教科书，规定教学顺序、教学周期与学时、学科教学的课程。它是学校课程的基本形式。学科课程重视学生对知识的系统学习，便于学生对知识的掌握和运用。

活动课程是以学生兴趣的发展为中心，是围绕学生从事某种活动的动机组成的课程。

潜在课程也称隐性课程，是广义学校课程的组成部分。它以潜在性和非预期性为主要特征。它不在课程规划中反映，不通过正式教学进行，通常体现在学校和班级的情境之中，包括物质情境（如学校建筑、设备）、文化情境（如

---

① 袁振国. 当代教育学 [M]. 第4版. 北京：教育科学出版社，2010：131-133.

教室布置、校园文化、各种仪式活动）、人际情境（如师生关系、同学关系、学风、班风、校风）。

关于课程的分类，也有许多维度。从课程内容所固有的属性来看，分为学科课程和活动课程；从课程管理的要求来看，分为必修课程和选修课程；从课程表现形式或对学生影响方式来看，分为显性课程和隐性课程。显性课程即正式课程，是学校有目的、有计划地实施的各门学科课程和课外活动课程，是学校有计划地列入课程表内的所有课程，是以教学计划中明确规定的各门学科为内容的课程。隐性课程即非正式课程，是不在课程计划中反映的，不通过正式教学进行的，对学生的知识、情感、意志、行为和价值观等方面起潜移默化的作用，促进或干扰教育目标的实现。[①]

教育学有关课程理论，对高校劳动教育课程的设置有十分重要的理论指导意义。《意见》指出，要整体优化学校课程设置，将劳动教育纳入普通高校人才培养方案，除劳动教育必修课程外，其他课程结合学科、专业特点，有机融入劳动教育内容。"高等学校也可安排劳动月，集中落实各学年劳动周要求。"[②]要在学科专业中有机渗透劳动教育，在课外校外活动中安排劳动实践，在校园文化建设中强化劳动文化等，这些规定为高校形成具有综合性、实践性、开放性、针对性的劳动教育课程体系提供了政策依据。

高校劳动教育是一个既是理论知识传授，又是劳动技能锻炼的实践活动，其课程体系的建构应该是既要做到有必修课要求的学科课程和活动课程的安排，又要做到显性课程与隐性课程设置的有机统一。

（四）劳动教育保障是支撑

劳动教育是一项系统工程，其特点是具有较强的实践性，需要强有力的保障体系来支撑保障。

针对高校劳动教育的实践和在劳动教育中存在的保障方面的突出问题，高校应建立起组织领导、条件保障和安全保障等系统性的保障结构体系，以确保劳动教育目标的实现。

[①] 柳海民. 教育学原理 [M]. 北京：高等教育出版社，2011：170-174.

[②] 中共中央 国务院关于全面加强新时代大中小学劳动教育的意见 [EB/OL]. (2020-03-20) [2022-08-09]. http://www.gov.cn/zhengce/2020-03/26/content_5495977.htm.

1. 组织领导是关键

任何一项工作的顺利推进都离不开组织领导，必须把加强劳动教育的组织领导列为地方教育行政部门和高校的重要职责。习近平总书记2018年9月10日在全国教育大会上强调了劳动教育的重要性，指出："要采取适应当前环境和条件的有效措施，加强劳动教育，组织好形式多样的劳动实践，让学生在实践中养成劳动习惯，学会劳动、学会勤俭。这是强国富民的大事，教育部门同其他部门要一起研究、拿出措施，切实抓起来。"①进一步明确了教育部门和其他部门在劳动教育中应尽的重要职责。

2. 条件保障是基础

无论是课程教学还是劳动教育的实践教学，都需要有强有力的条件保障来支撑。劳动教育条件保障涉及的要素很多，但主要应包括实践场所、师资队伍、经费投入等必不可少的保障条件。

目前高校劳动教育的条件在满足高校劳动教育活动时还存在不少问题和差异。劳动教育的实践场所尚不能满足高校多样化劳动实践的需要，校外劳动教育资源的利用拓展不充分。一些高校基本上是靠学生实习基地作为劳动教育的主要场所，社会上主动提供或开放的共享劳动教育实践场所不多，学校与地方或社区密切合作共建的劳动教育场所不足。在校内劳动教育场所的开放利用上也存在一些问题，一是少数高校没有建立专门用于劳动教育的场所；二是一些高校尽管有专门的一些场所，但建设的针对性不强，未能结合日常生活劳动、生产劳动和服务性劳动等劳动教育内容的要求，建设一批满足大学生劳动实践需要的场所；三是劳动教育场所建设的标准规范不科学，要进一步完善高校劳动教育实践场所建设的标准。

在师资队伍建设的条件保障上，也存在不少问题。一是一些高校尚未配备专职的劳动课教师。对劳动课需不需要配备专职教师，高校之间的认识还不统一，教育行政主管部门也未明确要求。二是已配备的劳动课教师的专业知识和劳动教育的实践经验不足。少数高校配备了劳动课专职教师，这些专职教师是从学校管理或其他教学岗位转任的，他们受教育的专业背景与劳动课教育的要求有差距。大多数高校劳动教育课是由辅导员或党群机关人员及少数思政课教师兼任，这些教师自身劳动实践的经验也不足。三是聘请机关行业的专业人士

---

① 习近平. 论党的青年工作 [M]. 北京：中央文献出版社，2022：177-178.

提供劳动实践指导工作的开展也不到位。四是劳动教育全员培训和专业培训力度不够，以会代训的较多，未能纳入干部、教师、辅导员培训内容，系统完善的培训体系未完全建立。五是劳动课教师考核未能做到分类进行，劳动课教师的获得感、幸福感不强。这些问题的存在影响和制约了高校劳动育人意识的提高和专业化劳动教育水平的提升。

在经费投入方面，劳动教育经费的投入各高校都给予了支持，但尚不能满足需要，特别是劳动教育场所建设的资金投入与其他教学资金投入相比还是存在很大差距的；现代化劳动教育器材的采购、劳动耗材的及时补充都因为经费不足，而不能保证高校劳动教育高质量地开展。

要解决条件保障不足的问题，就要加强对劳动教育的领导，统一全校师生对劳动教育重要性的认识。条件保障是推进新时代劳动教育的迫切要求，是提高教育质量、加快推进劳动教育现代化的重要举措。高校应结合各自办学特点，开展对实践场所、师资队伍、经费投入等方面存在问题的专门研究，以问题为导向，逐步改善条件保障，努力为新时代劳动教育提供强有力的条件保障体系支撑。

3. 安全保障是根本

安全问题是学校教育教学的高压线。在劳动教育的实践中，一些高校存在因担心劳动安全而取消或减少劳动实践的倾向。《意见》将多方面强化劳动安全保障作为劳动教育支撑体系的重要组成部分，要求建立健全劳动教育与管理并重的劳动安全保障体系。因此，安全保障是劳动教育保障体系很重要的方面。

第一，要加强对师生的劳动安全教育，形成"生命至上、安全第一"的理念。强化劳动风险意识，首先要对劳动实践活动的安全风险进行认真评估，充分认识劳动实践中的各种风险隐患，认真排查，逐一清除。

第二，要加强对劳动教育过程的管理，明确各方安全管理责任，加强对劳动教育的管控。

第三，要在劳动教育实践之前，制订劳动教育实践活动风险防控预案，完善应急与事故处理机制。科学规范的劳动教育安全保障是劳动教育安全保障体系的重要基础，各高校必须高度重视，并采取切实有效的措施完善落实保障劳动安全的各项制度。

（五）劳动教育评价是促进

劳动教育评价是依据劳动教育目标对劳动教育所做的测量、分析和评定。

和一般的教育评价一样，劳动教育评价具有诊断与反馈、导向与调节、激励与促进教育等功能。

就教学评价而言，世界各国在开展教学改革时都对教育评价提出了新的要求，评价的形式和手段不断革新。总体看，教学评价体现了以下几个共性的发展趋势：一是重视教学评价发展性功能。通过不同阶段的不同评价方式促进教学的发展，推进教学质量的提高成了教学评价的主因。二是注重学生个性的培养及评价能力的养成。如今的教学评价更关注学生个性的发展，同时更加重视通过评价的过程使学生学习如何评价他人他事，使学生具备评价的能力。三是越来越重视对学生解决问题能力的评价。引导教学向培养既有高文化水平，又具有高能力、高素质的人才方向发展。四是评价的模式多样性、综合化发展。[①]

就劳动教育评价而言，世界各国在开展劳动教育的时候都非常强调评价主体的多元性、评价内容的全面性和评价方法的综合性。

一是劳动教育评价主体的多元性。对劳动教育成效的评价，单纯依赖某一单一主体很难做到客观公正，充分发挥不同主体在劳动教育评价中的作用，可以有效地解决劳动教育评价的客观性问题。二是劳动教育评估内容的全面性。劳动素养是一项综合素养，包含的内容十分丰富，对劳动教育的评价在内容方面应充分体现不同维度的劳动素养。尽可能涵盖学生在知识、技能、价值观等方面的表现，以全方位地反映学生的劳动素养。三是评价方法的综合性。单一的评价手段不能保证评价的科学性，必须综合各种评价方法的优势，尽可能地实现劳动教育评价的目的。注重综合运用各种方法对劳动教育的成效进行评价是各国普遍的做法。各国所用的劳动教育评价方法包括量化评价、质性评价。[②]

教学评价与劳动教育评价的世界经验，在我国高校劳动教育评价体系的建构中具有很好的借鉴意义。

总之，高校劳动教育的目标体系、内容体系、课程体系、保障体系、评价体系既有区别，又有联系。它们从不同的维度建构了新时代高校劳动教育的思路框架，所体现的每一个维度都是高校劳动教育理论与实践的结合。其理论基

---

① 柳海民.教育学原理［M］.北京：高等教育出版社，2011：240-241.

② 曾天山，顾建军.劳动教育论［M］.北京：教育科学出版社，2020：441-442.

础是马克思主义劳动观和习近平关于劳动教育一系列重要论述，其实践基础是在中国共产党领导下高校长期劳动实践的经验总结和升华。这五个维度又是相互联系和统一的，是新时代高校劳动教育系统整体的组成部分，高校劳动教育的有效推进，离不开这五个维度的整体效能的发挥。推进高校劳动教育高质量发展，完成高校劳动教育的目标任务，必须建立和完善劳动教育目标体系、内容体系、课程体系、保障体系与评价体系融为一体的有效运行机制。

第二节 构建高校劳动教育"五维一体"结构应遵循的原则

构建高校劳动教育"五维一体"结构应遵循的原则就是劳动教育"五维一体"结构体系在建构和运行过程中应当依据的法则和标准，"五维一体"结构的建构与运行就是劳动教育的实施，它体现的是劳动教育的本质和规律，它是劳动教育原则的体现，也是"五维一体"体系建构的内在依据，对劳动教育实践起着指导作用。

一、驻青部分高校劳动教育确立的基本原则

在高校劳动教育的实践中，驻青高校根据各自学校劳动教育的实际，确立了各自的劳动教育的基本原则。现列举部分高校劳动教育基本原则的规定。

（一）青岛科技大学劳动教育基本原则

根据《青岛科技大学关于全面加强新时代劳动教育实施方案（试行）》（青科大字〔2021〕22号）规定，青岛科技大学劳动教育的基本原则如下。

1. 立德树人

坚持党的领导，围绕培养担当民族复兴大任的时代新人，着力提升学生综合素质，促进学生全面发展、健康成长。准确把握社会主义建设者和接班人的劳动精神面貌、劳动价值取向和劳动技能水平的培养要求，加强劳动精神宣传，注重营造劳动教育氛围，依托学校宣传平台，在学校开展劳动教育学习宣传活动，营造关心和支持劳动教育的良好氛围。引导学校树立正确的劳动观，崇尚劳动、尊重劳动，养成良好的劳动习惯和品质，增强对劳动人民的感情，

报效国家、奉献社会。

2. 以学生为中心

根据学校实际，因地制宜，结合本地在自然、经济、文化等方面的条件，充分挖掘行业企业、学科优势等可利用资源，采取多种形式，开展符合专业特点要求的劳动教育，并强调安全因素。通过劳动教育进一步促进学生学习必要的劳动知识和技能，培养学生吃苦耐劳的精神，通过让学生直接参与劳动过程，体验劳动感受，掌握劳动技能，养成良好的劳动习惯，提高动手能力，增强自我教育、自我管理、自我服务的能力。

3. 注重实践

强化实践体验，让学生亲历劳动过程，提升育人实效性。深入产教融合、协同育人，改进劳动教育方式，适应科技发展和产业变革，注重新兴技术支撑和社会服务的新变化。强化诚实合作劳动意识，培养科学精神，提高创造性劳动能力。使学生具有必备的劳动能力，掌握基本的劳动知识和技能，正确使用常见劳动工具，增强体力、智力和创造力，具备完成一定劳动任务所需要的设计、操作能力及团队合作能力。

（二）青岛理工大学劳动教育基本原则

根据《青岛理工大学新时代劳动教育实施方案》（青理工教务〔2021〕3号）规定，青岛理工大学劳动教育的基本原则如下。

1. 把握育人导向

坚持党的领导，围绕培养担当民族复兴大任的时代新人，着力提升学生综合素质，培养科学精神，提高创造性劳动能力，促进学生全面发展、健康成长。把准劳动教育价值取向，引导学生树立正确的劳动观，崇尚劳动、尊重劳动，增强对劳动人民的感情，报效国家、奉献社会。

2. 遵循教育规律

根据人才培养定位，结合不同专业、不同年级的学生特点，以日常公益性劳动、专业实践劳动、社会实践劳动等为主开展劳动教育，注意手脑并用，让学生亲历劳动过程，动手实践、出力流汗，接受锻炼、磨炼意志，要注重安全适度，严格落实劳动安全，强化实践体验，提升育人实效性。

3. 体现时代特征

劳动教育要结合专业培养目标和需求，突出理工结合，加强劳动技能和专业技能培养。针对劳动新形态，深化产教融合，依托校内外实践、实训基地，结合专业教育，创新劳动教育方式，将劳动教育与专业教育相融合，适应科技发展和产业变革，发挥劳动教育对专业教育的支撑作用。

（三）山东大学劳动教育基本原则

根据《中共山东大学委员会关于全面加强新时代学生劳动教育的行动方案》规定，山东大学劳动教育的基本原则如下。

1.把握育人目标，体现时代特征

在学校党委统一领导下，制定出台相关政策。符合学生教育规律与成长特点，适应社会发展和产业变革，主动适应新技术、新业态、新模式、新产业的需求，针对劳动新形态，注重新兴技术支撑和社会服务新变化。以培养"最优秀的本科生"与"最具创造力"的研究生为目标，以"强素质、广覆盖、提质量"为要求，彰显家国情怀、崇实品格、担当精神、创新能力，着力提升学生综合素质，促进学生全面发展。

2.突出山大特色，形成劳育体系

依托学校办学实际，面向一校三地，结合各培养单位学科与专业特点，发挥"三全育人"功能，调动各部门劳动教育优势，加强校内统筹协同，充分挖掘可利用资源，拓宽劳动教育途径，贯通家庭、学校、社会各方面，形成具有山大特色的劳动教育体系。

3.坚持深化改革，推进开放创新

在开展劳动教育工作中理顺体制机制，深化产教融合，推进人才培养改革，提高人才培养质量，培养科学精神，提高创造性劳动能力。加快布局未来战略必争领域的人才培养，大力吸引外部资源与外部力，积极融入学校人才培养过程。

（四）中国石油大学（华东）劳动教育基本原则

根据《中国石油大学（华东）新时代大学生劳动教育实施方案》（中石大东发〔2022〕43号）规定，中国石油大学（华东）劳动教育基本原则如下。

1.坚持立德树人

坚持党的领导，围绕培养担当民族复兴大任的时代新人，教育引导学生在学习和掌握基本劳动知识技能的过程中，领悟劳动的意义价值，牢固树立劳动最光荣、劳动最崇高、劳动最伟大、劳动最美丽的思想观念。

2.坚持五育并举

将劳动教育与德育、智育、体育、美育相融合，让学生动手实践、出力流汗、接受锻炼、磨炼意志，培养学生形成正确的劳动价值观和良好的劳动品质，发挥劳动教育树德、增志、强体、育美的综合育人价值。

3. 坚持知行合一

根据劳动教育的根本特征，让学生在生活、生产和社会性服务等情景亲历劳动过程，引导学生观察思考，运用所学知识解决实际问题，提高劳动质量和创造性劳动能力。

4. 坚持固本拓新

充分发挥传统劳动育人功能，紧跟科技发展和产业变革，准确把握新时代劳动工具、技术和形态的新变化，鼓励学生在学习和借鉴他人丰富经验、技艺的基础上，尝试新方法、探索新技术，增加劳动教育的时代性。

二、高校劳动教育"五维一体"结构构建的基本原则

新时代加强大学生劳动教育，构建行之有效的"五维一体"结构体系，需要在准确把握高校劳动教育的目的、任务定位的基础上，结合新时代的劳动教育要求以及高校的办学特色、办学特点和大学生群体的整体思想行为特征，遵循以下基本原则。

（一）把握培养时代新人的价值引领

新时代赋予高等教育培养担当民族复兴大任时代新人的新使命。在劳动教育实践中要做到：第一，要深刻理解和把握劳动教育在培育时代新人中的思想和价值引领作用。实现中国梦，最终要靠全体人民辛勤劳动，以劳动托起中国梦，劳动教育直接决定社会主义建设者和接班人的劳动精神面貌，劳动教育是培养社会主义建设者接班人的重要途径。把劳动教育与思想政治教育紧密结合，坚持把培育时代新人的育人理念贯穿于劳动教育的过程中，发挥劳动教育品质塑造功效。第二，要引导学生树立正确的劳动观。高校开展劳动理论教育应以马克思主义劳动观为根本遵循和主要内容，坚持以马克思主义劳动观为指导开展劳动教育，把劳动教育与立德树人结合起来，培养人的劳动精神，发挥人的创造价值，体现劳动对推动社会发展的光荣使命。第三，劳动教育要着力提升学生综合素质，促进学生全面发展。劳动教育是实现大学生自由而全面发展的重要途径。在全国教育大会上，习近平总书记把劳动教育纳入社会主义建设者和接班人的要求之中，提出"德智体美劳"的总体要求，这对促进学生自由而全面发展有着十分重要的作用。

因此，新时代高校开展劳动教育首先需要把握的原则就是要深刻认识劳动教育的价值引领，在此基础上，系统设计劳动教育的目标体系、内容体系、课程体系、保障体系及评价体系，整体规划劳动教育的方式方法及有效途径，发挥好劳动教育"树德、增智、强体、育美"的功能，促进大学生综合素质的提升和自由而全面的发展，做到有理想、有本领、有担当，学有所成、报效祖国、奉献社会。

（二）体现与时俱进的时代特征

与时俱进首先要做到传承劳动教育的优良传统。新中国成立以来，劳动教育在发展中变迁，不断深化发展，为我们进行劳动教育积累了宝贵的历史经验。

一是"教劳结合"思想贯穿劳动教育发展始终。"教劳结合"思想主要就是坚持教育与生产劳动相结合，并发展为教育与生产劳动和社会实践相结合，这既是坚持党的领导和教育方针，也是发挥教育功能，提升劳动、改造劳动的重要途径。二是劳动教育目标层立体化态势，劳动教育的目标具有阶段性特征。三是劳动教育有着深刻的价值追求，劳动教育的价值追求和落脚点，始终在于培养全面发展的人。

在传承劳动教育的优良传统的基础上，要贯彻好与时俱进的原则。与时俱进开展劳动教育的核心内涵，就是要求劳动教育必须体现时代特征，契合新时代劳动教育的特点。新时代劳动教育的特点具体包含劳动形态的新时代特征和劳动教育的新时代特征两个方面。[1]相对于传统的劳动形态之物质劳动和非物质劳动而言，在新时代劳动形态发生了质的变化。一是科技劳动是重要的生产劳动。近现代科学技术的飞速发展，使生产的一切要素，包括工具、工艺、劳动者的技能和智力水平都发生了根本性变化。进入21世纪以来，新一轮科技革命和产业变革正在孕育兴起，全球科技创新呈现出新的发展态势和特征。"由于大数据、云计算、移动互联网等新一代信息技术同机器人技术相互融合步伐加快，3D打印、人工智能迅猛发展，制造机器人的软硬件技术日趋成熟，成本不断降低，性能不断提升，军用无人机、自动驾驶汽车、家政服务机器人已经成为现实，有的人工智能机器人已具有相当程度的自主思维和学习能力。"[2]科技

---

[1] 檀传宝. 加强劳动教育一定要贯彻与时俱进的原则 [J]. 人民教育，2020（8）：13-14.

[2] 习近平. 习近平谈治国理政 [M]. 北京：外文出版社，2014：121.

劳动在生产中不仅创造了价值，而且比普通劳动者能创造出更多的劳动价值。二是经营管理成为主要的劳动形态。经营管理作为一种复杂的、特殊的脑力劳动，在现代经济中的重要性日益显现，在价值创造中的作用也越来越大，成为现代劳动的一个重要形式。三是服务性劳动日益重要，服务业是经济发展的重要推动力量。

面对新时代劳动形态的新变化，劳动教育体现新时代的特征，就要在劳动教育的内容体系上体现创新，将智能时代产生的新知识、新技术、新工艺、新方法以及行业新业态、企业新业态融入劳动教育内容，以适应科技发展和产业变革，不断改进劳动教育方式，注重选择新型服务性劳动内容，培养科学精神，提高大学生创造性劳动能力。

（三）遵循以学生为本的教育规律

大学生劳动教育坚持以学生为本，不仅要把大学生作为劳动实践的主体，充分调动大学生参加劳动实践活动的积极性、主动性和创造性，而且要把大学生作为价值主体，关注其在劳动实践过程中的价值追求和实际利益，根据大学生不同阶段的特点，满足劳动教育的各种需要。

要善于调动大学生参与劳动教育的积极性，尊重学生的主体性。在劳动教育过程中，坚持以学生为主体，就是要让学生自主选择劳动教育内容、类型等。在受教育者主体意识不断增强的时代，只有从受教育者自身的实际出发，才能调动其积极性，发挥劳动教育实践主体在实践活动中的能动作用。大学生在劳动活动中的幸福感、获得感和安全感才会增强，大学生劳动教育才能取得更好的效果。

要善于从学生的兴趣爱好出发开展劳动教育，尊重学生的个性。劳动教育尊重学生的个性就是要做到根据不同学生的个性特点，在统一实施教育的基础上，有差异化、有针对性地开展劳动教育，只有适合学生需要的劳动教育内容、劳动教育方式，学生才会乐于接受，才能全身心地投入劳动教育。因此，高校在建构劳动教育制度和劳动教育课程体系时，要注意满足不同学生的不同需求，设置具有个性色彩和创造性特征的劳动教育内容与劳动教育形式，提升育人实效。

要善于在劳动教育中培养学生创造性解决问题的能力，尊重学生的创造性。劳动教育不单纯是为了让学生掌握劳动教育理论、劳动教育知识以及从事体力劳动或社会实践劳动，养成学生运用知识独立思考问题、解决问题的能力是劳动教育所要达到的一个目标。因此，在高校劳动教育的实践中，应有重点地安排一些创造性劳动的教育内容，例如，在劳动教育中增强竞技性来提高创造性，激发学生的创新意识，在劳动教育内容安排上可结合大学生所学专业或现实生活中某些需要解决的问题，让大学生运用所学专业知识和所积累的知识储备去解决这些问题，让学生在劳动教育的过程中体悟劳动的创造性，激发学生的创造力。

（四）坚持因地制宜的多样规定

劳动教育坚持因地制宜的多样规定原则就是要求在劳动教育的过程中，要根据高校驻地和高校实际，充分利用行业、企业等可利用资源，宜工则工、宜农则农，采取多种方式开展劳动教育。

一是要结合学校办学特点，搭建校外资源的劳动教育平台。例如，中国海洋大学是一所具有海洋特色的高校，他们开展劳动教育时，充分发挥学校海洋特色优势和服务社会功能，与海洋研发生产机构、水产养殖基地等合作建立一批海洋特色学农实践基地，加强校企合作，建立一批学工实践基地。与驻地城乡社区、福利院、医院等机构合作，建立一批服务性劳动基地。注重劳动教育的高校特色，增强了劳动教育对学生的吸引力。

二要结合学校专业特点，搭建校内劳动教育平台。同样以中国海洋大学为例，他们在开展劳动教育的过程中，注重将劳动教育有机融合专业实践教育，搭建了校内劳动教育以专业实践为主导的劳动教育平台。他们坚持专业实践和劳动实践紧密融合，注重新知识、新技术、新工艺、新方法在专业教育中的应用，在综合实验、实习实训、毕业论文（设计）等实践教学环节合理设置综合性、开放性、针对性的劳动实践内容，让学生充分了解专业知识在社会发展中的作用和行业发展趋势，树立学习专业学习信心，坚定为祖国建设奋发学习的决心，养成吃苦耐劳的精神和勇于创新的职业素养。在本科人才培养方案中明确劳动教育目标和主要依托课程，理工科专业依托生产实习等，经管文法专业依托专业实习和毕业实习等，涉海专业依托海上实习等，在课程大纲中和教学过程中强化劳动教育目标，细化劳动实践内容，提高学生在生产实践中发现问题和创造性解决问题的能力，在动手实践的过程中创造有价值的劳动成果，充分体验劳动创造价值的成就感。

高校开展劳动教育与专业实践教育相结合，在创新创业教育中强化劳动教育，在校园文化建设中体现劳动教育等，都是因地制宜地采取多样化劳动教育方式的考量，是搭建劳动教育多种方式相结合，全方位、有针对性劳动教育体系的实践探索。

第三节　高校劳动教育"五维一体"结构建构

基于劳动教育理论和驻青高校的劳动教育实践，遵循高校劳动教育"五维一体"结构建构的基本原则，现对劳动教育目标体系、劳动教育内容体系、劳动教育课程体系、劳动教育保障体系、劳动教育评价体系等高校劳动教育"五维一体"结构的建构进行探究。

一、高校劳动教育目标体系建构

（一）教育目的与培养目标

从教育的产生看，教育发端于劳动；从教育的职能看，教育是培养人的社会实践活动。而人的实践活动与动物本能活动的区别就在于其目的性。马克思指出："蜘蛛的活动与织工的活动相似，蜜蜂建筑蜂房的本领使人间的许多建筑师感到惭愧。但是，最蹩脚的建筑师从一开始就比最灵巧的蜜蜂高明的地方，是他在用蜂蜡建筑蜂房以前，已经在自己的头脑中把它建成了。劳动过程结束时得到的结果，在这个过程开始时就已经在劳动者的表象中存在着，即已经观念地存在着。他不仅使自然物发生形式变化，同时他还在自然物中实现自己的目的，这个目的是他所知道的，是作为规律决定着他的活动的方式和方法的，他必须使他的意志服从这个目的。"①这表明，人的一切行为都是具有目的性的。历史唯物主义认为，有目的性是人类活动的重要特点，目的对人类活动顺利而有效地进行着着重要意义。

教育目的与培养目标是教育学研究的一对基本范畴。教育目的是一个体系，它与上位层次的教育方针和下位层次的培养目标是自上而下的相互制约与自下而上的逐级达成关系。教育目的直接反映的是教育方针的有关思想和规律，间接反映的是一定时代社会生产和政治经济对人才的共同要求。培养目标

---

① 马克思，恩格斯.马克思恩格斯全集：第23卷［M］.北京：人民出版社，1972：202.

则在宏观上体现教育目的对人才质量的共同需求，微观上体现各类别、各专业的不同培养任务以及社会用人市场的专业需求。因此。教育目的和培养目标之间既有联系又有区别，彼此是一般和具体的关系，教育目的的落实离不开培养目标，培养目标更要体现教育目的。①

学校教育目的具有层次性。学校教育的目的由三部分构成：教育目的（国家的或思想家理想中的）、培养目标（各级各类学校的）、教育目标（课程或教学的）。教育目的与培养目标之间的关系是普遍与特殊的关系，教育目的是对所有受教育者提出的，而培养目标是针对特定的对象提出的，各级各类学校的教育对象有各自的特点，制定培养目标不可能不研究自己学校学生的特点。②

我们掌握教育目的与培养目标的原理，就可以把这些原理运用到劳动教育培养目标的设定上。劳动教育是我国全面发展教育的重要构成，全面教育由德育、智育、体育、美育和劳动教育等几个部分组成，我们的教育要培养德智体美劳全面发展的社会主义建设者和接班人，这是教育的根本目的。围绕这一根本目的，劳动教育应该有其自身的培养目标体系来体现根本目的的要求。

（二）高校劳动教育目标确立的意义

高校劳动教育目标的确立，对高校开展劳动教育活动，推进劳动教育的有效开展，正确评估劳动教育的价值效益具有非常重要的意义。

1. 高校劳动教育目标为高校劳动教育活动确立目标方位

人的活动不是盲目随意的，目标对人类活动顺利开展具有重要意义。恩格斯指出："在社会历史领域内进行活动的，是具有意识的、经过思虑或凭激情行动的、追求某种目的的人；任何事情的发生都不是没有自觉的意图，没有预期的目的的。"③在社会生活中，人类的一切活动都是要先明确目标，以确定前进的方位，明确活动的指向。高校劳动教育也不例外，它同样具有明确的目的性。高校劳动教育目标引导着高校劳动教育活动，是高校劳动教育的方向。高校劳动教育内容、劳动教育理念、劳动教育手段方式等，都必须朝着有利于这一目标方向进行，都要与这一目标方向一致。反之，背离了这一目标方向，不仅会使高校劳动教育变得盲目无序，也直接影响着劳动教育的效果。

① 柳海民. 教育学原理［M］. 北京：高等教育出版社，2011：116.

② 袁振国. 当代教育学［M］. 第4版. 北京：教育科学出版社，2010：49-50.

③ 马克思，恩格斯. 马克思恩格斯选集：第4卷［M］. 北京：人民出版社，1995：247.

2. 高校劳动教育目标为劳动教育实践提供动力

高校劳动教育与思想政治教育一样，其过程都是教育者与受教育者的双向互动过程。高校劳动教育的组织实施者是劳动教育的教育者，在高校劳动教育的整个过程中起着主导和促进作用。高校劳动教育的对象是在校大学生，他们是具体劳动教育的参与者与受教育者。高校劳动教育只有教育者与受教育者都能充分发挥主体能动性，积极参与，并在参与的过程中良性互动，劳动教育的成效才会显著。而劳动教育的目的和目标可以激发劳动教育者与受教育者的主体能动性，为其劳动实践活动提供不竭的动力。对高校劳动教育者而言，在实施劳动教育的过程中，首先要明确自己具体的目标和任务，有了具体的目标任务，并有具体的衡量指标体系，就能激发其为完成任务而主动工作的内生动力，有了一个前进的目标动力的牵引，就会产生为达到目标任务而不懈奋斗的力量之源。对高校劳动教育对象而言，目标本身就是他们前行的动力方向。目标的引领和激励作用，使大学生在劳动教育的实践中，明确了所要奋斗和前行的目标与应当努力达到的理想境界，为目标而奋斗，为实现目标而努力劳动，会促使高校劳动教育不断前行。可见，高校劳动教育的目标，在激发高校劳动教育者活力的同时，也对受教育者产生巨大的激励作用，促使他们在劳动教育过程中产生积极性，激发源源不断的劳动教育的动力，不断向劳动教育目标所指引的方向前进，从而不断提升高校劳动教育的质量和水平。

3. 高校劳动教育目标为衡量劳动教育成效提供依据

高校劳动教育目标不仅是高校整个劳动教育应该努力的方向，也是评价高校劳动教育成效的尺度和有效依据。高校劳动教育实践活动总是要达到一定目标的，判定一个劳动教育实践活动是否有效、成效水平高低，其主要的依据就是要看劳动教育目标的实现与否。有利于达成劳动教育目标的活动，就是有成效的劳动教育活动；完成了劳动教育目标的活动，就是成效最佳的劳动教育活动；没有达到劳动教育目标的活动或部分达到劳动教育目标的活动，就是无效的或部分有效的劳动教育活动。从总体看，高校劳动教育活动是否有成效，成效是大是小，主要是看劳动教育目标实现程度如何，即大学生的劳动素养、劳动技能等素质是否得到提高，劳动能力、综合素质是否得到全面发展。因此，高校劳动教育的目标是衡量高校劳动教育成效的基本尺度。

（三）高校劳动教育目标体系的主要内涵

《意见》指出，劳动教育总体目标是"通过劳动教育，使学生能够理解和形成马克思主义劳动观，牢固树立劳动最光荣、劳动最崇高、劳动最伟大、劳动最美丽的观念；体会劳动创造美好生活，体认劳动不分贵贱，热爱劳动，尊重普通劳动者，培养勤俭、奋斗、创新、奉献的劳动精神；具备满足生存发展需要的基本劳动能力，形成良好劳动习惯"①。这一目标定位是对整个大中小学劳动教育的总体目标定位，学生的特点不同，在教育目标的确立上，既要有共性要求，也必须根据各自的教育特点，有针对性地规划出不同学校的劳动教育的具体目标。

美国心理学家布鲁姆把教育目标分为认知领域目标、情感领域目标和动作技能领域目标，这是国际流行的教育目标分类理论。《意见》也指出，劳动教育是中国特色社会主义教育制度的重要内容，直接决定社会主义建设者和接班人的劳动精神面貌、劳动价值取向和劳动技能水平。《大中小学劳动教育指导纲要（试行）》对劳动教育总体目标进行界定时强调，要"准确把握社会主义建设者和接班人的劳动精神面貌、劳动价值取向和劳动技能水平的培养要求，全面提高学生劳动素养"②。基于此，我们拟从情感、认知、技能等三个方面对高校劳动教育目标进行分类。

1. 情感目标：培养积极的劳动精神

劳动精神是人们在劳动实践中所生成的精神产物。劳动精神是在劳动创造社会财富和美好生活的过程中所体现的劳动态度、劳动意志、劳动情感、劳动观念与精神品质和价值观念的有机复合体。③劳动精神既蕴含了中华民族勤俭节约、敬业奉献的优良传统，也体现了开拓创新、砥砺奋进的与时代同向同行的时代精神。

《意见》在明确劳动教育总体目标时指出，要通过劳动教育培养学生勤俭、奋斗、创新、奉献的劳动精神。这一精神内涵的表述，体现了马克思主义劳动观的理论品格，有利于人们对劳动精神的深刻认识和把握。

① 中共中央 国务院关于全面加强新时代大中小学劳动教育的意见［EB/OL］.（2020-03-20）［2022-08-09］. http://www.gov.cn/zhengce/2020-03/26/content_5495977.htm.

② 教育部. 大中小学劳动教育指导纲要（试行）［EB/OL］.（2020-07-07）［2022-08-09］. http://www.gov.cn/zhengce/zhengceku/2020-07/15/content_5526949.htm.

③ 黄蓉生，樊新华. 培养新时代大学生劳动精神的四个着力点［J］. 中国高等教育，2021（9）：4.

2.认知目标：树立正确的劳动价值观

劳动价值观是马克思的基本观点，马克思认为，劳动不仅是谋生的手段，更是通向客观世界与主观世界的媒介，也是实现人性至善至美、彻底自由的必由之路。所谓劳动价值观，是指"人们对劳动的根本看法和态度，是人生观、价值观、世界观的重要组成部分，让学生形成正确的劳动价值观是劳动教育的核心目标"①。

《大中小学劳动教育指导纲要（试行）》指出，要让学生正确理解劳动是人类发展和社会进步的根本力量，认识劳动创造人，劳动创造价值、创造财富、创造美好生活的道理，尊重劳动，尊重普通劳动者，牢固树立劳动最光荣、劳动最崇高、劳动最伟大、劳动最美丽的思想观念。②因此，"劳动最光荣、劳动最崇高、劳动最伟大、劳动最美丽"就是新时代大学生应有的劳动价值观。大学生劳动教育的核心，就是有效实施中国特色社会主义劳动价值观教育，这是大学生劳动教育最首要最根本的目标追求。

3.技能目标：养成良好的劳动习惯品质，具备必要的劳动技能

（1）养成良好的劳动习惯品质

"品质"在《辞海》中的释义是"人的行为和作风所显示的思想、品性、认识等的实质"。劳动品质一般指人的劳动行为和作风所显示的情感、态度、观念、习惯、品性、精神等。

养成良好的劳动品质是劳动教育的一个重要目标。除本研究调查发现驻青高校大学生在劳动习惯、劳动态度、劳动品德和劳动精神中存在一些问题和短板外，针对学生劳动品质的培养，南京师范大学劳动教育课题组2021年组织了一次规模较大的问卷调查，③调查得出的结论是"劳动品质缺失"是大中小学生劳动教育现状调查中的突出问题。问卷调查显示，47%的学生自评不具备热爱劳动的态度。29%、26%、18%（比例相对较高）的家长分别认为学生不太具备或完全不具备"良好的劳动习惯，热爱劳动的态度，爱惜成果的品格"，其中认为不具备劳动习惯的比例最高，而认为完全不具备热爱劳动的态度的比

---

① 曾天山，顾建军.劳动教育论［M］.北京：教育科学出版社，2020：145.

② 教育部.大中小学劳动教育指导纲要（试行）［EB/OL］.（2020-07-07）［2022-08-09］.http://www.gov.cn/zhengce/zhengceku/2020-07/15/content_5526949.htm.

③ 毕文健，顾建军，徐维炯.重视学生劳动品质的培养——积极心理学视域下劳动教育的调查研究［J］.中国教育学刊，2021（8）：97-102.

例在"完全不具备"选项中最高，为2.3%。这说明了不珍惜劳动成果、轻视劳动、不想劳动、不会劳动现象在青年学生中是普遍存在的。2013年，习近平总书记在同全国总工会新一届领导班子成员集体谈话时指出："实现中国梦，最终要靠全体人民辛勤劳动，天上不会掉馅饼！特别是要加强对广大青少年的教育，让他们从小就树立起辛勤劳动、诚实劳动、创造性劳动的观念，不要养成贪吃懒做、好逸恶劳、游手好闲、投机取巧、坐享其成等错误观念。"①习近平总书记认为这是真正关系我们民族发展的一个长远大计，一定要抓好。在新时代，辛勤劳动、诚实劳动、创造性劳动构成了劳动品德的新的时代内涵。

（2）具备必备的劳动知识技能

知识与技能是学习的两个基本内容。从信息加工的角度来看，知识属于数据结构，由我们所知道的事实——"是什么"组成；技能属于程序结构，由我们所知道的方法——"如何做"组成。②劳动知识与劳动技能亦是如此。大学生掌握一定的劳动知识是提高劳动效率和进行劳动实践的前提与基础。劳动技能是将劳动知识转化为劳动行为的中介要素，只有掌握了相应的劳动技能，劳动知识方能付之于劳动的实践，产生劳动的价值。劳动知识的内涵十分丰富，包括理论知识与实践知识两大部分。劳动理论知识通常包括马克思主义劳动哲学、劳动伦理、劳动法规、劳动心理健康等方面的理论知识，而劳动技能是完成特定劳动任务所需要的综合素质。根据《意见》规定，劳动知识及技能的范围包括日常生活劳动、生产劳动和服务性劳动中的知识、技能。日常生活劳动教育立足个人生活事务处理，结合开展新时代校园爱国卫生运动，注重生活能力和良好卫生习惯培养，树立自立自强意识。生产劳动教育要让学生在工农业生产过程中直接经历物质财富的创造过程，体验从简单劳动、原始劳动向复杂劳动、创造性劳动的发展过程，学会使用工具，掌握相关技术，感受劳动创造价值，增强产品质量意识，体会平凡劳动中的伟大。服务性劳动教育让学生利用知识、技能等为他人和社会提供服务，在服务性岗位上见习实习，树立服务意识，实践服务技能，在公益劳动、志愿服务中强化社会责任感。

让大学生具备必要的劳动知识技能是使培养的人才更好地适应经济社会发展的需要，也是促进大学生全面发展的需要。

---

① 习近平. 论党的青年工作［M］. 北京：中央文献出版社，2022：47.

② 袁振国. 当代教育学［M］. 第4版. 北京：教育科学出版社，2010：98.

二、高校劳动教育内容体系建构

（一）大学生劳动教育内容内涵的界定

关于大学生劳动教育内容体系的建构，在实践中有不同的建构方式。有学者①从劳动教育的含义出发构建劳动教育的内容体系，认为广义的劳动教育包括三重含义：一是作为德育内容的劳动教育。首先需要发展学生的认识能力，对学生进行马克思主义劳动观的教育，使学生认识劳动在社会发展中的作用，正确认识社会主义社会劳动的性质。二是作为"五育"之一的劳动技术教育。这是教育学生学会有关现代生产的基础知识、基本技能、基本工具的使用和管理的一种教育。这一教育是有针对性的，不仅是为了提高个体素质或解决谋生问题，而且是以全人类解放为宗旨，是提供社会发展物质基础的。三是作为实践育人目标重要途径的劳动活动。有计划、有目的地组织学生参加各种形式的劳动，在教育活动中既是目的又是手段。

有学者②从思想政治教育视域下大学生劳动教育的内涵的视角研究，认为大学生劳动教育应该包括马克思主义劳动观、择业观教育；尊重劳动人民的情感教育；辛勤劳动、诚实劳动，创新劳动的劳动精神培育等。

有学者③从劳动生活方式的结构出发，认为在某种劳动条件下，劳动生活方式的结构有：① 劳动条件和工作环境，包括劳动的物质环境和地理环境，劳动的社会性、劳动方式、劳动对象、劳动组织、劳动时间和劳动空间以及劳动强度；② 劳动主体，包括劳动心理、劳动价值和劳动态度；③ 劳动行为的具体模式，包括劳动职业的内容和特征以及不同的劳动习惯和风格。基于此，把劳动教育内容划分为生活劳动教育、生产劳动教育和服务性劳动教育三种主要类型。

对于大学生劳动教育内容的总体要求，在《意见》中已有明确规定，即强化马克思主义劳动观教育，注重围绕创新创业，结合学科专业开展生产劳动和服务性劳动，积累职业经验，培育创造性劳动能力和诚实守信的合法劳动意识。④

---

① 孙振东，康晓卿.论"劳动教育"的三重含义［J］.社会科学战线，2021（1）：230-238.

② 黄晨，华启和，宋月婵，张发祥.思想政治教育视域下大学生劳动教育内容及其路径探索［J］.东华理工大学学报（社会科学版），2020（10）：457-460.

③ 曾天山，顾建军.劳动教育论［M］.北京：教育科学出版社，2020：180.

④ 中共中央 国务院关于全面加强新时代大中小学劳动教育的意见［EB/OL］.（2020-03-20）［2022-08-09］.http://www.gov.cn/zhengce/2020-03/26/content_5495977.htm.

教育部有关负责人就《意见》中涉及的劳动教育内容类型在答记者问时指出[①]，依据马克思主义劳动观，将劳动分为生产劳动和非生产劳动，相应地将劳动教育分为生产劳动教育和非生产劳动教育。考虑到劳动教育内容的针对性和可行性，《意见》又将非生产劳动教育分为日常生活劳动教育和服务性劳动教育，日常生活劳动教育注重在学生个人生活目标中强化劳动自立意识，体验持家之道，这也是学生健康发展，适应社会生活的重要基础；服务性劳动教育具有较强的时代特点，注重利用知识、技能、工具、设备等为他人和社会提供服务，特别是在公益劳动、志愿服务中强化社会责任，培养良好的社会公德。这三类劳动教育内容不同，各学校可以有所侧重，但从总体上看，三者都很重要，不能偏废。

（二）大学生劳动教育内容体系

大学生劳动教育内容体系的构建，应该围绕大学生劳动教育的目标，依据时代发展的需求，构建起日常生活劳动、生产劳动、服务性劳动的内容体系。

1. 日常生活劳动教育

劳动是人类生存的基本手段，日常生活劳动是指个体在个人生活自理以及家庭生活组织过程中涉及的一切有关衣食住行和日常交往过程中的劳动。日常生活劳动的内涵非常丰富，既有简单生活劳动，又有复杂生活劳动；既有传统生活劳动，又有现代生活劳动；既有重复性生活劳动，又有创造性生活劳动。生活劳动教育的目的就在于传授给学生最基本的生活技能。简单地说，在"认识自我、实现自我"的过程中，人需要接受生活方式的培训，开展生活能力的实践，即接受生活劳动教育。[②]

大学生日常生活劳动，一般包括围绕家庭生活、学校生活等方面所进行的日常劳动。大学生日常生活劳动对于促进大学生良好的劳动习惯养成、良好劳动品德的形成、劳动技能的培养都具有十分重要的现实意义。

对大学生开展生活劳动教育的重点内容应包括以下方面。

一是巩固良好日常生活劳动习惯，培育良好的生活能力。通过大学生主动

① 教育部有关负责人就《中共中央国务院关于全面加强新时代大中小学劳动教育的意见》答记者问［EB/OL］.（2020-03-27）［2022-08-09］. http://www.gov.cn/zhengce/2020-03/27/content_5496170.htm.

② 曾天山，顾建军. 劳动教育论［M］. 北京：教育科学出版社，2020：181.

承担家务劳动，如洗衣烹饪、缝补熨烫、整理收纳，主动参与家庭卫生扫除，让学生体验劳动的艰辛，培养尊重劳动、热爱劳动、热爱劳动人民的情感；通过大学生参与学生宿舍、教室、食堂、校园其他公共场所的卫生保洁、绿化美化等与日常生活有关的劳动，让大学生培养个人劳动习惯，增强集体劳动意识和吃苦耐劳精神，同时在日常生活劳动中学会操作生活劳动常用工具。

二是积极参加勤工助学活动。学校通过设置不同类型的大学生勤工助学岗位，给学生提供日常生活劳动的机会。此外，还应通过多样化、实践性的教学实践活动，让学生有意识地主动参与劳动，培养劳动的积极性，增强劳动的责任感。

三是提高大学劳动自主自强能力。大学生尤其是刚踏进校门的大学生，往往表现出对家庭成员的过分依赖状态。这一状态的产生，导致大学生对日常生活劳动的参与意识淡薄，自理能力不强，凡事向家长求助，凡事要家长来解决，产生对待他人的劳动成果不重视、不珍惜等不良现象。在生活劳动教育中，必须针对大学生中出现的问题，展开有针对性的教育，不断提升大学生适应社会发展和时代要求的自我劳动能力。因此，日常生活劳动教育的开展必须遵循个体与社会发展的双重价值导向。

在劳动教育的实践中，驻青高校十分注重大学生日常生活劳动的教育。

青岛科技大学立足日常生活劳动，要求各教学单位注重培养学生良好的生活能力和卫生习惯，注重大学生个人生活事务处理。要求结合开展新时代校园爱国卫生运动，使大学生能够巩固良好日常生活劳动习惯，自觉做好宿舍卫生保洁，独立处理个人生活事务，积极参加勤工助学活动，提高劳动自立自强能力。

青岛理工大学加强学生日常生活劳动教育，有序组织学生开展校园卫生清扫、绿化除草、楼宇保洁、文明寝室建设等生活劳动活动。还根据具体情况合理设定劳动场地、劳动工作量、劳动质量标准等，保障劳动教育环境的安全。通过日常生活劳动，让学生掌握日常生活劳动技能，形成良好行为习惯，推动校园文明建设。据中国教育新闻网报道①，青岛理工大学在校内建立了劳动教育日常生活劳动的实践基地。该劳动教育实践基地由环境与市政工程学院2021

---

① 青岛理工大学校内建学生劳动教育实践基地［EB/OL］.（2022-04-29）［2022-08-09］. https://baijiahao.baidu.com/s?id=17314377719178052745&wfr=spider&for=pc.

级学生负责。以班级为单位，17个班级分别认领本班个性化种植责任区，栽种花草。基地教育课程由后勤管理处、环境与市政工程学院选派经验丰富的园艺师和相关专业博士生担任指导老师，引导学生通过种植、除草、施肥、浇水、收割等劳动过程完成劳动教育课。市政工程专业博士生蔡言安带领学生分析不同水样的相关指标，结合所学专业进行"高质量、高科技"劳动实践。

中国石油大学（华东）注重大学生日常生活劳动教育，结合新时代校园爱国卫生运动，组织学生开展绿化养护、校园卫生、教室清洁、实验室维护、文明寝室建设等劳动锻炼，培养学生掌握日常生活劳动技能和形成良好卫生习惯，助力校园文明建设。结合校内各部门工作需要及学生能力水平，开设勤工助学岗位，探索增设公益性岗位，为学生提供体验校园生产劳动的平台，提高学生劳动能力和自立自强能力。依托学生社团、兴趣小组等，支持学生自主开展面向校园内的公益性劳动、服务性劳动等实践活动。

山东大学结合学生宿舍日常生活开展劳动教育实践。聚焦学生宿舍内务劳动，设定宿舍劳动值日制度，营造宿舍文化氛围，塑造学生日常生活劳动第一场景，多维度培养学生具备扎实劳动技能、朴实劳动观念，各培养单位定期对学生宿舍内务情况进行检查指导，表彰先进、激励后进，并在各类评奖评优中予以体现。

青岛大学建立大学生日常生活劳动清单制度，培养学生良好的行为习惯。开展文明寝室创建活动、爱心卫生责任区认领活动、文明卫生实验室建设活动等，组织学生开展校园义务劳动和管理服务。建立学生轮流值日制度，做好教室值日值勤、日常收纳整理、参与服务学校大型活动等。定期开展美食烹饪、水电工实践等劳动实践活动，培养学生掌握日常生活劳动技能。完善勤工助学制度，加强勤工助学全过程劳动教育和总结，深化劳教结合。充分利用寒暑假开展居家劳动，促进学生养成良好的日常劳动习惯。

中国海洋大学开展主题实践活动，引导学生养成日常劳动习惯。[1]学部、各学院（中心）积极组织学生志愿者投身校内环境维护、志愿劳动服务等实践，引导学生以日常生活劳动为基础，在教室、实验室、宿舍等区域开展卫生清扫和垃圾分类宣传等活动。信息科学与工程学部开展"劳动光荣　餐见你

---

[1] 中国海洋大学开展2022年"劳动教育周"系列教育活动［EB/OL］.（2022-05-19）［2022-08-09］. http://news.ouc.edu.cn/2022/0519/c78a109274/page.htm.

我"、海洋地球科学学院开展"劳动最光荣，校园'美'一步"等志愿服务活动，使学生在实践中成长、在劳动中收获；食品科学与工程学院制作线上问卷，调研学生家长对学生日常劳动情况和劳动教育的意见，家校联动引导学生养成日常劳动习惯。据山东教育新闻网报道①，该校结合学校文化积淀和青岛地域特色，通过系统设计、扎实推进，不断探索劳动教育有效路径，于2021年春季学期探索性开设"急救与自救""'海大味道'劳动实践""中国茶文化与实训"三门劳动教育课程。这三门劳动教育课程，是在梳理、整合原有课程资源的基础上，开设的指导学生掌握日常生活劳动技能技巧的选修课程。其中，"急救与自救"课程为0.5学分，包括4学时理论课教学和8.5学时实践教学，课程内容包括心肺复苏术、海姆立克急救法、创伤现场急救；"'海大味道'劳动实践"课程为0.5学分，包括1学时的理论课程和15学时的实训教学，课程内容包括酸辣土豆丝、油泼扇贝、宫保鸡丁、糖醋里脊、油爆双花、海鲜疙瘩汤、三鲜水饺、纸杯蛋糕的制作；"中国茶文化与实训"课程为1学分，包括8学时理论课教学和16学时劳动实践教学，课程内容包括茶叶起源和茶文化内涵、识茶选茶、品茶敬茶、采茶及制茶等知识。"'海大味道'劳动实践""中国茶文化与实训"同属海大餐饮类劳动课程，都专门设置了劳动实践基地。其中，"海大味道"劳动实践课实践地点设置在崂山校区东海苑第五食堂，"中国茶文化与实训"课实践地点设置在青岛晓阳春有机茶基地。后勤保障处不仅根据学生对烹饪技能的接受程度进行了由易向难的循序安排，通过精心设计，让"海味"与经典鲁菜在师生的厨具里碰撞出独具魅力的火花，还对烹饪教学基地进行了改造、美化，升级了卫生和安全防护措施。同学们对劳动实践课兴趣极高，各门课程报名都很火爆。"急救与自救"课的选课系统开通还不到20秒钟就报满了，同学们学得都很认真，劳动教育课程就得让更多的学生在动手创造中感受到生活的美好和温度。

青岛滨海学院建校以来坚持校园环境、宿舍室内卫生等都由学生打扫和维护；设立宿舍文化节，制定落实星级宿舍评比制度，引导学生用自己的双手清洁、装扮生活空间；日常落实随手清除身边垃圾的"弯腰工程"。这些生活劳动用时不多、易做易成，固定性和随机性有机搭配，很好地培养了学生的劳动

---

① 中国海洋大学开设劳育类通识教育实践课［EB/OL］.（2021-07-01）［2022-08-09］. https://baijiahao.baidu.com/s?id=1704054795331222439&wfr=spider&for=pc.

习惯。此外，鼓励学生利用节假日及其他业余时间走向社会，以志愿者和义工身份开展学雷锋等服务性劳动，增强了学生对劳动意义的认知，培养了学生与劳动人民的感情。

2. 生产劳动教育

生产劳动是人通过有目的的生产实践活动改造自然并在这一活动中实现对人自身改造的一个过程，是通过劳动维持生存并改变自身的教育，是人在参与由社会分工所决定的、符合一定社会生产目的、与财富和价值的创造直接或间接相关的各类劳动中，在不断提升生活层次的过程中关注自我、反思自我、完善自我，不断接受社会生产中的新知识、新技能和新思维的教育。①

高等教育与生产劳动相结合，是现代社会发展的必然趋势，是现代高等教育的基本特征之一。对大学生开展生产劳动教育要把握好内容的结合点，不同高校的不同专业、不同课程，其内容结合点不会相同或者不会完全相同。大学生生产劳动的主要形式通常有专业实训、专业见习、顶岗实习、自主实习等。

在生产劳动教育实践过程中，驻青高校也分别进行了有益的探索。

青岛大学坚持劳动教育与专业实践紧密结合，各学院根据学科专业特点，一院一策制订专业实践劳动方案。合理设置综合性、开放性、设计性的专业实践劳动内容。依托校内外实验、实习、实训基地，打造专业劳动实践教育基地。在科学实验、实习实训、综合实践、毕业论文（设计）、创新创业教育等环节，培养学生手脑结合、知行合一的劳动意识和习惯，提高学生在实践中发现问题、解决问题的能力，塑造学生诚实劳动、踏实劳动的实践品质，拼搏奋进、精益求精的职业素养。

青岛农业大学把劳动教育融入学生的专业课程、实习实训和科研训练中，在专业课程中强化专业劳动伦理和劳动方式教育；在实习实训中强化劳动技能和技能训练，劳动权利和责任教育，劳动情感和态度培养；在科研训练中强化体力劳动和脑力劳动相结合、相平衡的劳动观念与技能教育，全面培育劳动能力。涉农相关专业注重在耕读实践项目中挖掘专业劳动教育特色。

青岛科技大学重视生产劳动锻炼。各教学单位围绕劳动能力的培养，让学生完成真实的综合性任务，经历完整的劳动过程。强化规范意识，注重从最基本的程序学起，严守规则，避免了主观随意；强化质量意识，注重引导学生

① 曾天山，顾建军.劳动教育论［M］.北京：教育科学出版社，2020：184.

关注细节，每个步骤、环节都要精准到位；强化专注品质，注重引导学生对操作行为的评估与监控，做到眼到、手到、心到，有始有终。他们重视新知识、新技术、新工艺、新方法的运用，引导大学生强化规划设计意识，充分发挥主动性、积极性、创造性，用智力支持企事业单位、机关团体、社区等完成产生价值的活动或项目。例如，分析、统计、调研、设计、决策、组织、运筹，通过劳动实践锻炼进一步提高学生在生产实践中发现问题和创造性解决问题的能力，在动手实践的过程中创造有价值的物化劳动成果。生产劳动锻炼通过引导学生积极参加实习实训、专业服务和创新创业活动完成。

总之，对大学生开展生产劳动教育，就是要结合大学生自身的特点，重视大学生生产劳动锻炼，鼓励大学生积极参加实习实训，通过积极开展各类专业服务和创新创业等活动，提高学生在生产实践中发现问题和创造性解决问题的能力，要引导大学生重视新知识、新技术、新工艺、新方法的运用，在生产劳动的实践中、在动手实践的过程中创造有价值的物化劳动成果。在大学生掌握相关专业知识的基础上，组织他们参与到物质财富创造的各个环节和流程中去，通过构建良好的劳动关系，培养他们热爱劳动、辛勤劳动、尊重劳动者、尊重劳动成果的劳动品质。

3. 服务性劳动教育

劳动不仅是自我的生存需要，也是实现人生价值的需要。服务性劳动具有明确的社会指向性，具有非功利性和利他性的特征。所谓服务性劳动，就是指大学生利用自己所掌握的知识和技能为他人和社会提供服务的劳动实践活动。服务性劳动教育，则是指引导大学生通过参与到各种公益劳动和社会实践中去，用自己所学到的知识和技能为社会提供服务，不断提高实践能力与道德素养，培养为人民服务、为公众谋利益的良好思想品质的教育。[①]

对大学生开展服务性劳动教育应重点关注以下几个方面。

一是引导大学生积极参与校内各类公益劳动。如引导大学生自觉参与教室、食堂、校园公共场所的卫生保洁，校园绿化美化，学生公寓等的自我管理服务等活动，提升学生服务他人、奉献社会的责任感，养成主动参与公共活动的良好品德习惯。

二是引导大学生积极参与各类志愿者服务的社会实践活动。如组织学生参与

---

① 曾天山，顾建军.劳动教育论［M］.北京：教育科学出版社，2020：187.

到"三支一扶"、大学生志愿服务西部计划、"青年红色筑梦之旅"和"三下乡"等社会实践活动，通过这些活动培养学生服务他人、奉献社会的服务精神。

三是强化大学生公共服务意识的培育。培育公共服务意识是大学生劳动教育的一项重要内容，要引导大学生在面对重大疫情、灾害等危机时，主动作为，自觉树立主体意识，自觉树立公共规则意识，自觉培育奉献精神，不断培养大学生良好的社会公德和责任担当意识。

在服务性劳动教育方面，驻青高校也都十分重视，根据各自学校的实践，做了一些有益的探索。

青岛科技大学强化大学生服务性劳动，要求各教学单位注重引导学生从现实生活中发现需求，选择和确定劳动项目。引导学生积极自觉参与校园环境卫生清洁、学雷锋活动、校内外公益劳动、服务校级或学院（部）级大型活动（迎接新生活动、校园招聘会、校内学术会议、校内展览会、运动会、校内植树绿化、公共设施维护、校内防风防汛等），结合"三支一扶""大学生志愿服务西部计划""青年红色筑梦之旅""三下乡"等社会实践活动开展服务性劳动，引导学生对项目实践进行整体构思，综合运用所学知识、技术，不断优化行动方案。引导学生主动参加青岛、高密等地文明城市建设活动，强化身体力行，锤炼意志品质，敢于在困难与挑战中完成行动任务，强化公共服务意识和面对重大疫情、灾害等危机主动作为的奉献精神。服务性劳动可以通过专业实习、实训、创新创业等实践环节完成。

青岛大学充分利用社会资源开展公益活动、服务性劳动等社会实践劳动。开展"三下乡"等社会实践，利用假期开展社会调查、科技帮扶、文化宣传等劳动实践，引导学生利用知识和技能奉献社会、服务人民。开设"菜单式"志愿服务劳动项目，组织学生深入社区、街道、养老院、福利院和公共场所等参加志愿劳动。结合社区文化建设、乡村振兴等，开展社区服务、农业劳动、工业生产、惠农服务等公益活动。强化"西部计划"，引导学生扎根基层建功立业，培养学生具有到艰苦地区和行业工作的奋斗精神。

山东科技大学设立集体劳动周，强化学生服务性劳动，自觉参与宿舍、教室、校园等场所的卫生保洁、绿化美化和管理服务等。

三、高校劳动教育课程体系建构

劳动教育课程是劳动教育的重要载体，是将劳动教育纳入人才培养全过程，丰富、拓展劳动教育实施的有效途径。

（一）劳动教育课程体系建构的研究现状

对劳动教育课程体系的建构，学者们进行了深入的探讨，研究成果十分丰富。学界主要从以下几个方面进行了研究。

1. 关于劳动教育课程发展历程的研究

这方面的研究主要是通过对新中国成立70多年来，我国劳动教育课程经历的漫长曲折的演变过程进行梳理，从历史的脉络和课程建设各自不同阶段的发展特征出发，根据劳动课程建设应遵循的内在逻辑、取得的成功经验，以史为鉴，为重建新时代劳动教育的课程体系提供有益帮助和借鉴。

有学者[①]依据我国教育的阶段性发展特征和劳动教育课程文件的颁布时间，把新中国成立以来我国劳动教育课程的发展变迁划分四个阶段，即萌芽与确立阶段（1949—1957）、冒进与摇摆阶段（1958—1977年）、调整与发展阶段（1978—2000年）和创新与深化阶段（2001年至今）。

萌芽与确立阶段是劳动教育课程的初见雏形阶段。这个阶段的劳动教育课程呈现两大特征：一是以思想纠偏为主要任务。这一时期的劳动教育课程从目标确立到内容选择再到开展落实，始终强调体力劳动的重要基础作用，并对学生劳动实践或实习做出统一课时规定，以纠正过去忽视劳动教育的错误倾向。二是以生产技术教育为重要内容。

冒进与摇摆阶段是劳动教育课程的激进变革阶段。这一阶段由于受"左"倾路线的影响，劳动教育课程并没有得到实质性发展。"有劳无教""以劳代教"，背离了劳动教育课程开设的初衷。

调整与发展阶段是劳动教育课程的恢复重建阶段。1978年12月，党的十一届三中全会召开，结束了教育事业的混乱局面。研究认为，这一时期的劳动教育课程一方面朝科学化、规范化方向发展，另一方面课程内容愈发关注职业技术内容。

创新与深化阶段是劳动教育课程的纵深发展阶段。这一阶段的劳动教育课程虽不免在中小学遭遇缺位的尴尬境遇，但正是诸多困境促进其完成课程内部的自我革新，并在相关政策的支持下朝向纵深发展。

---

① 朱德全，熊晴. 我国劳动教育课程的演进逻辑与重建理路［J］. 教师教育学报，2020（6）：7-15.

有学者①则认为，新中国成立以来，我国劳动教育课程发展经历了五个阶段，即劳动教育课程的探索期（1949—1965年）、劳动教育课程的特殊发展期（1966—1976年）、劳动教育课程的革新期（1978—2000年）、劳动教育课程的深化期（2001—2017年）、劳动教育课程的新时代构建期（2018年至今）。在对每一个时期劳动教育课程开设特点分析的基础上，认为劳动教育课程建设在以下几个方面取得了发展成就。

一是劳动教育的课程设置与教材开发成效显著。劳动教育的课程设置从主要推行简单的生产劳动到在一定的程度上实现了劳动教育课程的跨学科融合发展，劳动教育课程呈现更加多元化和丰富化样态。与此同时，我国学者在借鉴国外经验基础上，编写了一系列具有中国特色的劳动教育著作。

二是劳动教育课程内容与社会历史发展结合紧密。针对不同学校、类型的学生特点，以日常生活劳动、生产劳动和服务性劳动为主要内容开展，同时结合产业新形态、劳动新形态，注重选择新型服务性劳动课程内容。

三是劳动教育课程的人文性价值取向逐渐加强。劳动教育课程的价值由早期的工具性取向转向人本性的价值范畴，使劳动教育凸显人文性价值，推动了人的全面发展。

四是"五育融合"发展的课程育人体系逐步构建。德、智、体、美、劳"五育"的关系由割裂走向融合发展，是素质教育在国内实践性推行的重要环节，代表着劳动教育具有引领性优势，不再停留在形式层面。

学者们对劳动课程发展过程进行梳理和分析，认为尽管其劳动课程设置的对象是中小学生，但其发展的路径轨迹、发展的成就经验、发展的规律等对高校开展劳动教育时考虑劳动课程的设置，同样具有借鉴意义的。

2. 对劳动教育课程设计的原则和基本理念的研究

有学者②指出，新时代劳动教育课程建设要立足于跨界融合的时代语境，以新的思维、新的视角、新的话语重新审视劳动教育课程建设，认为应建设关系性思维，在微观上，要实现劳动教育课程内部教学目标、内容资源、方式手

---

① 吕晓娟，李晓漪. 我国劳动教育课程的发展历程、主要成就和实施方略［J］. 课程·教材·教法，2021（8）：137-143.

② 林克松，熊晴. 走向跨界融合：新时代劳动教育课程建设的价值、认识与实践［J］. 湖南师范大学教育科学学报，2020（2）：57-63.

段、教学环境等要素的交融互摄；在中观上，要对劳动教育课程与学校其他课程进行有机组合；在宏观上，要构建大劳动教育课程，以此作为大中小学劳动教育的中介桥梁。在视角的转换方面，认为必须从劳动育人的视角出发，构建劳动教育与其他"四育"之间的关系。劳动教育课程的设置，要以培养劳动者为目标导向，重视劳动教育课程的载体作用，在德智体美"四育"中融合并丰富劳动实践形式。在话语的转换方面，要从边界课程到跨界课程。据此设计了劳动教育课程整合的五级层次：第一层是劳动教育课程内不同劳动领域的整合；第二层是劳动教育课程与学校某一课程的整合；第三层是劳动教育课程与学科领域的整合；第四层是劳动教育课程与社会文化的整合；第五层是社会文化与人的结合。

有学者①对劳动教育课程构建的理念形态进行了研究。他们认为劳动教育课程的构建应首先解决课程设置的理念形态，建议建立起以整体主义为灵魂的劳动教育课程全局观的理念。认为劳动教育课程内部诸要素从课程目标、课程内容到课程评价不应是简单的线性关系，而应是多元交互关系。从课程结构而言，劳动教育课程并非劳动教育的唯一承担者，学校课程体系存在的各类课程均可进行劳动教育。劳动教育课程并非仅有一种形态，不同形态的劳动教育课程可以相互渗透且相互转化。要建立以实践导向为准则的劳动教育课程本质观。从理论导向向实践导向的转向，体现了课程价值取向的变革。劳动教育课程从本质上来说应是以实践导向为准则的，是劳动教育课程发展的本质需求。要树立以自立创新为追求的劳动教育课程价值观，因为自主创新是学校劳动教育课程构建的价值追求，是实现以校为本的重要保证。

这些劳动课程设置和建设的理念，是对我国高校劳动教育实践尤其是劳动教育课程设置的现状基础的深刻反思，是对新时代劳动教育如何运用好劳动教育课程这一有效载体，增强劳动教育有效性的理性探讨，对构建高校劳动教育课程设置体系具有借鉴和参考价值。

3. 对高校构建劳动课程体系的研究

对高校如何构建劳动课程的框架体系，学界从不同的视角进行了探究。有

---

① 罗生全，张雪. 劳动教育课程的理念形态及系统构建［J］，广州大学学报（社会科学版），2022（2）：150-160.

学者①从劳动要素的视野构建了大学生劳动教育的课程框架。他们对高校劳动教育课程进行了两元划分：一是显性劳动教育课程，建议在必修课、素质教育选修课和任意选修课中设置劳动教育相关理论课程；一是隐性劳动教育课程，建议在校园内劳动教育实践、校园文化机制建设、社会真实劳动机会拓展中赋能劳动教育。

有学者②认为，构建体现时代特征、框架完善的劳动教育课程体系，要从劳动课程的目标、结构、内容、实施、评价五个要素构建具有高校特色、与专业特征高度融合的劳动教育课程，以劳促进德智体美全面发展，协同育人。

有学者③认为高校应当把握课程教学中的显性教育和隐性教育、理论教育与实践教育、校内教育与校外教育相结合的原则，从课程内容、课程设置、课程考核等方面完善劳动教育的课程体系构建。

刘向兵等④认为要形成"五维联动"的劳动教育课程体系，建构劳育课程、思政劳育、专业劳育、实践劳育和学术劳育"五维联动"的劳动教育课程体系。将劳动教育贯穿高校思想道德教育、文化知识教育、社会实践教育各环节。

学者们对劳动教育课程体系构建的研究成果非常丰富，这些研究成果既有我国高校劳动教育课程建设实践的经验总结，也有对其进行抽象思维的理论升华，为我们构建新时代高校劳动教育的课程体系提供了方向和方法。

（二）劳动教育课程体系建设存在的问题

新的时代背景下，劳动教育越来越受到人们的重视，许多高校都在积极探索劳动教育的新途径、新方法。一些高校积极探索"课程+劳育""思政+劳育""专业+劳育""实践+劳育"的有效路径。但相对于中小学而言，高校劳动教育无论是在人们的认知方面，还是在具体的实施过程中都还存在一些误区和短板，这些误区和短板使得高校劳动教育课程体系建设面临挑战。

---

① 卢晓东，曲霞. 大学劳动教育课程框架、特征与实施关键：基于劳动要素的理论视野［J］. 中国大学教学，2020（2-3）：8-16.

② 陈永清，郑芳. 高校劳动教育课程体系建构探索［J］. 福建商学院学报，2020（5）：96-100.

③ 黄丽丽，陈钦萍. 新时代高校大学生劳动教育课程体系构建研究［J］. 高校后勤研究，2021（8）：68-70.

④ 刘向兵，曲霞，黄国萍. 高校劳动教育体系化构建的学理与实践［J］. 中国大学教学，2021（9）：30-36.

1. 在对劳动教育课的认知上存在误区

有学者把这一误区分为三个倾向①：一是"非标准化"倾向。少数高校认为，在教学计划中无论是教学实习还是毕业实习的环节都包含有劳动教育的元素，没有必要再单独开设一门劳动教育的必修课。二是"非学理化"倾向。把劳动教育课程的设置等同于简单的体力劳动或机械化的体力操作训练，忽视劳动思想、劳动品格、劳动情感以及马克思主义劳动观教育。三是"非专业化"倾向。目前有些高校劳动教育过于简单化，劳动教育就是单纯的上劳动课，未能做到与专业教育的深度融合，未能做到将劳动教育与专业教育有机结合，劳动课的开设似乎就是完成教学任务，忽视了劳动教育的专业属性和价值属性。

2. 在劳动课的课程设置上需要完善

课程目标、内容组织、方法运用是构成课程的三要素。从劳动教育课课程设置的系统化、规范化的视角审视，高校劳动教育课程设置的目标方位上还不尽一致，对高校劳动教育课程到底为什么要设置、设置劳动教育课程到底要解决什么问题，在理解上存在偏差。有些高校是为了完成上级规定的劳动教育要求而设置，有些高校是为了教育教学评估顺利通过而设置，有些高校是为了彰显学校课程建设特色和表明学校课程建设的多样性而设置。这就导致目前我国高校对劳动教育课程设置的目标认识仍然不深刻，科学完善的劳动教育课程体系难以有效构建。在高校劳动教育课内容的组织上，尚存在课程内容碎片化的问题。根据劳动教育的目标，安排有针对性的劳动教育内容，才能实现劳动教育的最终目标。目前的状况是"很多高校的课程内容虽然丰富，但是相关内容很少基于内在关联组合成为内容模板或体系，大多数内容呈现碎片化状态，内容之间互不关联，极少前后照应或者是因果关联。劳动教育相关的内容未能基于特定教育目标实现进行模块化整合"②。

在劳动教育课程的教学方法上，同样存在一些短板和不足。劳动课程教学等同于专业课教学，方法单一，缺乏创新性和吸引力。很多高校在劳动课堂教学层面仍停留在理论知识的传授，导致学生为了拿学分和完成必修课的学习任务而应付了事，劳动教育课作为劳动教育重要渠道和载体作用的发挥未能达到

---

① 王珏. 构建新时代高校"四轮驱动"多元化劳动教育课程体系 [J]. 贵州师范学院学报，2022（1）：65-70.

② 陈娟. 新时代劳动教育课程的系统化建设 [J]. 教学与原理，2021（1）：88-91.

理想的效果。

3. 在劳动教育课师资队伍建设上需要加强

作为一门具有专业性和实践性特征的劳动教育课程，劳动教育学科与专业融合的性质对高校劳动课程教师队伍建设提出了很高的要求。目前劳动教育课程设置专任教师的高校很少，现有的高校劳动课教师要么是由学校思政课教师兼任，要么是由高校辅导员或者党群管理者兼任。一方面，"非专业化"的师资队伍对高校劳动教育课程目标任务的完成肯定会打折扣；另一方面，要落实好高校劳动教育课程教学任务，也需要劳动教育课教师必须具有行业背景知识和结合的素质。教授劳动教育课程的教师，不但要系统讲授劳动的本体性知识，即有关劳动的本质知识，还要系统地传授劳动的经验性知识，同时还要善于寓思想教育于劳动教育之中，通过讲授劳动模范、大国工匠等先进事迹，对学生进行劳动价值观的教育。单一的教师来源、不合理的教师知识结构与专业结构，都不利于高校劳动教育课程目标任务的有效落实。

4. 劳动教育课程的考核标准需要完善

劳动教育课程既是一门传授劳动知识的专业课，又是提高学生劳动素养的实践课。因此，考核劳动教育课学生接受教育的效果，既不能单纯地以课堂知识的考核成绩作为最终结果，也不能忽视学生对劳动知识的接受情况，把劳动实践的表现作为学生劳动课的最终成果。现实的状况是在课程的考核上，以实践类活动为主要形式的劳动课内容宽泛，难以形成系统的、标准化的考核尺度，以知识传授类的劳动课，只是对学生掌握劳动知识的程度进行考核，通过劳动教育课，学生对劳动的热爱程度如何？劳动教育给学生带来的劳动价值观的改变多大？劳动教育促进学生全面发展的程度如何？这些同样缺乏合理的评价标准。

（三）劳动教育课程体系的建构

坚持立德树人，构建具有高校特色的劳动教育课程体系，应该从劳动教育课程目标的确立、劳动教育课程结构划分、劳动教育课程内容层次的完善、劳动教育课程的组织实施、劳动教育课程的考核评价等五个方面着手，实现劳动教育课程的科学化建构。

1. 精准化的目标定位

对高校劳动教育课程进行精准化的目标定位，对劳动教育目标的实施、劳动教育课程价值的实现具有重要意义。

课程教育目标是课程价值的具体表现。劳动教育课程设置的目标必须与劳动教育的整体目的要求相一致。通过劳动课程的开设，既要体现劳动教育课程的个体价值，使得大学生提升劳动技能，端正劳动态度，具有正确的劳动价值观，塑造正确的"三观"，也要体现劳动教育课程的社会意义，把培养具有社会责任感和创新精神、实践能力的劳动者作为课程的重要目标。

具体而言，高校劳动教育课程需要实现以下三个目标。

一是引导大学生树立马克思主义劳动价值观和新时代中国特色社会主义劳动观，弘扬"勤俭、奋斗、创新、奉献"的劳动精神。引导大学生树立辛勤劳动、诚实劳动、创新劳动的思想，让"劳动最光荣、劳动最崇高、劳动最伟大、劳动最美丽"的观念在大学生中发扬光大。

二是培训大学生劳动实践能力，使其掌握日常生活劳动、生产劳动和服务劳动的基本技能。特别是要"围绕创新创业，提升就业创业能力"以适应"科技发展和产业变革，针对劳动新形态，注重新兴技术支撑和社会服务变化"的现实关照。

三是培养大学生良好的劳动习惯，培养吃苦耐劳、诚实守信的劳动品质，培养热爱劳动、尊重劳动者、珍惜劳动成果的意识。

2. 体系化的课程内容

劳动教育的课程内容要依据劳动教育的课程目标来确定。依据课程的教育目标，大学生劳动教育课程是一个内容体系，这一内容体系包含以下要素。

劳动价值观的教育内容。重点应围绕马克思主义劳动观、新时代党的劳动思想，特别是党的十八大以来，习近平总书记就中国梦、劳模精神、劳动精神、工匠精神、劳动教育等发表的一系列重要论述等相关内容，还应包含对新中国劳动教育的发展历程及劳动精神、工匠精神、劳模精神的内容阐释。

劳动规范的教育内容。包括对大学生劳动权益保护意识的培养和与劳动相关的法律法规教育，如大学生掌握自我劳动保护的知识，在开展劳动教育的过程中，教育大学生在参加教学实习、毕业实习、兼职服务、志愿服务、社会实践等劳动实践活动时，建立相应的自我保护意识，培养自我保护的能力，掌握一些急救常识、基本的职业保健常识与自我保护措施。

与专业和社会相适应的劳动技能类、劳动能力提升、劳动服务类教育内容。例如，在生活劳动中应该具备哪些技能？这些社会生活劳动技能如何培养和锻炼？结合高校大学生的特点与实际，应把衣物熨烫、日常生活清洁、校园卫生及宿舍卫生整理、校园垃圾分类、校园绿化等内容，以及烹饪类、农耕类内容列为劳动课的教育内容。

创新创业类劳动教育内容。应包括劳动与创新创业的关系、劳动与个人职业的发展等方面的内容。

此外，高校劳动教育课程的内容需要适应科技进步、经济发展和产业变革的需求，做到与时俱进，注重培养学生的科学精神，提高创造性劳动能力。

在这方面，一些驻青高校做了探索。如青岛大学将劳动教育纳入人才培养方案，本科阶段不少于32学时，其中理论学时8学时，主要依托"新时代大学生劳动教育"等课程，线上与线下结合，加强对马克思主义劳动观，习近平关于劳动教育、劳动精神的重要论述等知识的学习；实践学时不少于24学时，依托专业实践劳动、日常劳动、社会实践劳动等环节，让学生在实践中养成劳动习惯，学会劳动，培养勤俭、奋斗、创新、奉献的劳动精神。研究生阶段开设"现场生命急救知识与技能"等劳育公共选修课；建立研究生劳动清单制度，开展劳育实践活动。遴选来自一线的具有青大特色的典型案例，加快劳动教育教材、实践指导手册的编写和使用。

山东大学着力构建山大特色的劳动教育课程。要求用好思想政治理论课堂主渠道、主阵地，将劳动精神、劳动理念融入思政课程，各培养单位积极探索在专业课程中融合劳动教育元素，围绕劳动法律、劳动关系、劳动社会保障、劳动卫生安全等内容，开设劳动教育课程，建立劳动教育课程群。

3. 科学化的课程设置

劳动教育课程内容的实施和有效落实必须依据一整套成熟的课程教学体系，"课程设置是高校按照人才培养目标对劳动教育内容进行科学的设立和安排，规定劳动教育的课程类型和课程门类，决定劳动教育课程的学习目标、学习内容和学习要求"[①]。科学化设置课程总体要求，一是要做到上下贯通，将劳动教育纳入学校人才培养方案。二是要做到前后互动，既要与高中阶段劳动教育课程相衔接，又要为大学生后续发展打好基础。三是要做到内外相衔接，高校劳动教育课程不能只囿于显性课程的设置，而应从系统整体的思维出发，利用好隐性劳动教育资源，在内外衔接中确保课程设置的多元化。

---

① 汤素娥，柳礼泉. 高校劳动教育课程化的价值意蕴与实践方略 [J]. 思想理论教育学刊，2021（1）：99—103.

对此，根据学者们研究的成果，以及高校劳动课教育的实践，大学生劳动教育课的设置应建设起显隐结合、多轮驱动的课程框架体系。

（1）显性课程中的劳动教育

所谓显性课程就是在劳动教育教学计划中设置的课程。这类课程的主要表现形式有两种，一是专门设立的课程，二是融合设立的课程。

卢晓东等把显性课程中的劳动教育分为三类。[①]第一类显性课程，即劳动教育的必修课程，包括劳动教育理论课、劳动专题讲座等；第二类显性课程，即动手的劳动教育相关实践课程，包括探究式、项目化、综合性和创新性劳动实践活动，也包括绘画、雕塑、舞蹈、戏剧等创作特色鲜明的艺术课程，如中国海洋大学开设的劳育类通识教育实践课等；第三类显性课程，是高校基于学科、专业特点，将劳动教育融入、渗透到专业教育、思想政治教育、创新创业教育、职业生涯教育及就业指导与教育教学活动中，课程呈现为融合课程。

（2）隐性课程中的劳动教育

所谓隐性课程就是隐匿于其他课程或学校整体育人活动中的劳动教育环节。卢晓东等把劳动教育的隐性课程同样也分为三类。

第一类是校园内劳动教育实践，如学校开展的以体力为主的各类劳动实践。

第二类是校园文化机制建设，例如，组织开展与劳动相关的社团活动，举办劳动技能、劳动成果展示交流活动；结合植树节、学雷锋纪念日、"五一"劳动节、志愿者日，开展劳动主题教育，以激发学生劳动的内在需求和动力。

第三类是社会真实劳动机会拓展。如在校外开展的公益志愿服务、"三支一扶""三下乡"锻炼等劳动实践活动。

把劳动课程的设置区分为显性课程和隐性课程，抓住了劳动教育的本质特点，同时也表明，劳动课程的设置与其他学科专业课程的设置有着明显的区别。劳动教育课程设置不单纯是一门必修课的设置，它是一个课程的系统体系，只有通过课程体系的设置，才能完成劳动教育课程设定的目标和内容要求，这是劳动课程设置的一个显著特征。

这一划分逻辑结构合理，层次清晰，也符合当前高校劳动课程设置的实际，我们认同这一划分法。

---

① 卢晓东，曲霞.大学劳动教育课程框架、特征与实施关键：基于劳动要素的理论视野［J］.中国大学教学，2020（2-3）：8-16.

4. 实效化的评价方案

对劳动教育课程的考核评价是对劳动教育课程教与学各方的效果的检测。劳动教育课程的评价方案，既要关注对教师能力的评价，也要关注对学生劳动素养的综合评价。实效化的评价还应该包括对劳动教育课程评价结果的运用。

对教师的评价，应主要侧重于劳动教育课程目标的实现程度。劳动课教师能力的评价，突出教学态度，创新劳动教育课内容，采用多样化的教育教学手段来激发学生的学习兴趣，有效提高学生的学习效率等内容。

对学生的评价，应坚持系统性、全程性、多样性的原则。系统性评价就是要从全面、系统、整体的视角考核学生劳动教育的课程成绩，处理好必修课与实践课、显性课与隐性课等关系；全程性评价就是在劳动教育课程的评价中做到静态与动态相结合、过程评价和结果性评价相结合；多样性评价就是考核的方法多样化，考试与考查相结合、定量与定性相结合。如对劳动教育必修课或专题讲座的考核，可运用考试、论文或学习心得等考核形式，主要考核学生对劳动理论、劳动知识的理解和接受程度。对实践、服务性劳动可运用计分制考核等方式。

在考核结果的运用上，对教师的考核结果要与其评奖评优、职称评定挂钩；对学生的考核结果要纳入学生综合素质考评体系之中，成为评优评先、毕业依据之一，作为升学、就业的重要参考。

四、高校劳动教育保障体系构建

高校劳动教育的有效开展，必须建立起一整套行之有效的保障体系。切实加强对劳动教育的组织领导，完善新时代劳动教育的制度体系，改进劳动教育所需条件的保障，充分利用各种资源，以整体提升大学生劳动教育的质量和水平。

（一）组织保障

高校劳动教育应该在学校的统一领导下，建立起融学校、学院、班级三层共管为一体的组织领导和分工协作的组织保障体系。

在学校层面，可成立由学校党委书记或校长任组长的劳动教育工作领导小组。领导小组成员一般由教务处、党委宣传部、学生工作部、马克思主义学院、后勤管理处、校团委、财务处、科研处、人事处等部门、单位负责人组成。领导小组办公室设在分管劳动教育的职能部门，有些高校是设在教务处。学校劳动教育工作领导小组的职能是负责学校劳动教育方案的制度制定与组织实施，定期研究学校劳动教育工作推进情况，协调解决涉及全校劳动教育工作中遇到的问题，负责全校劳动教育师资的培训、经费的落实等。

驻青高校在劳动教育的实施过程中，都建立了类似的组织领导机构。例如，山东科技大学就成立了由分管校领导任组长，教务处、宣传部（教师工作部）、学生工作部、团委、人事处、后勤管理处、创新创业学院等相关部门和学院（系、部）负责人组成的学校劳动教育工作领导小组，各部门、单位分工负责，协调配合，统筹推进全校劳动教育工作。同时在学生教育与发展研究中心内设劳动教育中心，负责劳动教育的规划设计、组织协调、资源整合、师资培训、总结评价等工作，劳动教育中心设专职工作人员1~2人。

青岛科技大学成立以校长为组长，主管教学的副校长为副组长，教务处、学生处、宣传部、人事处、团委、后勤处、保卫处等主要职能部门、学院负责人为成员的劳动教育工作领导小组，总体规划和管理学校劳动教育相关工作，研究、审议、决策劳动教育政策措施。领导小组下设办公室，办公室设在教务处，办公室主任由教务处处长兼任。劳动教育工作领导小组办公室（教务处）统筹负责劳动教育的规划设计、组织协调资源整合、师资培训、过程管理、总结评价等。同时还进一步明确工作的分工要求，教务处、学生处、团委、后勤处、保卫处以及各教学单位等应当将劳动教育列入本部门的工作计划。学校各职能部门应当积极支持、配合和协助各教学单位组织好学生开展劳动教育，学校将此项工作列入二级单位年度考核内容。

山东大学在学校党委统一领导下，成立由学校主要领导担任组长的劳动教育领导小组，办公室设在学生发展委员会办公室，成员单位由党委办公室、校长办公室、党委宣传部、党委学生工作部、研究生院、党委研究生工作部、校团委、人事部、本科生院、财务部、后勤保障部、合作发展部、服务山东办公室、学生就业创业指导中心、辅导员工作研究会与思政培训中心办公室、图书馆、工程训练中心等部门、单位组成，其职责是定期召开协调推进会议，做好劳动教育内容优化、政策保障、举措落地。

在学院层面，成立由院长或分党委书记为组长的劳动教育工作小组，成员一般由教学副院长、系主任、学生党支部书记、辅导员等组成，其主要职责是落实好学校劳动教育的相关规定，推进本单位劳动教育工作。

青岛科技大学要求各教学单位根据学校劳动教育实施方案制定出本单位劳动教育实施细则，明确各年级劳动教育目标内容、课时安排、主要劳动实践活动安排、活动设计、工具使用、考核评价、安全保护、劳动教育过程组织与指导及考核评价办法等。同时要基于学生的年级特征、阶段性教育要求，研究并制订本学院"学年（或学期）劳动教育计划"，对学年（或学期）劳动教育实践活动做出具体安排，特别是对于集中性劳动，要进一步细化有关要求。各教学单位每学期开学前要配备好任课教师，规划确定劳动任务及活动，保证"劳动实践"课程教学任务落实到位。要求把劳动安全教育与管理作为组织实施的必要内容，强化劳动安全意识，建立健全安全教育与管理并重的劳动安全保障体系等。

在班级层面，可成立由辅导员、团支书、班长、劳动委员、学习委员等学生代表为成员的劳动教育实践小组，其主要任务就是负责把学生接受劳动教育的情况及时给予反馈，协助学院做好班级劳动教育，尤其是劳动教育实践课程的组织工作，发挥学生的积极性，使其主动参与到劳动教育之中去。

上下联动、三层共管的劳动教育领导机构的建立，是高校劳动教育得以顺利开展的组织保障，对组织、协助、推进学校劳动教育工作具有重要意义。

（二）制度保障

积极推进劳动教育的规范化、体系化建设，必须依靠制度的保障。制度是指固化下来的根本性的规则，是长期演化的结果。制度是一种关系范畴，用以调节和整合各种社会关系；制度又是一种规范范畴，制定规则规范人们的行为，以此确定特定的社会秩序。劳动教育的制度就是劳动教育的主体为了保证劳动教育规范运行，所制定的规范劳动教育实践和人的劳动思想行为的规范体系。劳动教育制度规范的对象，既包括劳动教育的客体，约束着受教育者的思想行为，也包括劳动教育的主体，约束着劳动教育的实践过程。高校劳动教育制度的范围既包括国家有关劳动教育的法律、规范、政策规定，也包括学校为健全劳动教育运行机制、规范本校劳动教育活动而制定的一系列规章制度。

1. 构建国家层面的制度保障

对国家层面的劳动教育制度的设计，党和国家高度重视，劳动教育是中国特色社会主义教育制度的重要内容。特别是中国特色社会主义进入新时代，劳动教育取得了新的发展，劳动教育的制度得到了更进一步的健全和完善。2015年12月27日，第十二届全国人大常委会第十八次会议表决通过了关于修改《教育法》《高等教育法》的决定，修订后的《高等教育法》第四条新增了"为人民服务"与"社会实践"相结合等内容；第五条关于高等教育任务表述中增加了"社会责任感"的要求。这一修订是对我国高等教育未来改革发展的制度引领，彰显了我国高等教育改革发展的价值取向。[①]。

2018年9月，习近平总书记在全国教育大会上，提出了培养德智体美劳全面发展的社会主义建设者和接班人的总要求，把"劳"列入全面发展的教育理念和教育方针之中，标志着我国劳动教育进入了新的发展时期。2020年3月，中共中央、国务院出台了《关于全面加强新时代大中小学劳动教育的意见》，明确了新时代劳动教育的重要意义、指导思想、基本原则，对构建劳动教育体系、开展劳动实践活动、提升支撑能力保障、加强组织实施等进行了全面部署。随后教育部印发了《大中小学劳动教育指导纲要（试行）》，细化了顶层设计，细化了劳动教育目标、内容、途径、方式、评价等，对加强地方和学校实施劳动教育给予了具体指导和专业支持。

党的十八大以来，国家制定的一系列劳动教育的法律、法规和规章制度，着力推动将劳动教育纳入教育教学体系和人才培养体系之中，从课程建设、资源配备、人力保障、管理考核等方面构建起了劳动教育的制度体系长效机制。

为进一步完善国家层面的劳动教育制度，学者们也在进行深入的研究。北京大学教育学院卢晓东教授建议：第一，要尽快成立"高等学校劳动教育教学指导委员会"，其工作职责一是非常谨慎地对不是劳动教育或者有问题的劳动教育给予说明，制止各种"跑偏"现象；二是对劳动教育中的积极探索、优秀教育教学案例，从专业委员会的角度倡导、鼓励和推行。第二，要尽快研究劳动价值观导向如何让制度导向保持一致，促进学生参与真实劳动。他建议要从制度的层面确保让已有真实劳动经验的学生能够和应届毕业生一样，平等地具备保送研究生资格，让学生把真实劳动中的体悟带入研究生学习过程中。第三是处理好劳动教育与高考招生录取的关系。建议高校在保持高深学问、严格学术要求的同时，可以适当降分，让少数优秀劳动者根据其愿望和学习能力进入不同专业、不同大学，展开其未来新探索。[②]

这些对策建议是在我国劳动教育实践的基础上，对劳动教育所进行的制度层面的反思和探索。

---

① 韩剑颖.大学生劳动教育教程［M］.北京：清华大学出版社，2021：12.

② 卢晓东.需加强劳动教育配套制度建设［J］.中国高教研究，2021（4）：11.

2. 学校层面的制度保障

学校层面的制度保障就是依据国家和上级有关劳动教育的法律、法规、政策规定制定的一系列保障学校劳动教育的规章制度，以此来推进学校劳动教育的高质量开展。

从高校劳动教育的实践来看，高校必须健全和完善下列劳动教育的制度。

（1）学校劳动教育的总体制度。

这一制度是学校劳动教育的基本依据，这一制度应对学校劳动教育的指导思想、基本原则、劳动教育的课程体系建设，将劳动教育融入专业教学等劳动教育的基本要求，以及实施方案、奖惩措施、考核反馈等进行整体系统规划，为学校劳动教育的开展提供支持和制度保障。

驻青高校在这方面都结合各自高校的劳动教育实际，制定了相应的劳动教育的顶层设计制度。例如，中国石油大学（华东）制订的《中国石油大学（华东）新时代大学生劳动教育实施方案》、青岛农业大学制订的《青岛农业大学劳动教育实施方案（试行）》等就是各自学校劳动教育制度的总体设计。

（2）学校劳动教育的各类具体制度。

这是在学校整体制度下为完成劳动教育的任务而建立和完善的更细致的制度保障制度。一般而言，高校劳动教育的各类具体制度应包含下列内容。

高校劳动教育的课程体系制度。对本校劳动教育的课程如何开设、开设哪些课程、课程教育的目标是什么、课程教育的内容有哪些、课程教育如何组织安排、课程如何考评等，都必须有一整套的制度规范体系。

高校劳动教育的师资建设制度。对劳动教育师资的基本条件、师资的选择、师资的培训、师资的考核等，需要有一套完整的制度保障。

高校劳动教育的组织实施的制度规范。对建立什么样的组织领导体制，完善什么样的保障制度，如何分不同层次对劳动教育分类施教，如何将劳动教育与思政课教学、专业教学融为一体，如何做到大中学劳动教育的有机衔接等，需要进一步明确。

学校劳动教育的考评督查制度。这主要包括如何对劳动教育的成效进行考评，劳动教育的考评结果如何应用，如何加强对劳动教育的监督和管理等，通过劳动教育的评价和督查制度的建立，不断推进劳动教育的制度化、规范化建设。

（三）条件保障

条件保障是高校劳动教育有效开展的条件支持。《意见》从多渠道拓展实践场所的举措、加强人才队伍建设、健全经费投入机制、多方面强化安保保障四个维度对劳动教育的支撑保障能力做了要求，这是高校劳动教育条件保障的政策依据。

1. 多渠道拓展实践场所

大力拓展劳动教育的实践场所，是高校满足多样化劳动实践的需求。《意见》要求高等学校要充分发挥自身专业优势和服务社会功能，建立相对稳定的实习和劳动实践基地。调研发现，驻青高校在劳动教育的实践中，对多渠道拓展实践场所都进行了有益的尝试。

山东科技大学积极推动校内校外劳动实践基地建设。充分利用科大"笔墨纸砚"的校园环境特色和校内实训基地，建立校内以"打造美好校园环境"为目标的劳动实践场地；充分发挥学校学科专业优势，在煤炭相关企业和高校周边知名企业打造劳动教育校外实践平台；在学校（校区）驻地行业组织、行政事业单位、社区和其他社会机构，建立相对稳定的实习实践基地；同时结合"三支一扶""大学生志愿服务西部计划""青年红色筑梦之旅""三下乡"等建立实践基地，搭建活动平台，并开展社会实践、志愿服务和公益劳动。

中国石油大学（华东）加强与行业骨干企业、能源特色企业、高新企业、中小微企业紧密协同，鼓励专业组织学生到高新企业体验现代科技条件下劳动实践的新形态、新方式，发挥劳动教育真实场景、情境建构和知识迁移等专业教学的辅助作用。依据现代产业学院建设，强化校企合作，深化产教融合，建立创新创业实践平台；利用社区、敬老院、福利院等公共服务资源建立志愿者服务基地，组织学生参与各类大型活动志愿服务，开展志愿者星级认证，强化学生的公益服务意识。结合校内各部门工作需要及学生能力水平，开设勤工助学岗位，探索增设公益性岗位，为学生提供体验校园生产劳动的平台，提高学生劳动自立自强能力等。

劳动实践场所的建立为大学生开展劳动教育提供了最基础的条件保障，促进了劳动教育的顺利开展。

2. 多举措加强师资队伍建设

高校劳动教育的有序推进，离不开一支高素质的劳动教育的师资队伍。教师是高校劳动教育课程化的关键，教师在劳动教育方面的专业能力，是决定劳动教育实效的直接因素。

在劳动教育师资队伍建设方面，《意见》要求建立专兼职相结合的劳动教育师资队伍。对此，一方面高校首先要有一批稳定的从事专职劳动教育的教师队伍，可根据劳动教育课程和实践的需要，选拔一批与专业背景相关的德才兼备的专任教师，同时，可将有志于学生劳动教育的辅导员、思政课教师、后勤产业服务人员以及从事党政管理的干部纳入兼职劳动教育的队伍中来。在挖掘校内师资队伍资源的基础上，也可设立劳模工作室、技能大师工作室、荣誉教师岗位等，聘请相关行业专业人士担任劳动实践指导教师。

另一方面，要加强对高校劳动教育师资的培训力度。劳动教育师资培训不单纯是对专兼职劳动教育的师资进行培训，而是要对所有高校教师进行培训，把劳动教育纳入教师培训内容，开展全员培训。通过培训强化高校教师的劳动意识、劳动观念，提升实施劳动教育的自觉性。在全员培训的基础上，对承担劳动教育课程的教师进行有针对性的专项培训，提升劳动教育的专业化水平。

此外，要建立健全劳动教育教师工作考核体系，针对教师承担的不同的劳动教育任务，分类评价，通过科学规范的评价体系，调动教师从事劳动教育的积极性和主动性，增强其责任感和使命感。

驻青高校在劳动教育师资队伍建设方面，依据各自高校实际，分别有相应的组建和培育模式。

青岛理工大学任课教师主要由辅导员、学业导师、创新创业老师、班主任或者专任教师担任。

山东大学将劳育师资队伍建设纳入学校师资发展规划，校内聘请专业导师、班主任、辅导员等组建劳育师资队伍，强化和发挥研究生导师作用，落实劳动教育工作量；校外聘请相关行业专业人士担任劳动实践指导教师，邀请劳动模范、青年工作能手、工程师、企业家、优秀创客等充实到劳育师资队伍中；学校还成立了劳动教育教学指导委员会，依托教育教学改革研究项目、思政教育研究项目等开展专门研究。

青岛大学多措并举建优建强劳动教育教师队伍。聘请校内专业导师、班主任、辅导员等组建劳育师资队伍，聘请校外劳动模范、大国工匠、专业人士担任兼职教师，打造一支水平高超、素质过硬、专兼结合的劳动教育师资队伍。将指导学生劳动实践计入教学工作量，纳入职称评聘和年度考核。设立劳动教育教学指导中心，组织开展劳动教育集体备课和教研活动。把劳动教育纳入教师培训体系，开展劳动教育教师专项培训。

3. 健全经费投入机制

校内劳动教育场所和校外劳动教育实践基地建设，学校劳动教育设施标准化建设，以及劳动工具、劳动教育器材等都离不开一定的经费支持。对此《意见》要求"学校可按照规定统筹安排公用经费等资金开展劳动教育"。

在劳动教育的经费投入方面，驻青高校都给予大力支持。青岛理工大学将劳动教育经费纳入学校年度预算，为劳动教育课程开设、劳动教育实践、劳动教育设施、劳动教育场所、劳动教育工具等工作提供必要的经费支持，开设劳动教育产生的工作量纳入全校教学工作量统一核算。多种渠道筹措资金，加快校内劳动教育场所和校外劳动教育实践基地的建设。中国石油大学（华东）将劳动教育经费纳入学校各单位年度预算，为劳动教育课程建设、实践基地建设、器材设施建设等工作提供充足经费保障，完善了学校劳动教育器材、耗材补充机制。

4. 强化安全保障

安全保障是开展劳动教育的前提条件。劳动教育的安全保障，首先是要确定和防范劳动教育中的安全风险，根据风险隐患，建立起劳动教育安全保障机制。

通常而言，劳动教育的安全风险一般涉及组织管理、人员素质、交通和环境条件等方面。[①]

在组织管理方面，有规章制度风险，即劳动教育开展无具体的活动方案或劳动规范；缺少开展活动及遇到突发情况应有的应急方案，未开展应急培训，存在应急救援能力不足等风险。

在人员素质方面，有学生不遵守劳动规范或劳动纪律、劳动教育人员安全意识不强、未依照安全规章制度行事、对突发的安全状况缺乏应对能力和水平等风险。

在交通风险方面，有交通工具不安全或选择的交通线路遭遇维修、封路、山洪等风险。

在环境条件方面，有未采取措施防范传染病，不遵守劳动场所所在地的风俗习惯而造成冲突等风险。

面对劳动教育过程中遇到的此类风险隐患，要建立起劳动教育安全管控机制，在劳动实践的过程中，组织者要提前评估劳动教育活动的安全风险，强

---

① 李效东.大学生劳动教育概论［M］.北京：清华大学出版社，2021：163.

化劳动管理，明确各方责任，防患于未然。要建立劳动教育应急与事故处理机制。在劳动教育尤其是安全风险较高的劳动实践教育的组织过程中，应提前制订劳动教育活动应急预案，建立和完善劳动教育应急与事故处理机制，并适时开展安全应急演练。

五、高校劳动教育评价体系的建构

劳动教育评价是劳动教育实施的重要环节。劳动教育评价即依据一定的劳动教育价值观或劳动教育目标，运用可行的评价手段，对劳动教育现象进行价值判断，从而为不断优化劳动教育实践和劳动教育决策提供依据，其目的就是促进学生劳动素养的提升和劳动素质能力的全面发展。

（一）劳动教育评价的意义和原则

1. 劳动教育评价的意义

劳动教育评价可以有效地监测新时代高校劳动教育正确方向，促进劳动教育质量不断提升，这是进一步加强和改进高校劳动教育的重要措施。

（1）研究现状。

对劳动教育评价重要意义的研究，也一直是学者们研究的重点。孙刚成等认为构建新的劳动教育评价体系，可以促进劳动教育课程设置、教学评价、教学理念、教学手段之变革，可以促进学生学习动力、学习志愿、学习效果、学习意志的转变。[①]陈静则认为劳动教育评价的价值逻辑就是塑"魂"以为本，其本体价值是追求立德成人的理想境界，劳动教育评价指向立德成人的评价目的，践行立德成人的评价过程，追求立德成人的评价结果，其工具价值是服务学校和社会发展，可以完善学校劳动教育功能，激励学校不断改进教育教学，更好地履行劳动教育的职能。可以间接促进社会发展，通过劳动教育评价助推新时代新人的培育，为社会进步提供人才基础和必要条件。[②]

（2）评价意义。

从劳动教育评价最基本的功能而言，其意义具体表现在以下三个方面。

第一，劳动教育评价是评判劳动教育价值，不断增强劳动教育效果的重

---

① 孙刚成，宋晓鸽. 劳动教育评价：从普通劳动引向教育变革与学生发展［J］. 渭南师范学院学报，2022（6）：67-72.

② 陈静. 新时代劳动教育评价的三重逻辑［J］. 中国考试，2021（12）：10-18.

要手段。劳动教育评价既是对劳动教育价值性质的判断，又是对劳动教育价值程度的判断。对劳动教育价值性质的判断，主要是涉及劳动教育是否满足社会和个体发展需要的判断。从劳动教育的总体目标来看，使学生能够理解和形成马克思主义劳动观，牢固树立"劳动最光荣、劳动最崇高、劳动最伟大、劳动最美丽"的理念，体会劳动创造美好生活，体认劳动不分贵贱，热爱劳动，尊重普通劳动者，培养勤俭、奋斗、创新、奉献的劳动精神；具备满足生存发展需要的基本劳动能力，形成良好劳动习惯。通过劳动教育的评价就是要对劳动教育目标的实现情况进行评估，对高校劳动教育满足人的劳动素养提升的个体价值和促进社会发展的社会价值进行价值评判，看高校劳动教育在目标的实现上有什么失误和教训，通过评估找出问题，对劳动教育失误、教训给予否定性评价，有效制止、克服劳动教育过程偏移劳动教育目的的方向的倾向；对取得的成绩和经验进行发展性评价，激励受评对象参加劳动教育活动的积极性和创造性。

第二，劳动教育评价是评判劳动教育者的绩效，是不断提高劳动教育质量的重要途径。高校劳动教育者在劳动教育实践中的现实表现以及劳动教育的效果如何，是高校劳动教育水平和教学质量提高的重要环节。这一效果如何进行判定，只有通过客观公正的评价，才能做出科学正确的结论，才能对其教育水平和教育态度给予符合客观现实的反映。因此，劳动教育评价的重要意义还在于有助于高校劳动教育者进行自我检查，进一步端正教育态度，改进教育内容和方法，进而促进其不断提高劳动教育的能力和水平，不断提升劳动教育的质量。

第三，劳动教育评价是评判劳动教育成效，加强和改进劳动教育工作的重要措施。任何一项工作，都必须经过工作效果的检测评估，这项工作才能真正落到实处，评价的过程也是对工作执行情况的一个监督过程。

通过评价可以发现在实施过程中存在的薄弱环节，掌握新情况和新问题，为学校劳动教育新的决策提供第一手材料，为进一步提高高校劳动教育积累实践素材，创造有利条件。因此，高校劳动教育评估，对于加强和改进高校劳动教育工作，提高高校在劳动教育方面的决策水平，促进高校劳动教育的良性发展具有重要意义。

2. 高校劳动教育评价原则

原则是客观规律的体现，是言论和行为的准则。劳动教育评价的原则在评估实践中既有指导功能，又对评估活动具有规范作用；既体现了劳动教育的目的要求，又遵循了劳动教育的基本规律。

高校劳动教育评价的原则主要如下。

（1）目标性评价与务实性评价相统一。

劳动教育的目标性评价就是指劳动教育评价必须坚持正确的目标，追求最好的效果与最大的效用价值，即劳动教育的评价要坚持高标准，不能任意降低标准与要求。例如，在劳动教育评价指标的目标设置上要体现习近平新时代中国特色社会主义思想，特别是关于劳动教育的一系列重要论述；体现新时代劳动教育的目的要求，体现新时代劳动教育的特征。把贯彻党和国家关于劳动教育的一系列政策要求落实到具体的评价指标体系之中，使得劳动教育的评价更具新时代的特色。

务实性评价，就是在劳动教育的评价过程中，必须坚持一切从实际出发，实事求是。要充分考虑到高校劳动教育面临的历史基础和现实条件，充分考虑到学校的办学定位与办学特点，从实际出发，既不用一个尺子衡量所有高校的劳动教育的实践过程，也不能随意降低劳动教育的评价标准。整个劳动教育的评价必须客观，符合劳动教育的实际，切忌主观随意确定标准，人为地拔高或贬低劳动教育的成效。只有符合实际、务实的评价，才能真正发挥劳动教育评价应有的作用，通过评价推进劳动教育的深入开展。因此，在劳动教育评价时，必须坚持目标性与务实性的统一，把追求理想目标与立足劳动教育的现状有机结合起来。

（2）阶段性评价与总体性评价相统一。

阶段性评价，又称形成性评价，一般是在劳动教育过程中进行的，目的在于随时能了解劳动教育过程中的阶段性效果，发现其中的问题及时加以纠正，并及时调整今后的发展方向，从而保证劳动教育处于良性的运行状态。劳动教育是劳动教育理论与实践的应用，学生在接受劳动教育时，既有劳动理论、劳动知识的接受，也有劳动技能、劳动方法的实践运用，在劳动教育对学生劳动教育成效评估时，就要考虑到劳动教育的这一特点。对理论学习阶段有评估，对实践锻炼阶段也要有评价。每一阶段的评价，都是围绕劳动教育的总体目标和方向展开的，其主旨就是为了检查某一阶段劳动教育的开展现状及收效情况，保证劳动教育的正确方向。

总结性评价是在劳动教育结束后对教育效果的判断。总结性评价具有诊断、导向和强化的功能。总结性评价的指标评价内容相对较完整，评价的方法具有多样性。总结性评价与阶段性评价的区别在于，阶段性评价侧重于劳动教育的改进与不断完善，属于前瞻式评价，而总结性评价侧重于对已完成的教育效果进行确定，属于回顾式评价。在劳动教育评价的实践中，必须要做到将阶段性评价与总结性评价结合起来使用，增强评价的全面性、系统性。

（3）差异性评价与多元化评价相统一。

差异性评价就是指对高校劳动教育进行评价时，要考虑到高校的办学特点与所在区域的地理环境等有差别地进行评价，在对高校内劳动教育评价时，应依据不同的年龄、年级、所学专业、个人特点等差异性，创造差异性评价导向。

多元化评价是要求对劳动教育评价运用的方式方法应体现为多方位、多角度、多主体的评价，形成评价体系。刘向兵等介绍的中国劳动关系学院与池州学院在长期实践中探索的劳动教育模式中确立了"课程—学生—学校"三级评价维度。[①]这就是一个多元化分类的评价方案。在劳动教育必修课的评价方面，从课堂学习表现、劳动学科知识掌握、劳动实践过程表现和劳动实践成果四个方面，确立劳动教育必修课程的成绩评定指标。在评价方式上，采用学生自评、组内互评、组间互评、教师评价、服务对象评价等多主体评价方式。在学生劳动素养评价上，一是构建大学生劳动素养发展性、常态化监测机制，设计了面向全校学生的劳动价值观调查问卷，运用劳动能力调查问卷和分专业进行的专业劳动能力调查问卷。二是完善过程性评价，建立劳动实践记录手册等作为学期末综合素质测评的重要依据。三是强化考核结果的综合应用。在学校劳动教育工作评价上，从基础性、发展性和创新性三个角度设计了高校劳动教育的评价体系，列了6个评价维度和36个评价点。在实践中的创新做法，为劳动教育的多元化评价提供了一个有益的借鉴。

驻青高校在劳动评价方面也进行了探索。中国海洋大学以劳动教育目标、内容要求为依据，建立学生劳动教育清单制度，健全和完善劳动素养评价标准、程序和方法，充分发挥评价的育人导向和反馈改进功能，确保学生在校期间接受并完成不少于32学时的高质量劳动教育；将劳动教育工作归入院系教学工作考评范围，将劳动素养纳入学生综合素质评价指标，在学生评奖评优工作中予以明确体现；通过教务处、教学督导团和评估专家对劳动教育课程进行定

---

① 刘向兵，曲霞，黄国萍.高校劳动教育体系化构建的学理与实践［J］.中国大学教学，2021（9）：30-36.

期评估，加强劳动教育质量监测，强化反馈和指导等。

（二）评价的指标与程序

劳动教育评价的指标与程序规范着评价的内容与评价的过程，对评价结果的公正性具有重要意义。

1. 评价的指标

劳动教育评价指标是衡量劳动教育状况与效果的尺度。要对高校劳动教育进行检测评价，就必须确立合理的指标体系。劳动教育的评价指标源于党和国家对劳动教育的要求，源于高校劳动教育的目标和任务。教育目标决定评价的指标内容，评价指标内容反映教育目标要求。

在思想政治教育评估时，"评估指标一般分为最高标准与具体标准两个方面。最高标准是评判思想政治教育的根本依据，决定思想政治教育检测评估的价值取向，规定具体标准的内容；而具体标准则是最高标准的具体体现"[①]。参照这一理论，我们把劳动教育评价的指标也界定为最高标准与具体标准两个层面。与思想政治教育评价一样，劳动教育评价涉及的范围、内容很多，有对高校劳动教育整体开展情况的评价，有对劳动教育师资队伍的评价，有对学生劳动教育课程体系的评价等，不管是什么方面的评价都要通过最高标准与具体标准来衡量。

（1）评价的最高标准。

党的十八大报告强调要把立德树人作为教育的根本任务，培养德智体美全面发展的社会主义建设者和接班人。党的十九大报告要求落实立德树人根本任务，将立德树人的定位置于全面发展之上，这是以习近平同志为核心的党中央继承、丰富和发展党的教育方针的集中体现，是对党的全面发展教育方针的重大发展，是党的教育理论的最新成果。[②]2018年5月2日，习近平总书记在北京大学师生座谈会上指出："大学是立德树人、培养人才的地方，是青年人学习知识、增长才干、放飞梦想的地方。""要把立德树人内化到大学建设和管理各领域、各方面、各环节，做到以树人为核心，以立德为根本。"[③]"要把立德树人

---

① 郑永廷. 思想政治教育方法论（修订版）［M］. 北京：高等教育出版社，2010：272.

② 教育部课题组. 深入学习习近平关于教育的重要论述［M］. 北京：人民出版社，2019：48.

③ 习近平. 在北京大学师生座谈会上的讲话［N］. 光明日报，2018-05-03（02）.

的成效作为检验学校一切工作的根本标准。"立德树人体现了党对教育如何培养人这一教育本质的新认识，体现了党对人的全面发展的最新要求，体现了党对教育规律的深刻认识。

2018年9月10日，习近平在全国教育大会上又指出："要把立德树人融入思想道德教育、文化知识教育、社会实践教育各环节，贯穿基础教育、职业教育、高等教育各领域，学科体系、教学体系、教材体系、管理体系要围绕这个目标来设计，教师要围绕这个目标来教，学生要围绕这个目标来学。凡是不利于实现这个目标的做法都要坚决改过来。"①

因此，落实立德树人的根本任务，就要深入教育改革，扭转不科学的教育评价导向，高校必须树立育人为本的教育评价观，坚持立德树人的教育质量评价体系，这应该是高校劳动教育评价的最高标准。

（2）评价的具体标准。

劳动教育评价的具体标准是最高标准在劳动教育评价中的具体体现。它是在最高标准指引下，直接用来反映劳动教育客观效果的诸多具体指标之总和。它既是劳动教育各项具体实践活动所要达到的基本要求，又是进行劳动教育检测评价的基本尺度。

在思想政治教育评估时，"由于思想政治教育的效果总是要通过教育的外在效能和人的内在思想政治素质的变化反映出来，因此，我们把思想政治教育的具体指标分为效能指标和素质指标。"②劳动教育的效果与思想政治教育效果一样，也要通过外在的效能与内在的素质反映，借鉴这一理论，我们把劳动教育的具体评价标准也分为效能指标与素质指标两大类。

关于效能指标。它包括效果指标与效率指标两个部分。"效果指标是从教学效果的角度确定的评估标准；效率指标则是根据产出与投入的比例来衡量教育成果的标准。效果指标是绝对的评价尺度，效率指标是相对的评价尺度。"③劳动教育效果指标是对劳动教育效果的质量进行定性分析评估的尺度。评价劳动教育效果有效性的指标，一是要看高校劳动教育是否围绕立德树人的根本任务，把立德树人的根本任务落实到劳动教育的全过程；二是要看劳动教育过程

① 习近平.论党的青年工作［M］.北京：中央文献出版社，2022：178.
② 郑永廷.思想政治教育方法论（修订版）［M］.北京：高等教育出版社，2010：273.
③ 郑永廷.思想政治教育方法论（修订版）［M］.北京：高等教育出版社，2010：273.

中是否引导学生确立"劳动最光荣、劳动最崇高、劳动最伟大、劳动最美丽"的劳动价值观；三是要看劳动教育是否坚持以劳树德、增智、强体、育美，促进学生的全面发展。

劳动教育效率标准一般有直接效果效率和间接效果效率两个方面。在一定时间、一定投入下，对学生劳动态度、劳动价值观等的变化状况进行评价的指标就是直接效率指标，通过劳动教育促使学生思想素质和劳动能力得到提升的指标就是间接效率指标。

在劳动教育评价的实践中，人们在对劳动教育评价指标体系设置时，也注重对效能指标的设立。如刘新民在设计我国高校劳动教育评价体系时，就把劳动教育成果作为评估的指标体系来确立[①]，认为劳动教育的成果是检验高校劳动教育成效最直接标准，并设立了两个二级指标进行评价。一个二级指标是学生成果，其观察点有学生劳动知识的积累、劳动技能的掌握、劳动精神的培养和劳动成果的获取。另一个二级指标是学校的成果，主要观察点体现在顶层制度设计、特色劳动教育、师资队伍建设等方面。

关于素质指标。劳动教育评价的素质指标是衡量评估对象应具备的基本素质的尺度。这是劳动教育对象承担职责或完成劳动教育任务应具备的标准和条件，这一指标根据不同的评价对象、不同的评价内容会有不同的指标要求。

在基于劳动素养标准对劳动教育进行综合评价时，曾天山等根据南京师范大学劳动教育课题组的研究成果，构建了劳动素养评价框架。[②]他们把劳动素养分为一级维度和二级维度两个指标体系。（见表7.1）

表7.1 劳动素养框架

一级维度	二级维度
劳动观念	劳动价值观
	劳动过程观
	劳动技能观
	劳动成果观
	劳动关系观

① 刘新民. 新时代我国高校劳动教育评价体系的构建与实施［J］. 中国轻工教育，2022（2）：1-7.

② 曾天山，顾建军. 劳动教育论［M］. 北京：教育科学出版社，2020：384.

续表

一级维度	二级维度
劳动知识与技能	本体性知识
	对象性知识
	劳动技能
劳动习惯与品质	责任感
	坚韧性
	诚信度
	创造性

针对每一个方面和维度进行目标描述，分别对小学、初中、高中、中职、高职和普通本科的阶段目标进行了阐释。对普通本科高校的维度阐释见表7.2至表7.4。

表7.2　普通本科劳动观念素养

维度	普通本科
劳动价值观	深刻理解"人民创造历史，劳动开创未来"的道理，树立劳动光荣、创造伟大的正确观念
劳动过程观	深刻理解"空谈误国、实干兴邦"的道理，认识到"脚踏实地、肯干苦干、持之以恒"是劳动的基本态度
劳动技能观	深刻领会并在专业学习和实践中发扬"劳模精神""工匠精神"
劳动成果观	亲身体验用劳动换来成果的艰辛与价值，尊重劳动人民，珍惜劳动成果，感受到为社会做贡献的成就感、幸福感，感受到劳动的充实美、收获美
劳动关系观	知道劳动者的权利和义务，准确理解劳动与经济、劳动与法律、劳动与职业的关系

表7.3　劳动技能普通本科素养

维度	普通本科
本体性知识	熟悉人工智能、5G、物联网、大数据等新知识、新方法的基本原理和实现路径，熟悉和掌握一些与专业相关的新工艺、新技术，懂得新时代创新性劳动的重要性，具有愿意为国家和社会无私奉献的精神

续表

维度	普通本科
对象性知识	结合专业了解产业发展，掌握现代产业中的劳动工具、材料、生产条件、环境等知识，掌握某一领域的现代生产知识，养成自觉遵守行业劳动法规、标准与实际运行规则的习惯，掌握劳动法、劳动合同的知识
劳动技能	结合专业掌握现代生产技能，提高发现问题与解决问题的能力，掌握平衡工作与生活的方法

表7.4　普通本科劳动习惯与品质素养

维度	普通本科
责任感	养成自觉维护寝室、教室、校园环境的习惯，能够在个人以及企业的生产活动中思考并承担责任
坚韧性	具有在艰苦行业、基层一线工作的职业定向，具备吃苦耐劳、脚踏实地、有始有终的工作品质。
诚信度	能够自觉遵守劳动规范、劳动纪律，认真负责地完成劳动任务，建立责任意识、质量观念和品牌意识，掌握劳动法律法规，遵守合约
创造性	具备创新精神和创业热情，能够在劳动实践中追求幸福并获取创新灵感

2. 评价的基本过程

劳动教育评价是由一系列环节组成的过程，不同类型的评价，具体的活动过程有差异，但一般都要经过以下几个步骤。

（1）组织准备。

要根据不同的评价对象，成立相应的评价组织。评价是一项专业性很强的活动，评价组织的人员结构或知识能力结构，决定着评价理论、方法、工具的选择和设计水平，以及评价的质量和价值。高校劳动教育评价，就需要注意到政府部门、学校、社会用人单位这三者之间的比例关系，而学校内要保证学校各级领导、教师和学生参与评价的一定比例，从而确保评价的权威性及社会影响力。

需要注意的是，为确保劳动教育评价的公正性和客观性，组织成立的评价组织必须保持相对的独立性。在评价过程中，不受各种因素的干扰，保证其独立、客观地开展工作，这样，评价结果才是科学的、客观的。

（2）确定评价目标和评价任务。

根据教育评价理论，一般教育评价目标按范围分有办学评价、教学评价、课程评价、教师评价等；按服务分有过程评价、目标（终结）评价、综合评价、达标评价、选优评价等。[①]劳动教育评价也是如此，首先是确认是何种评价目标，是劳动教学评价、劳动课程评价、劳动课教师评价，还是学校整体的劳动教育评价。目标不同，评价的目的要求不同；劳动教育评价的任务也是要明确的，是劳动过程评价，还是综合评价、达标评价或选优评价等。确定评价目标和评价任务，是评价工作开展的前提。

（3）选择并确定评价的项目与指标。

这是确定从哪些方面进行评价的路径设计。要依据劳动教育目标的要求和受评者的实际，提出评价的指标。评价的指标要做到概念清楚、表达规范、言简意赅、便于操作、便于理解和统一认识。

此外，在设计各项评价指标时，要根据其重要程度确定权重系数。权重系数的确定，既要有重点，又要兼顾一般。既要根据劳动教育目标的要求，保证重点，又要从实际出发进行协调。例如，张铭在设计高师院校劳动教育评价指标体系的权重分布时，认为学生劳动素养是劳动教育的根本目标和最终成果体现。在设计一级指标体系权重时，把学生劳动素养的权重设定为50%。教师劳动教育教学条件与能力的权重设定为20%，学校其他劳动教育工作状况的权重设定为30%。[②]

（4）选择和设计收集评估信息的方法和工具。

定量评价和定性评价都要有一些可选择的方法和工具，有效的评价方法和工具是收集评估信息的手段和前提。思想政治教育检测评估方法中的比较评估和达标评估法，群体评估和个体评估法，自我评估和他人评估法，定性评估与定量评估法以及网络评估法，都可以借助和运用到劳动教育的评估之中。

（5）采集分析评估信息。

首先是劳动教育评价所需信息的采集，这个环节直接关系到所采集到的信

---

① 袁振国. 当代教育学：第4版［M］. 北京：教育科学出版社，2010：223-224.

② 张铭. 高师院校劳动教育评价指标体系构建初探［J］. 安庆师范大学学报（社会科学版），2021（1）：121-124.

息是否可靠，以及评估结论的可靠性。采集评价信息常用的方法有观察法、访谈法、问卷调查法、文献档案法（包括制度档案、活动档案、效果档案）等，这些方法在采集信息时可综合运用。

其次要对采集的评价信息进行整理和分析，包含审查和分类两个环节。审查环节，主要考察文字信息是否真实可靠，数字信息是否完整准确，这是一个进行鉴别和区分的过程；分类环节主要是根据所采集到的各类信息的特点和规律进行分组和归类，对评价信息进一步研究和开发，可以为评价获取更有价值的反馈信息。

（6）形成评价报告。

这个过程就是以整理和分析出的信息结果为依据，结合劳动教育评价的目的和任务，对评价对象做出恰当的价值判断。

通常评价报告的内容包括评价的实施特征、结果分析、收获体会、经验教训、意见建议等。评价信息和结论要在一定范围内反馈和公示，以发挥劳动教育评价的效益。

参考文献

［1］柳友荣.新时代大学生劳动教育［M］.北京：高等教育出版社，2021.

［2］丁晓昌，顾建军.新时代大学生劳动教育［M］.上海：上海交通大学出版社，2021.

［3］韩剑颖，赵媛媛，王学成.大学生劳动教育教程［M］.北京：清华大学出版社，2021.

［4］李效东，陈臣，安娜.大学生劳动教育概论［M］.北京：清华大学出版社，2021.

［5］袁帅.教育改革视域下的劳动教育思想及实践研究［M］.北京：知识产权出版社，2020.

［6］曾天山，顾建军.劳动教育论［M］.北京：教育科学出版社，2020.

［7］陈国维.大学生劳动教育［M］.北京：高等教育出版社，2020.

［8］檀传宝.劳动教育论要：现实畸变与起点回归［M］.北京：北京师范大学出版社，2020.

［9］何卫华，林峰，蓝德森，陈雪红.高等院校教材大学生劳动教育理论与实践教程［M］.厦门：厦门大学出版社，2019.

［10］〔苏〕苏霍姆林斯基.苏霍姆林斯基论劳动教育［M］.萧勇，杜殿坤，译.北京：教育科学出版社，2019.

［11］李珂.嬗变与审视：劳动教育的历史逻辑与现实重构［M］.北京：社会科学文献出版社，2019.

［12］郭海龙.研究生劳动价值观教育研究［M］.成都：西南交通大学出版社，2018.

［13］张泰源，韩喜平.习近平总书记关于劳动教育的重要论述的四维意蕴

［J］.教育研究，2022，43（6）：19-27.

　　［14］李井飞，李春晖.习近平关于劳动教育重要论述的生成逻辑［J］.内蒙古师范大学学报（教育科学版），2022，35（1）：38-43.

　　［15］崔延强，陈孝生.马克思劳动教育思想及其当代价值［J］.苏州大学学报（教育科学版），2022，10（1）：67-74.

　　［16］登高，刘向兵，张清宇.邓小平关于劳动教育的五点主张［J］.党史博览，2022（8）：32.

　　［17］段晋云，韩升.习近平关于劳动教育重要论述的生成逻辑、科学内涵与实践路径［J］.邓小平研究，2022（3）：16-28.

　　［18］李仙娥.习近平劳动教育观研究［J］.理论学刊，2022（3）：14-21.

　　［19］柳友荣.中国共产党百年高校劳动教育实践与探索［J］.中国高等教育，2021（Z3）：18-20.

　　［20］罗泽意，唐山红.毛泽东劳动教育思想及其当代价值［J］.湖南第一师范学院学报，2021，21（6）：7-13.

　　［21］袁子桐.新时代立德树人的科学内涵与培养路径［J］.人民论坛，2021（28）：107-109.

　　［22］徐辉.思想性与育人性的统一：再论苏联时期马克思主义教育家的劳动教育思想［J］.外国教育研究，2020，47（12）：59-70.

　　［23］万婕，朱惠蓉.新时代高校劳动教育的价值意蕴与实践路径［J］.山西师大学报（社会科学版），2020，47（6）：118-122.

　　［24］张正瑞.中国共产党百年劳动教育历史经验与当代遵循［J］.黑龙江高教研究，2020（12）：6-11.

　　［25］乐昕.深入理解习近平关于劳动重要论述的三个维度［J］.思想理论教育导刊，2020（11）：40-44.

　　［26］靖庆磊.劳动教育的新时代高校立德树人之维［J］.学校党建与思想教育，2020（8）：52-54.

　　［27］陈南.劳动教育：思想演变与地位流变——兼论开展劳动教育的时空背景［J］.南京师大学报（社会科学版），2020（6）：39-49.

　　［28］苏百泉.马克思劳动理论对新时代学校劳动教育的启示［J］.思想政治课研究，2020（3）：113-116+93.

　　［29］程从柱.劳动教育何以促进人的自由全面发展——基于马克思主义劳

动观和人的发展观的考察［J］.南京师大学报（社会科学版），2020（3）：16-26.

［30］刘向兵.新时代高校劳动教育的新内涵与新要求——基于习近平关于劳动的重要论述的探析［J］.中国高教研究，2018（11）：17-21.

［31］李拣材.论马克思主义教育与生产劳动相结合的思想［J］.江西教育学院学报（社会科学版），1996（4）：44-49.

［32］赵永嵩.邓小平"教育与生产劳动相结合"思想的伟大意义——邓小平论"教育与生产劳动相结合"学术研讨会综述［J］.教育研究，1994（11）：21-23.

［33］靖国平，胡定荣.马克思主义关于教育同生产劳动相结合的思想在我国实践的反思［J］.湖北大学学报（哲学社会科学版），1991（6）：103-108.

［34］卢曲元.论马克思的教育与生产劳动相结合思想［J］.湖南师院学报（哲学社会科学版），1983（S1）：145-150.

［35］李文庭.马克思"教育与生产劳动相结合"思想及其对青少年劳动教育的指导研究［D］.武汉：华中师范大学，2021.

［36］李建楠.新中国成立以来中国共产党劳动教育思想演变与发展研究［D］.长春吉林大学，2021.

［37］唐山红.毛泽东劳动教育思想及当代价值［D］.湘潭：湘潭大学，2021.

［38］孙延乔.习近平关于劳动教育重要论述的思想内涵及其当代价值［D］.长春：东北师范大学，2020.

［39］汤素娥.习近平新时代劳动观研究［D］.长沙：湖南大学，2019.

［40］王海亮.当代中国劳模精神研究［D］.哈尔滨：哈尔滨理工大学，2019.

［41］刘媛媛.马克思劳动教育思想及其当代价值［D］.济南：山东大学，2016.

后　记

　　劳动教育是中国特色社会主义教育制度的重要内容，也是国民教育体系的重要内容，是学生成长的必要途径，具有树德、增智、强体、育美的综合育人价值。习近平总书记在全国教育大会上强调了劳动教育在教育体系中的重要地位，对深入开展劳动教育提出了新的更高的要求。他指出："要采取适应当前环境和条件的有效措施，加强劳动教育，组织好形式多样的劳动实践，让学生在实践中养成劳动习惯，学会劳动、学会勤俭。"贯彻落实好习近平总书记关于劳动教育的一系列重要论述，积极探索具有中国特色的劳动教育模式，对于全面贯彻党的教育方针，履行立德树人的根本任务，培育有理想、有本领、有担当的时代新人，促进大学生的全面发展具有重要现实意义和历史意义。

　　本书是2020年度青岛市社会科学规划项目"习近平关于劳动教育重要论述在驻青高校的实践研究"（批准号QDSKL2001122）的最终研究成果。在编写过程中，注重以马克思主义劳动价值观和习近平新时代中国特色社会主义思想尤其是关于劳动教育的一系列重要论述为指导，认真贯彻落实《中共中央 国务院关于全面加强新时代大中小劳动教育的意见》、教育部发布的《大中小学劳动教育指导纲要（试行）》等文件精神，研究成果在深刻总结党的百年劳动教育历史经验的基础上，立足于驻青高校劳动教育的实践探索，坚持目标导向和问题导向，着力从劳动教育理论与实践的维度进行思考，探索新时代高校劳动教育的路径对策与创新体制机制的构建。该研究成果可为高校指导劳动教育的实践、有针对性地加强新时代劳动教育提供借鉴。

　　本书由周如东提出研究思路和基本框架，组织撰稿和修改。孙金香（山东科技大学测绘学院团委书记、副教授）、侯超（山东科技大学马克思主义学院副教授）参与了统稿，周如东（山东科技大学马克思主义学院教授）负责最后定稿。具体写作分工如下。

第一章由侯超、林美玫（山东科技大学党委宣传部讲师）撰写。

第二章由李国荟（威海职业学院党委宣传部助教）、杨柳（山东科技大学外国语学院助教）、王梦娜（山东科技大学马克思主义学院硕士研究生）撰写。

第三章由王丽萍（青岛农业大学马克思主义学院助教）撰写。

第四章由侯超撰写。

第五章由宋开艳（青岛港湾职业技术学院公共教学部助教）、孙金香、王金苹（山东科技大学马克思主义学院硕士研究生）撰写。

第六章由孙金香撰写。

第七章由周如东撰写。

本书在编写过程中，参阅了大量的研究成果，吸收了一些学者的研究成果，在此表示诚挚的谢意。

在课题的申报、研究和本书的写作过程中，课题组成员孔环、李磊、陈惠宁、吴昊等付出了辛勤的劳动，在此一并表示感谢。

由于水平和能力有限，书中的不妥和疏漏之处在所难免，恳请大家不吝赐教，给予批评指正。

编者
2022年9月于青岛